GTB
Gütersloher Taschenbücher
535

Für Peter
meinen Partner in Leben und Lehre

»Die Idee des Judentums ist die Tat.
Der Kampf um die Tatidee ließ nicht nach;
in ewig-neuen Formen füllte er die Jahrtausende;
er war dialektisch und innig, öffentlich und verborgen;
er redete in den Lehrhäusern die Sprache des Scharfsinns
und in den Wohnungen die Sprache der Frauen.«

Martin Buber, Drei Reden über das Judentum
1911

Pnina Navè Levinson

Eva
und ihre Schwestern

Perspektiven
einer jüdisch-feministischen Theologie

Gütersloher Verlagshaus
Gerd Mohn

Originalausgabe

Die Deutsche Bibliothek – CIP-Einheitsaufnahme

Navè Levinson, Pnina:
Eva und ihre Schwestern : Perspektiven einer jüdisch-
feministischen Theologie / Pnina Navè Levinson. – Orig.-Ausg.
– Gütersloh : Gütersloher Verl.-Haus Mohn, 1992
(Gütersloher Taschenbücher ; 535)
ISBN 3-579-00535-9
NE: GT

ISBN 3-579-00535-9
© Gütersloher Verlagshaus Gerd Mohn, Gütersloh 1992

Umschaggestaltung: Dieter Rehder, B-Kelmis,
unter Verwendung eines Bildausschnitts des Gemäldes
»Adam und Eva unter dem Baum der Erkenntnis«
von Peter Paul Rubens (1577–1640),
Rubenshuis Antwerpen (Foto: Archiv für Kunst und Geschichte, Berlin)
Gesamtherstellung: Clausen & Bosse, Leck
Printed in Germany

Inhalt

Einleitung

Zuerst hatten wir uns mit den Fragen nach den jüdischen Frauen beschäftigt: Wie waren unsere Vormütter? Was dachten sie, und was taten sie? Die Erforschung der Frauengeschichte begann vor etwa 150 Jahren in Deutschland und Österreich, England und den USA. Und dennoch war es Neuland für meine HörerInnen in Deutschland seit über zwanzig Jahren: im Jüdischen Frauenbund, B'ne-Brith-Logen, Gemeinden und Jugendseminaren, die nach ihren Wurzeln suchten: den kulturellen, väterlichen und mütterlichen Herkünften, ehe so vieles im Holocaust vernichtet wurde.

Mittlerweile wuchs in den USA die jüdische feministische Theologie und gelangte ostwärts nach Europa und Israel. Vermehrt kamen die entscheidenden Fragen der Frauen auf – sowohl als Teil der Gleichberechtigung und damit der Befreiung von Rollen, die im Recht verankert waren, als auch aus der Frage, wie die Partnerschaft von Männern und Frauen in allen religiösen Belangen noch sichtbarer werden sollte. Dabei wurde deutlich, daß die Haltung der jeweiligen Gesellschaft, in der wir leben und deren Teil wir sind, heute wie früher eine ausschlaggebende Rolle für unser eigenes Verhalten spielt. Minderheiten sind nicht diejenigen, die gesellschaftliche Verhaltensweisen als erste ändern möchten. Zu tief sind die bösen Erfahrungen, welche die Juden in der Geschichte gemacht haben. Auch führende liberale Männer mußten erst schrittweise lernen, daß es für das jüdische, religiöse Überleben notwendig ist, die Frauen mehr und mehr an Bewahrung wie an Änderungen teilnehmen zu lassen. Die verschiedensten Berufe standen nun offen. So kam die Forderung nach gleichem Studium, Forschen und Lehren der Quellen. Für viele war dabei bedeutsam, die eigene Sicht aus einer bewußten Frauenperspektive zu vertreten.

All dies ist nicht sehr bequem. Einfacher ist es, »nur keine Experimente!« auszurufen. Das tun Frauen und Männer: aus Angst vor noch mehr Forderungen an sie die einen, aus Unwillen zum Teilen wie immer gearteter Macht die anderen. Jedoch wurde mehr und mehr deutlich, daß Entwicklungen sich nicht zurückschrauben lassen. Das geschah als Teil eines faszinierenden Prozesses sowohl innerhalb der verschiedenen religiösen Richtungen wie auch in der dialektischen Spannung zwischen ihnen. Die Bewahrer des Bestehenden wurden mit der Brüchigkeit ihrer oft emotionell geladenen Schein-Argumente von Schicklichkeit, Überlieferung und Religionsrecht konfrontiert und müssen Rückzug um Rückzug antreten. Für viele wurde dies ein zunächst unbequemer Lernprozeß, der sie schließlich zur Bejahung und Unterstützung feministischer Forderungen führte.

Endlich kamen neue Fragen an die Frauen. So bewährte sich die Partnerschaft zwischen Mann und Frau, die ein integraler Teil unseres Glaubens und unserer fast viertausendjährigen Geschichte ist, erneut unter den Anforderungen der Gegenwart. Das Vorbild war stets die Erkenntnis von der Gottnähe und Weisheit der Frauen mit dem Losungswort Gottes an Abraham »Befolge alles, was Sara dir sagt!« (Gen 21,12) und der Lebensregel, sich mit der Frau zu beraten. – Hilfreich waren parallele Entwicklungen bei den christlichen Nachbarn. Hatten schon lange Jüdinnen und Christinnen in Frauenbewegungen um viele Fragen gemeinsam gekämpft, so geschah dies auch in den Bürgerrechtsbewegungen und der neuen Sicht theologischer Dinge. Zwar sind die Betonungen teilweise verschieden, das ergibt sich aus dem anderen Gottesbild sowie aus einer oft erkennbaren Mißachtung der Frauen in christlichen Gesellschaften und Rechtssystemen. So sind auch die Überlegungen zur Ordination von Frauen theoretisch verschieden, aber in der Praxis gibt es vielerlei Ähnlichkeiten. Freilich ist anzunehmen, daß es auch in jüdischen Orthodoxien Rabbinerinnen geben wird, bevor katholische oder christlich-orthodoxe Priesterinnen amtieren werden.

Nun erfolgten jedoch Rückschläge in der Begegnung von jüdischen und christlichen feministischen TheologInnen. In der Suche nach einem anderen Jesusbild wurden die Juden erneut zum Sündenbock. Der Vorwurf des alten aggressiven Antijudaismus in einem neuen, »weiblich friedliebenden« Kleid wurde in den USA aufgrund vieler Erfahrungen laut. Das gleiche geschah in Deutschland. Im Streit zwischen Matriarchatsforscherinnen und ihren Gegnerinnen war den meisten eines geradezu axiomatisch vertraut und mußte zunächst nicht bewußt überprüft werden: die Schuld der Juden an einem Patriarchalismus, dem alles Böse in der Welt zugeschrieben wurde. Zu den alten Vorwürfen kam nun, daß jüdische

Männer die Göttinnen abgeschafft hätten. Das Schicksal jüdischer Frauen wurde verfälscht geschildert. Jüdinnen verstand man/frau als Dulderinnen.

Es war also an der Zeit, zumindest ein Stück Aufklärung dort zu versuchen, wo ich lehrte; daher meine Heidelberger Vorlesungen über Frauen im Judentum und jüdische feministische Theologie in den Semestern vor unserem Weggang aus Deutschland 1987. Hinzu kamen auch weiterhin Vorlesungen und Tagungen zur Thematik in Deutschland, der Schweiz und vor deutschen HörerInnen in Israel. Daraus erwuchsen zwei Bücher: »Was wurde aus Saras Töchtern?« (1989, 2. Auflage 1990) und die vorliegende jüdisch-feministische Theologie. Die notwendigen Hinweise auf das erste Buch erfolgen hier mit dem Zeichen ST. Für mein Buch »Einführung in die rabbinische Theologie« (1982, 2. Auflage 1987) steht das Zeichen ERT.

Ich hoffe, daß alle drei Publikationen mitsamt der weiteren jüdischen Fachliteratur dazu beitragen, über die Mißverständnisse hinweg zu Gemeinsamkeiten zu helfen, wie sie sich bisher bereits im christlich-jüdischen Dialog bewährt haben und mehreren feministischen TheologInnen seit langem selbstverständlich sind. Solche Gemeinsamkeiten gehören zu unseren Aufgaben im unmittelbaren theologischen Bereich wie vor allem zum verantwortlichen Handeln in der Gesellschaft. Im dialogischen Leben nehmen wir das Eigene jeder Gruppe ernst und hören darauf, so gut wir es verstehen. Aber nicht das Trennende führt zur Tat, sondern das Gemeinsame.

Anstelle »der Mensch« sage ich »die Menschen«, wie es in inklusivem Sprechen üblich ist. Das betrifft auch Zitate aus Bibel und Talmud.

Biblische und nachbiblische Quellen sind im Text in Klammern gesetzt. Literaturangaben stehen in folgender Weise im Text: Autor, Jahreszahl, manchmal Seitenzahl. Die Leser finden sie alphabetisch geordnet in der Bibliographie. Diese dient auch anstelle von Anmerkungen und enthält weitere Titel.

Jerusalem/Deià   im Oktober 1991   P. N. L.

Die Bücher der Tora (Pentateuch) sind:

Gen	Genesis	1. Buch Mose
Ex	Exodus	2. Buch Mose
Lev	Leviticus	3. Buch Mose
Num	Numeri	4. Buch Mose
Dtn	Deuteronomium	5. Buch Mose

1. Grundlagen

Gottesbild und Menschenbild

Die Glaubenssätze des Judentums bezeugen Gott als den Einen, den Schöpfer des Alls und aller Geschöpfe. Er erneuert »täglich die Werke des Anbeginns« (Morgengebet), wirkt in Gerechtigkeit und Erbarmen und schloß seit Urzeiten Bünde mit Menschen, Natur und Tieren. Diese Bundestheologie garantiert den Fortbestand der Schöpfung (Gen 9,8–17). In biblischer Bildsprache und Dichtung, in rabbinischen Gebeten und Gleichnissen blieb die Evidenz der Schöpfung ein ständiger Hinweis auf Gott (vgl. Ps 104). Das *Wesen* Gottes wird nicht beschrieben, denn es ist dem Menschen unfaßbar. Um so mehr wird über das göttliche *Wirken* ausgesagt, es erfolge durch die theologischen Kategorien Weisheit, Wissen, Wort. Damit verbunden ist das Nein zu allen Glaubensweisen, denen Himmelskörper, Naturmächte, Tiere oder Menschen als Gottheiten gelten. Entsprechend ist der wichtigste Name Gottes »Seiender«, »Ewiger«. Als Eigenname verstanden, ist er dem Menschen verhüllt. Biblisch ist er in vier Buchstaben geschrieben: *JHWH*, an deren Stelle gesagt wird *Adonai*, Herr oder *ha-Schem*, der Name. Christen lasen es in verschiedenen Zeiten »Jehova« oder »Jahwe«. Heute richten sich geschwisterliche DialogikerInnen nach dem jüdischen Brauch. Verbreitet ist der Name *ha-Rachaman*, d. h. der All-Erbarmende. Diese rabbinische Bezeichnung findet sich u. a. im Tischgebet. Sie kommt wie das biblische Rachamim (Erbarmen) von Rechem, hebr. Uterus, und bezeugt die *inklusive* Sicht der Gottheit, die weder Mann noch Frau in einem geschöpflichen Sinn ist. Die richterliche Seite Gottes drückt nach rabbinischer Bibeldeutung der Name *Elohim* aus, was auch Richter bedeutet (Ex 22,6–8; 1 Sam 2,25). Die Verwendung der Namen *JHWH Elohim*, »Ewiger, Gott«, in Gen 2 weist für die jüdische Theologie darauf hin, daß Gott die Welt in Gnade und Gericht bestehen lassen will, jedes getrennt wäre weniger gut.

Das normative Judentum versteht Gott als körperlos, trotz aller biblisch-poetischen Bildsprache. Das wurde den Gläubigen stets auch in den Liedern der Synagoge eingeprägt. Diese Körperlosigkeit Gottes war mit eine Ursache zu christlich-theologischer Feindschaft und Verbrennung jüdischer Bücher. Der absolute Monotheismus war ein Ärgernis, da er den christlichen Glaubenssätzen widerspricht. Ein Grunddogma des Judentums lautet, daß Gott zugleich transzendent und immanent ist, der ganz Andere und doch zugleich im Hier und Jetzt bei den Menschen. Der Eine, Unvergleichbare und Unteilbare geht mit den Menschen, wohnt bei ihnen inmitten ihrer Unreinheit und Unzulänglichkeit (Ex 25,8), ist »Vater der Waisen und Richter der Witwen, bringt Einsame ins Haus und befreit Gefangene aus den Fesseln« (Ps 68,5–7). Die Rabbinen betonen aufgrund biblischer Aussagen: »Wo immer du in der Schrift die Macht Gottes findest, dort findest du auch seine Demut« (Babyl. Talmud, Megilla 31a). Als Allgegenwärtiger heißt Gott *ha-Makom*, »der Ort«, »denn er ist der Ort der Welt, aber die Welt ist nicht sein Ort« (Midrasch Gen Rabba 68,9). Die Hebräische Bibel und die Rabbinen lehren uns, Gott als personales Gegenüber, als Du anzusprechen. Weitere Bilder der Vertrautheit drücken sich in *Beziehungsworten* aus, die den Glauben an eine grundsätzliche Sinnhaftigkeit bezeugen. Die narrative Theologie der Rabbinen bezieht die Entfremdung mit ein, die sich wie in jeder Partnerschaft auch in der zwischen Gott und Mensch immer wieder ereignet.

Neben dem erzählerischen, volkstümlich-aggadischen Reden von Gott spielte immer wieder die philosophische Ausdrucksweise eine wichtige Rolle. So gibt es auch heute beides nebeneinander, manchmal als Ergänzung, manchmal als Gegensatz im pluralen Judentum. In der feministischen Theologie wird dabei besondere Aufmerksamkeit auf die weiblichen Ausdrücke gelegt, vor allem: *die Einwohnung Gottes* oder *Schechina*. Diese weibliche Dimension hat durchaus ihren legitimen Platz in der Vorstellung des ewigen, einig-einzigen Wesens, das Licht und Quelle aller Personhaftigkeit und aller Ethik ist.

Die *Menschen* werden als Gottes Ebenbild und Partner gesehen. Das meint diejenigen Potenzen, die sie vom Tier unterscheiden, vor allem die eigene Willensentscheidung zwischen Gut und Böse. Mann und Frau sind gemeinsam ha-Adam, wir können auch übersetzen: die Menschheit (Gen 1,26). Hier öffnet sich jedoch auch die Möglichkeit, die männlich-weiblichen Seelenkomponenten theologisch zu verstehen. Die biblischen und nachbiblischen Autoren zeigen realistisch die Schwächen und Stärken von Männern und Frauen gleichermaßen.

Daher ist es weder redlich noch wissenschaftlich, positive Aussagen über Männer mit negativen über Frauen zu vergleichen oder umgekehrt. Sie meinen, daß Menschen aufgerufen sind, an sich zu arbeiten, um individuell die höchste ihnen mögliche ethische Stufe zu erlangen. Wichtig ist die *Zwei-Triebe-Lehre*. Die Rabbinen berufen sich hermeneutisch auf die Schreibweise des Wortes »er formte«, jijzer (Gen 2,6) mit seinem Doppelkonsonanten J und dem Anklang an Jezer, Trieb. Für ihre ganzheitliche Sicht sind beide Motoren oder Motivationen unabdingbar für das Menschsein. Ohne den »bösen« Trieb – Ehrgeiz, Geschlechtstrieb, Leidenschaft, Wetteifer, Ruhmsucht usf. – würde keiner ein Haus bauen, heiraten, Kinder zeugen, Handel treiben (Midrasch Gen Rabba 9,7). Hingegen rechnen erlaubte Genüsse nicht zum Bösen, sondern Menschen werden vor Gott Rechenschaft für den Verzicht auf Erlaubtes zu geben haben (Paläst. Talmud, Kidduschin 66d u. ö.). Das Lernen der Tora, der göttlichen Gebote, ist ein »Gegengift« zum Übermaß des bösen Triebes. Männer sollen sich intensiv damit befassen, da sie besonders leicht in Versuchung geraten. Wir sollen Gott mit beiden Trieben dienen, das bedeutet das Wort von der Gottesliebe »mit deinem *ganzen* Herzen« (Dtn 6,5 und Kommentare). So entstand die kritische Selbstbetrachtung, die eine religiöse Forderung des Judentums ist.

Das Judentum lehrt nicht, daß die Menschheit durch eine »Erbsünde« in ihrer Natur verderbt ist. Wir alle können wählen, wie wir handeln: »An der Schwelle kauert die Sünde und giert nach dir, du aber beherrsche sie« (Gen 4,7). Im jüdischen Morgengebet heißt es: »Die Seele, die du mir gegeben, ist rein« (Gebetbuch). Es liegt an uns, sie durch Nachdenken und richtige Wahl zu bewahren. Gott weiß alles, das geschieht – aber er zwingt uns nicht, nimmt uns keine Entscheidung ab: »Alles ist vorhergesehen, aber die freie Wahl ist gegeben« (Mischna, Sprüche der Väter 3,19). Den Vers »Gott des Vertrauens und ohne Unrecht« (Dtn 32,4) erklären die Meister: Er vertraut der Welt und schuf die Menschen, damit sie recht handeln können (Sifré zum Vers). Die Mütter und Väter seit Sara und Abraham haben uns die *Erbtugend* vermacht. Diese Überzeugung hat viel mit dem dadurch anerzogenen jüdischen Optimismus zu tun, denn: »Du begnadest die Menschen mit Einsicht und lehrst sie Erkenntnis. Gib mir von dir Wissen, Einsicht und Erkenntnis« (Morgengebet; Gebetbuch). Gottes schöpferische/r Geist/in, *Ruach ha-Kodesch*, macht die Menschen zu dem, was sie sind: keine Marionetten einer Übermacht, sondern mündige Kinder Gottes. So ist die Sünde keine metaphysische Größe, sondern gehört zur menschlichen Befindlichkeit. Obwohl sie Entfremdung von Gottes Wort und Willen bedeutet, gibt sie die Möglichkeit der kritischen Selbsterkenntnis und Rückkehr, zum Um-Denken und Um-Kehren.

Im Volksglauben und in der Mystik spielt freilich auch die dämonische »Gegenwelt«, »die Andere Seite«, aramäisch: Sitra Achra, eine bedeutsame Rolle: »der Schmutz der Schlange« (richtiger: des Schlangenmannes, hebr. nachasch, männl.!), die Lilith-Überlieferungen, u. a. m. Die Annahme der Gebote vom Sinai bedeutet jedoch die Heilung der Seele, die Errettung vor solchen tiefsitzenden Ängsten – verbunden mit mystischen Ritualen und Gebeten.

Das *Menschsein* wird als Partnerschaft von Mann und Frau verstanden: »Deshalb verläßt der Mann Vater und Mutter und hängt seiner Frau an, und sie sind eine Einheit« (Gen 2,24). Die beiden verschieden akzentuierten Berichte der Erschaffung von Mann und Frau in Gen 1 und 2 verstehen modern-orthodoxe Denker als Hinweis auf die innerste Einsamkeit jeder Person auch in der Zweisamkeit (Soloveitchik 1965) oder als Bestätigung dafür, daß die Frau bei aller Verbundenheit ihre Individualität und Eigenwürde von der Schöpfungsordnung her bewahrt (Brayer 1986).

Eine rabbinische Überlieferung deutet die Erschaffung der Menschen so, daß sie zunächst ein Doppelwesen waren, Rücken an Rücken, Gott sie jedoch als Gegenüber ummodelte, indem er sie nach Verhängung eines Tiefschlafs (»Narkose«!) durchschnitt und die Wunde heilen ließ. Das Wort »Zela« bedeutet nämlich nicht nur Rippe, sondern auch »Seite«. Die Frau wurde von Gott »gebaut« – woraus die Rabbinen schließen: sie hat mehr Verstand als er – bana, »bauen« deutet auf bina, Verstand (Midrasch Gen Rabba 18,7 f.; Bab. Talm., Nidda 45 b).

Der Mann ist auf die Frau angewiesen, um sein volles Menschsein zu erreichen und seine besten Möglichkeiten zu verwirklichen. Ohne Frau hat er weder Gutes noch Hilfe noch Freude, weder Segen noch Vergebung und verringert das Ebenbild (Midrasch Gen Rabba 17,2). Andere fügen hinzu: er hat keine Tora, keinen Schutz, keinen Frieden. *Er soll sie lieben wie sich selbst und mehr ehren als sich selbst* (Babylon. Talmud, Jewamot 63 a; Sanhedrin 76 b).

Die Frau findet ihre eigene Sinngebung in einer solchen Partnerschaft, in ihren Kindern und deren Erziehung zum Judesein. Daher wird die Ehe als selbstverständlich angesehen. Das Idealbild der Frau ist die Allround-Persönlichkeit, wie sie im Loblied der starken Frau, Eschet Chajil, dargestellt ist (Sprüche 31, 10–11; ST 29 ff.: »Der Grundtext«). Der Gründer der Neo-Orthodoxie, Samson Raphael Hirsch (Hamburg 1808/Frankfurt a. M. 1888) schrieb dazu um 1870 Sätze, die die Tradition zusammenfassen, und nahm diese in seine Ausgabe des Gebetbuchs mit Kommentar auf (1894, 288 ff.): »Glücklich und unsterblich das Volk, das solche Frauen und Mütter zählt. – Was ist dieses jüdische Weib! Es ist die vertraute, beglückende Freundin ihres Mannes, dessen Herz in dem ihrigen sicher ruht und seine höchsten Errungenschaften in ihr findet. – Wenn ihr Mann im Rat der Orts- oder Landgemeinde saß, so erkannte man ihn als den Gatten des wackeren Weibes, deren geistiger und sittlicher Einfluß in Wort und Tat des Mannes in öffentlicher Angelegenheit sich kundtat. Ihr Beispiel und ihr kluger, weiser Rat wirkte somit durch den Mann selbst auf die Angelegenheiten der Gesamtheit wohltätig ein.« Hirsch meinte, daß eine solche Jüdin auch für Andersgläubige ein Vorbild sein kann und daß die Fabel von der Herabwürdigung der Jüdin im Altertum auf Unkenntnis beruht (dort; ST 34).

Gewiß entsprechen keineswegs alle jüdischen Männer und Frauen den Idealvorstellungen. Wichtig sind jedoch die Rollenbilder, die von freien Menschen sprechen, mit eigener Entscheidungskraft, Beziehungsreichtum und einer Ethik, die bei allen Wandlungen durch Jahrtausende auch heute tragfähig ist, wenn wir den Ausgleich zwischen Tradition und Fortschritt unter den Zeitgegebenheiten im Blick behalten und durchsetzen können. FeministInnen sind hierin Teil einer weitgestreuten Bewegung, die sich um die Verwirklichung von Personsein bemüht.

Die jüdische Geschichte

Juden blicken auf eine viertausendjährige, ständig im Bewußtsein gebliebene und weiter vermittelte Kontinuität zurück. Sie begann mit den Stammvätern und -müttern der Bibel um 1800 v. Der Exodus der versklavten Israeliten aus Ägypten erfolgte unter Moses um 1250 v., die Stämmesiedlung um 1150 v. im Ostjordanland und in Kanaan, dem Land Israel – später von Rom »Palästina«, d. h. Philisterland, genannt.

Die Königszeit begann mit Saul um 1030. David herrschte um 1000–970 v. und machte Jerusalem zur Hauptstadt. Dort baute sein Sohn Salomon den Ersten Tempel. Das Nordreich Israel bestand 930–722 v., Hauptstadt war Samaria. Ein Großteil der Zehn Stämme des Nordens wurde nach der Zerstörung durch die Assyrer umgesiedelt. Als ihre Nachkommen sehen sich jüdische und nichtjüdische Gruppen in Asien und Afrika an. Das Südreich Juda mit der Hauptstadt Jerusalem umfaßte die Stämme Juda und Benjamin. Es bestand 930–586 v. Die Vertreibung in das Babylonische Exil legte den Grund für das dortige Judentum, das durch Jahrtausende ein jüdisches Zentrum blieb. Die Rückkehr aus dem Exil durch Teile der Verbannten begann 547 v. unter dem Perserkönig Cyrus. Der Zweite Tempel wurde um 440 v. erbaut und bestand bis zur Zerstörung Jerusalems durch die Römer 70 n.

In der Hebräischen Bibel, auch A. T. genannt, ist ein Teil der altisraelitischen Literatur erhalten, darunter die Propheten und Psalmen, wobei die Tora (Pentateuch, d. i. das Fünfbuch) zentral ist. Weitere Schriften wurden in hebräisch, aramäisch und griechisch verfaßt und sind z. T. durch die Kirchen erhalten.

In der Römerzeit bestanden jüdische Ortschaften mitsamt ihrer religiösen Kultur rings um das Mittelmeer und gelangten auch nach Mitteleuropa und dem späteren Rußland. Ebenso blühend waren die Gemeinschaften im Perserreich und in Südarabien. Studenten wanderten an die Hochschulen in Babylonien (Mesopotamien, heute: Irak), Spanien, Nordafrika, Deutschland und Frankreich. Die nachbarschaftliche Gemeinschaft mit Christen wurde durch mehrere Kirchenkonzile unterbunden (u. a. Nicäa 325, Lateran/Rom 1215, Trient 1563), wobei die Rechte der Juden rigide eingeschränkt wurden. Dies bezog sich oft auch auf ihre Bücher. Dennoch ging das geistige Schaffen in hebräisch und den Landessprachen stets weiter. Im islamischen Kulturkreis in Asien, Afrika und Europa seit 570 waren Juden (wie Christen) »Geduldete« (arab.: Dhimmi), Untertanen zweiter Klasse. Wie im christlichen Bereich konnten sie sich selbst verwalten, wurden jedoch auch hier häufig zur Annahme der Mehrheitsreligion oder Auswanderung gezwungen. 950–1143 erfolgte eine großartige Blütezeit in hebräisch und arabisch in Spanien, um andernorts in moslemischen und christlichen Ländern weiterzugehen. In Deutschland und Frankreich erfolgte die Hochblüte von Dichtung und Gelehrsamkeit 950–1250, in Südfrankreich (Provence) 1143–1300. Kreuzzüge und Anschuldigungen wie Ritualmord, Hostienfrevel und Brunnenvergiftung führten zur Vertreibung aus England 1250, Frankreich 1394 und von einem deutschen Hoheitsbereich in den anderen. Die spanische Inquisition seit 1340 schnüffelte Juden auf, die trotz Zwangstaufe ihren Glauben ausübten. Dies führte 1492 zur Vertreibung aus Spanien, 1497 aus Portugal. Die spanischen, sefardischen Juden gelangten in die Türkei sowie in andere europäische Länder und bildeten Gemeinden neben denen der aschkenasischen, deutschsprachigen Juden. All diese Erfahrungen führten zu einem reichen kulturellen Schaffen. Es entstanden mystische Systeme, Kodizes des jüdischen Rechts sowie weltliche Literatur in hebräisch, spanisch, portugiesisch, deutsch und aramäisch.

Währenddessen gab es immer wieder Einwanderungen in das Land Israel, einer vergessenen Provinz islamischer Herrscher. Für Juden blieb es stets der Mittelpunkt der religiösen Existenz. Hier lebten sie in Gemeinden neben denen der orientalischen Christen und Muslime. Religiös gesehen ermöglicht das Wohnen im Land Israel die Ausübung von landwirtschaftlichen biblischen Geboten, die andernorts unmöglich ist. Emotional ist es das »Land der Väter«, »Heiliges Land« – nicht im Sinne einzelner heiliger Stätten wie in den anderen Religionen.

Infolge der Unterdrückungen stiegen immer wieder die Messiaserwartungen, d. h. die Hoffnung auf einen irdischen König der Gerechtigkeit aus dem Königshause Davids, dem sich viele Familien zurechnen. Dies war u. a. in Polen und Rußland der Fall, wohin seit dem Mittelalter deutschsprachige Juden gewandert waren. Ihre süddeutschen Dialekte mit hebräischen Fachwörtern, das Jüdisch-Deutsch, brachten sie mit. Später entstand daraus die jiddische Sprache in ihren Dialekten. Seit der Entdeckung Amerikas waren Juden dorthin eingewandert. Besonders im 19. und 20. Jh. wuchs die Welle infolge vorenthaltener Rechte oder wirtschaftlichen Verfalls in Europa. Die europäischen Staaten führten scheibchenweise die bürgerliche Gleichberechtigung ein, um sie oft wieder abzuschaffen. Studium oder Anstellung im öffentlichen Dienst waren fast überall lange Zeit an die Taufe gebunden.

Ein kleiner Teil der Judenheit schuf aufgrund der religiösen Zionssehnsucht den modernen Zionismus als Befreiungsbewegung des jüdischen Volkes, während andere an Aufklärung und Vernunft glaubten. Die Vernichtung eines Drittels aller Juden als »rassisch minderwertig« in den Jahren 1939–1945 durch das NS-Regime und seine Henkersknechte und die Verweigerung der Rettung durch fast alle Staaten sowie das Schweigen der christlichen Kirchen führten zur Schaffung des Staates Israel nach UNO-Abstimmung. Im Gebiet des britischen Völkerbund-Mandats Palästina sollten die vorwiegend arabischen Wohngebiete zugleich einen arabischen Staat bilden. Dieser UNO-Teilungsplan wurde von den arabischen Staaten abgelehnt. Der einzige jüdische Staat der Welt wurde seit seiner Gründung 1948 mehrfach mit Vernichtungskriegen bedroht, darunter durch die PLO, deren Emblem den ganzen Staat Israel enthält, sowie durch den Irak (Frühjahr 1990).

Das Bild der jüdischen Gegenwart ist geprägt durch die Erinnerung an den Holocaust und die Solidarität mit Israel. Es gibt heute etwa 14 Millionen Juden, von denen 4,5 Millionen in Israel leben und fast 6 Millionen in den Vereinigten Staaten. Die etwa 2 Millionen in der Sowjetunion erhielten im Laufe der 80er Jahre die Genehmigung zur Ausreise. Zehntausende kamen nach Israel, weitere in die USA, andere nach Deutschland.

Für Juden ist überall wichtig, daß sie Religions- und Kulturfreiheit haben, ohne welche die Gemeinschaft durch Assimilation verschwindet. Es gibt Juden aller Haut- und Haarfarben. Das beruht auf der Vermischung mit den verschiedensten Gruppen durch die gesamte Geschichte, vor allem durch Einheirat aus anderen Glaubensgemeinschaften (Ben-Sasson 1978).

Die religiösen Richtungen

Im Judentum gab es stets verschiedene Richtungen. Das ist heute nicht anders. Bei allem Konsens bestehen unterschiedliche Zugänge und Deutungen der Tradition, Begründung von Änderungen. Das

Spektrum reicht von extrem liberal bis ultra-orthodox. Der Übergang von einer zur anderen Gruppierung geschieht ständig und beruht auf dem Willen der Betreffenden. Viele bezeichnen sich als »traditionell«, wenn sie einige Grundformen stets oder gelegentlich ausüben oder es bejahen, daß andere dies tun. Dazu gehören Israelis sowie Menschen in Ländern, in denen es nicht mehr oder noch nicht das freie und staatlich anerkannte Nebeneinander verschiedener Richtungen gibt. Zu den ersteren gehört Deutschland, zu den letzteren Israel. Die kleinen jüdischen Gemeinden in Deutschland bildeten sich nach dem Holocaust aus Überlebenden, die mehrheitlich aus Osteuropa stammten und keine Beziehung zum zerstörten deutschen Judentum mit seiner vielfältigen religiösen Kultur hatten. Die einst selbstverständliche Benutzung des Deutschen im Gebet, die auf eine tausendjährige Geschichte zurückblickte, wich der Erinnerung an den erlebten Terror mittels dieser Sprache. Sie hatte nichts im persönlichen und Gemeindegebet zu suchen und wurde teils nur unwillig in der Predigt geduldet. In Berlin gibt es u. a. eine liberale Synagoge alten Stils (Navè Levinson 1986). In Israel stammen die meisten Bürger aus orientalischen Ländern, die keine Aufklärungsbewegung in Politik und Religion besaßen, und aus Osteuropa, dessen Aufgeklärte meistens jede Form der Religion für veraltet hielten. Die westliche Orthodoxie mit ihrer Verbindung von Moderne und Tradition ist eine Minderheit im Spektrum israelischer Synagogengemeinden und Organisationen der Orthodoxien.

Die nichtorthodoxen Bewegungen schufen in Israel bisher weniger als 100 Gemeinden. Israelis haben mehrheitlich keine Beziehung zu organisierter Religion, sondern benutzen die staatlich eingesetzten Dienstleistungen bei Eheschließung, Scheidung und Beerdigung, die orthodoxen Rabbinaten obliegen. Die oft gestellte Forderung der Trennung von Religion und Staat ist bisher unmöglich (S. Abramov 1976) und wurde im Januar 1992 im Parlament abgelehnt. Judentum wird hier vor allem als Kultur und Geschichte der Gemeinschaft verstanden. Eine Reformbewegung auf breiter Basis ist wegen dieses Vorverständnisses kaum denkbar. Als Vorwand dient die Tatsache, daß die klassische Reform die Rückkehr nach Zion aus dem Gebetbuch strich. Das ist längst geändert, und Generationen von Reformjuden waren und sind treue Helfer Israels, aber das Vorurteil wird nicht korrigiert.

Die Juden im deutschen Sprach- und Kulturkreis schufen einst die modernen Richtungen: die religiös-liberale Reform, die konservative historische Schule, die Neoorthodoxie. Diese breiteten sich in weiteren europäischen Ländern aus und gelangten auch in die USA. Altorthodoxe Gruppen gab es in Osteuropa, den Mittelmeerländern, Asien und Süd-Arabien. Jede Gruppe oder Richtung hat eigene Institutionen von Laien und Rabbinern, Ausbildungsstätten, Erziehungs- und Hilfswerken.

Die Altorthodoxie bejaht zeitgemäße Studien, soweit sie für den Brotberuf nötig sind, lehnt aber jede historische Beschäftigung mit jüdischen Inhalten ab. Die moderne Orthodoxie pflegt die Verbindung jüdischer und allgemeiner Studien. Davon ausgenommen ist der Pentateuch, dessen kritische Behandlung abgelehnt wird. Allerdings meinen einige, daß eine textkritische Untersuchung möglich ist, wenn angenommen wird, daß Gott sein Wort mittels Quellenschriften offenbaren wollte. Für den objektiven Betrachter ist dies eine Parallele zur ultraorthodoxen Auffassung, daß geologische Funde nicht etwa das Alter der Erde beweisen, sondern eine von Gott eingebaute Hürde für das menschliche Denken seien. Das liberale Judentum hält die biblischen Texte für vom Göttlichen inspirierte menschliche Erzeugnisse. Ihre lange Entstehungsgeschichte bezeugt den Glauben des frühen Israel. Wir selbst sind jedoch für die Entscheidung verantwortlich, was wir annehmen können und was nicht.

In den Orthodoxien geschieht ganz Ähnliches in der Entwicklung der Halacha, des Religionsgesetzes, allerdings aufgrund des Glaubens, daß Gott diese Entwicklung eingebaut hat, damit die jeweiligen Experten, die Rabbiner, sie für die Notwendigkeiten des Lebens formulieren und durchsetzen.

In allen Richtungen gibt es fortschrittliche und beharrende Tendenzen. Das hängt teils von den verschiedenen Charakteren ab, teils von der tatsächlich vorhandenen Macht, ihre Anschauungen in einer Gruppe durchzusetzen. Dieses freie Spiel der Kräfte hat sich bewährt, besonders weil immer wieder Austausch und Kompromiß erfolgen. Die meisten Juden innerhalb eines Staatswesens befinden sich in den USA mit knapp 6 Millionen Menschen. Von ihnen gehört etwa die Hälfte einer organisierten religiösen Richtung an, mit weltweiter Ausstrahlung vor allem in den englischsprachigen Ländern. Zu den

Reformern und Konservativen zählen je über eine Million Mitglieder, weitaus weniger gehören zu den orthodoxen Richtungen.

Von diesen sind die Modern-Orthodoxen im »ökumenischen« Synagogue Council of America vertreten. Diesem gehört auch die konsequent egalitäre Richtung der Rekonstruktionisten an. Ihre Theologie betont einen an geschichtlicher Erfahrung ausgerichteten religiösen Naturalismus. Sie förderten die Bewegung von Basisgemeinden, Chawurot (Einzahl: Chawura), für eine Neuentdeckung der eigenen jüdischen Verwirklichung urbaner AkademikerInnen.

Alle Richtungen haben Verlage, geben Fachliteratur und Zeitschriften heraus. Die theologische Hochschule der Reform ist das Hebrew Union College in Cincinnati, New York, Los Angeles und Jerusalem. Die konservative Hochschule ist das Jewish Theological Seminary in New York. Dort befindet sich auch die modern-orthodoxe Yeshiva University. Altorthodoxe studieren an mehr oder weniger auf der jahrhundertealten Tradition aufbauenden Talmud-Hochschulen, Jeschiwot (Einzahl: Jeschiwa), oft in Verbindung mit einem akademischen Studium an einer Universität. Dieser Typ der Jeschiwa ist auch in Europa zu finden. Vor dem Holocaust waren die osteuropäischen Jeschiwot die bedeutendsten Stätten der talmudischen Tradition. In Israel lehnen die Jeschiwot das Universitätsstudium der Judaistik ab, und die dort ordinierten Rabbiner stellen einen eigenen, teils sehr populären Typ dar.

Eindrücke des religiösen Lebens im deutschsprachigen Raum vermitteln die lokalen und überregionalen jüdischen Wochen- und Monatsschriften in Deutschland, Österreich und der Schweiz. Geschichtlich bedingt, ist die Fachliteratur heute vorwiegend in hebräisch und englisch verfaßt.

Zu der umfangreichen osteuropäischen Erinnerungsliteratur kommt jetzt das Bilder- und Textbuch der Malerin Toby Knobel Flueck (1990).

Literatur
L. & R. Barish 1979; E. L. Ehrlich 1973; R. Gordis 1979; S. R. Hirsch 1836; M. M. Kaplan 1958; M. A. Meyer 1988; W. G. Plaut 1963, 1965; C. Seligmann 1922; R. Siegel 1973; Sh. & M. Strassfeld 1976; M. Wiener 1933.

Die Halacha – das Religionsgesetz

Bis zur Emanzipation besaßen Juden in den meisten Staaten für vielerlei Belange eine eigene Gerichtsbarkeit. Sie hatten ebenso wie die christlichen Kirchen Gesetze, Verfassungen und Rechtsbehörden (Dubnow 1928, Tcherikover 1959). Die Experten und Richter waren Rabbiner. In den letzten Jahrhunderten beschränkte sich deren Befugnis in westlichen Ländern vor allem auf Familienrechtliches. Oft haben Rabbiner auch heute die vom Staat anerkannte Funktion als Schiedsrichter im Zivilrecht. In Islamstaaten dauerte die Vollmacht der Rabbinatsgerichte länger an. Im Staat Israel wird besonders die praktische Seite des Rechts betont. Das Parlament integriert in die Gesetzgebung viele Einzelaspekte dieses Fachgebiets, das vor allem in seiner heute möglichen praktischen Anwendung als Jüdisches Recht bezeichnet wird (hebr.: mischpat iwri). Hingegen wird vielerorts auch das gesamte Material studiert und diskutiert. Dieser Vorgang heißt in der Fachsprache »lernen«, was in diesem Kontext nicht auf andere Bildungsinhalte bezogen wird. Die Faszination dieses jüdischen Lernens liegt einmal im Sichmessen mit äußerst komplexen Texten und Kommentaren in hebräisch und aramäisch, zum anderen im Vorverständnis, daß es sich dabei um die menschliche Partnerschaft in der Beziehung Gott und Mensch handelt. Denn die besagten Texte bilden die *Mündliche Lehre*, die zusammen mit der *Schriftlichen Lehre* die Grundlage des Judentums ausmacht. Die Tradition sieht auch in der Mündlichen Lehre die Israel geschenkte göttliche Gabe. Modernisten betonen dabei eher die historische Kontinuität und die Schulung des Denkens in oft originär jüdischen Wegen.

Halacha und Halachisches ist der eine Hauptteil des überlieferten rabbinischen Schrifttums. Der andere Teil umfaßt alles Nicht-Juristische und nennt sich *Aggada*, d. i. »Narratives«. Beides ist bis heute häufig miteinander verbunden. Halacha wird meistens verstanden als »der Weg«, »das Gehen«, vom hebr. halach, »gehen«. Damit wird zugleich aggadisch die Bedeutung für das Judesein ausgedrückt. Tatsächlich ist das Wort eher mit dem babylonischen und aramäischen Wort Halacha für »Bodensteuer« im Sinne einer Regel oder Norm verwandt. Dieses findet sich in der Form *helech* in Esra 4,13. – Als Regel, Rechtsprinzip, steht es im Gegensatz zum Fallrecht, der Kasuistik. Diese ist die verbreitetste Form in den jüdischen Rechtsquellen.

Die Frage ist dann die nach einer kurz formulierbaren juristischen Regel für die vielfältigen Belange des Lebens. Es ist schon von daher verständlich, weshalb bei diesen Materien so leidenschaftlich diskutiert wird, denn die Dialektik ist bereits eingebaut.

Auch die *Mündliche Lehre* ist aufgeschrieben und füllt ganze Bibliotheken. Deshalb ist Judentum »Bibel plus«. Sie entstand in der Zeit des Zweiten Tempels und wurde nach privaten Aufzeichnungen um 200 n. redigiert – dies ist die *Mischna* (»Einprägung, Lehre«). In Theorie und Praxis entstand der *Jerusalemer Talmud* (»Studium, Lernen«) in den Akademien des Landes Israel. In ihm nehmen die landwirtschaftlichen Belange als »Gebote des Landes« großen Raum ein. Die Materialien zu jedem Stück der Mischna (meist sind dies Modellfälle) bilden das eigentliche »Lernen« (aramäisch *Gemara*) und gehen oft assoziativ mit ihren Themen um. Dieser Talmud wurde wegen der christlichen Verfolgungen um 400 in Tiberias beendet. Hingegen konnten die Akademien in Babylonien unter persischer Herrschaft weiterhin lehren und diskutieren. Der *Babylonische Talmud* wurde um 500 redigiert, mit einigen Zusätzen des 6. und 7. Jahrhunderts. Dies wurde der Talmud schlechthin. Auf ihm basieren die bis heute weitergehenden Kodizes und anderen Fortentwicklungen. (Vgl. »Das rabbinische Schrifttum«, ERT 4–9.)

In der Betrachtung und Beurteilung jüdischer Belange genügt es also keineswegs, die Hebräische Bibel und das oft polemische NT zu zitieren. Zumindest ist die Eigenständigkeit der jüdischen Kultur zu beachten, bevor Urteile gefällt werden, die zumeist auf Schwarz-Weiß-Malereien ohne Sachkunde beruhen. *Eine gute Faustregel ist es, hellhörig zu sein, wo Jüdisches abgewertet wird.* Das ist zum einen die Sache der intellektuellen Redlichkeit. Zum anderen hat ein geschwisterliches Christentum oft nicht mehr nötig, das Judentum als dunkle Folie zur Selbstverherrlichung zu mißbrauchen. Durch Jahrhunderte galten der Talmud und das »Talmudjudentum« der antisemitischen Mentalität als verächtlich und zweitklassig. Vieles davon geistert gewiß noch umher, trotz aller wissenschaftlichen Gegenstimmen von jüdischer und christlicher Seite (J. S. Bloch 1922).

Innerjüdische Diskussionen um das Religionsgesetz sind kennzeichnend für die Pluralität des Judentums. Durch die Bewahrung von Minderheitsmeinungen der Rabbinen, »Meister«, neben der zu einem bestimmten Zeitpunkt durchgesetzten Meinung der Mehrheit ergibt sich die Ermutigung zu unpopulären Ansätzen, wo diese einer Gruppe ernstzunehmender jüdischer Personen als notwendig erscheinen. Beharrende Tendenzen widersetzen sich natürlicherweise. Das Leitwort für solche Meinungsverschiedenheiten lautet: »Die einen wie die anderen sind Worte des lebendigen Gottes« (Babyl. Talmud, Eruwin 13 b). So spricht man vom seit Jahrtausenden andauernden *halachischen Prozeß*, der das Judentum lebendig erhält. Seine Komponenten sind *Sachverstand* und *Hinterfragung*. Jede neue Entwicklung beruht auf dem konkreten Leben, den Zeitumständen, der Verantwortung für das sinnvolle Überleben als jüdische Personen, Familien und Gemeinschaften.

Besonders wichtig dabei sind Fragen und Antworten oder Responsen, d. h. der rabbinischen Gutachten, hebräisch *Sche'elot u-Teschuwot*. Sie bilden den vielleicht faszinierendsten Zweig des rabbinischen Schrifttums. Außer in hebräisch gibt es sie in vielen Sprachen, darunter englisch und deutsch (Z. Frankel 1869; J. Müller 1891; S. B. Freehof 1955). Meist richtet ein Gemeindemitglied eine Anfrage an den lokalen Rabbiner, die dieser an eine auf dem Fachgebiet als Experte bekannte rabbinische Persönlichkeit weiterleitet. Manchmal werden viele Experten angeschrieben. Die Antworten fördern die Meinungsbildung, während die Fragen den Ansporn bilden, neue Situationen im Rahmen der jüdischen Tradition anzugehen. Dadurch wurden stets Wege und Mittel gefunden, um Judentum und Gegenwart in Übereinstimmung zu bringen. Das betrifft heute u. a. Fragen der medizinischen Ethik, der Technologien, der Sabbatheiligung im orthodoxen Sinn und feministische Fragen.

Diese kurze Darstellung zeigt bereits auf, daß es historisch und inhaltlich unrichtig ist, wenn einige Orthodoxe »die Halacha« beschwören, als sei sie eine rigide, unveränderliche, geradezu mythische Größe. Die dahinterliegende Strategie der Einschüchterung beruht auf der Hoffnung, daß andere sich nicht die Mühe machen werden, sich mit der schwierigen Materie jahrelang zu befassen. Deshalb betonen feministische Rabbiner seit Jahrzehnten, daß engagierte Frauen unbedingt die Quellen studieren müssen, und leiten sie durch Bibliographien und Unterricht dazu an.

Für die Spielregeln der Orthodoxien gilt es wie auch in den anderen halachischen Bereichen, die Lebensbejahung der Tora ernstzunehmen – »die Gebote, die der Mensch tue und nach ihnen lebe« (Lev

18,5) –, was nach dem Talmud bedeutet: und nicht, daß er/sie daran zugrunde gehen (Bab. Talm., Joma 85b u. ö.). Dies geschieht mittels hermeneutischer Regeln, Deutungsformen und Präzedenzfällen sowie nach ethischen Richtlinien, die allerdings vom jeweiligen jüdischen Weltbild abhängen. Nichtorthodoxe gehen davon aus, daß die Offenbarung fortschreitet und unser Gewissen uns den Weg zeigt. Fortschrittliche Orthodoxe haben viele Berührungspunkte mit solchen Ansichten. So warnt A. J. Heschel vor einem schädlichen »Panhalachismus«, und L. Jacobs spricht von der Häufigkeit eines verderblichen religiösen Behaviourismus.

Die Autoren des rabbinischen Judentums waren Familienväter und zärtlich zugetane Ehepartner. Ihre guten und schlechten Erfahrungen zeigen sich in Fallstudien und Gesetzen. Sie bestimmten, daß Männer sich mit ihren Frauen beraten sollen (Babylon. Talmud, Baba Mezi'a 59a).

So sind die Frauen *mittelbar* an der Autorenschaft beteiligt. Traditionsverbundene jüdische Menschen meinen heute, daß es dringend nötig sei, Frauen *direkt* in den halachischen Prozeß einzubeziehen. Stimmen dazu sind in den letzten Jahren zunehmend zu hören, z. B. bei der Internationalen Konferenz über Halacha und Frauen (Jerusalem, Dezember 1986), besonders von orthodoxen Rabbinern, welche in ihren Talmudhochschulen Mädchen und Frauen unterrichten (M. Kretzmar 1987).

Feminismus

Die Kenntnis der Geschichte, insbesondere der Aktivitäten von Frauen in verschiedenen Zeiten und Ländern, ist ein wichtiges Mittel, um uns über Vor- oder Rückschritte in Frauenbelangen klarzuwerden. Dabei ist es notwendig, die staatlichen und religionsgemeindlichen Gesetzgebungen betreffs Frauenrechten zu durchforsten. Oft genug können wir leider pauschal sagen, daß in fast allen Gesellschaften Frauen von den Entscheidungsprozessen ausgeschlossen waren und weder im öffentlichen Dienst noch im Schulwesen, in der höheren Bildung, den Kirchen und der Kunst Raum einnehmen konnten. Ausgenommen waren Erbtöchter mancher Königshäuser. Oft mit

Berufung auf die Bibel gab es zwar Königinnen, aber keine Ministerinnen.

Juden als Minderheit waren kaum in der Lage, das allgemeine Schema zu durchbrechen, etwa nach dem Heinrich Heine zugeschriebenen Wort: »Wie es sich christelt, so jüdelt es sich«. Jedoch hatten Frauen ebenso wie ihre christlichen Nachbarinnen gesellschaftliche Nischen zur Entfaltung ihrer Begabungen. Gemeinsam war etwa im humanistischen Klima in Italien, daß es auch jüdische weibliche Gelehrte und Dichterinnen gab. Längst vor den deutschsprachigen Salons der Romantik gab es einen solchen in Venedig im Hause der gelehrten Dichterin Sara Coppia Sullam (1592?–1641). Hier trafen sich gebildete Juden und Christen. Und längst bevor Moses Mendelssohn sich gegen das Taufansinnen eines christlichen Verehrers verwahrte, veröffentlichte Sara 1621 ein bissig-witziges *Manifesto* gegen eine christliche Unterstellung des Atheismus (Sermoneta 1971).

Ohne die umweltlichen Einschränkungen und sich häufig wiederholenden Zerstörungen der Gemeinden wären viele positive Entwicklungen weitergegangen. Das trifft z. B. für das Rheinland im Mittelalter zu: Jüdinnen hatten wirtschaftliche Macht und forderten daraufhin erfolgreich Änderungen im jüdischen Recht (I. Epstein 1934). Interne Rechtsbelange bildeten oft einen Freiraum für Juden, solange ihre Autonomie als »hebräische Nation« innerhalb der vormodernen Staatswesen bestand. Das hörte jedoch mit der schrittweisen Verleihung der Bürgerrechte meistens auf. Zunehmend galt die talmudische Regel *Dina de-malchuta Dina* (aram.): das Staatsgesetz hat Vorrang, wo keine religiösen Pflichten dadurch eingeschränkt werden. Falls dies geschah, gehör(t)en Juden zu den Vorkämpfern für neue Gesetzgebungen. Dabei wirken sehr verschiedene Richtungen des Judentums zusammen oder getrennt. (Vgl. Monika Richarz 1976.)

Die Frauenbewegung im 19. Jahrhundert

Weder die Amerikanische noch die Französische Revolution (1776, 1789) änderte in der Verkündigung der Menschenrechte die Stellung der Frauen (Battle 1948). Sie selbst mußten sich zu ihrem Weg entscheiden. Es begann ihr langer Marsch durch die Institutionen, die oft erst geschaffen werden mußten, wie z. B. die Studienmöglichkeiten als Grundlage jedes weiteren Fortschritts. Jüdinnen gehörten dabei zu den Vorkämpferinnen. Sie hatten wie ihre christlichen Schwestern den Mut, sich »unschicklich« zu benehmen. In den USA wurden längst vor Europa Hochschulen für Frauen gegründet, zunächst privat, später kamen staatliche Einrichtungen hinzu. Auch koedukative gemeinsame Hochschulen waren daraufhin möglich (Woolley/Tuke 1948). Jüdinnen gehörten zu den ersten Studentinnen. Die allererste jüdische Studierende war vermutlich Richea Gratz (1774–1854) aus Philadelphia, Tochter einer führenden, aus Deutschland stammenden Familie. Berühmt ist ihre Schwester Rebecca Gratz (1781–1869). Bereits 1819 schuf sie eine Hilfsorganisation für jüdische Frauen, auf die eine Reihe weiterer Institutionen folgte. Sie ist auch die Gründerin der jüdischen Sonntagsschulen, die den Religionsunterricht parallel zu den christlichen Sonntagsschulen einführte, da dieses Fach in den USA nicht zum öffentlichen Schulprogramm gehören darf. Die Familie gründete später das erste jüdische Lehrerseminar in den USA, das Gratz College (Vicetelly 1906).

Mit Rebecca Gratz beginnt die Entscheidung gebildeter Jüdinnen zu einem ehelosen Leben. Seitdem wirken verheiratete und ledige Frauen in ihren selbstgewählten Berufen. Das ist ein neues Verhaltensmuster für Jüdinnen, deren Tradition die Frau stets als Hälfte eines Paars verstanden hatte. Nun wurde vorgelebt, daß Ledige *und* Verheiratete gewillt sind, alles zu tun, um *ganze* Menschen zu sein.

Ermutigung dabei erhielten solche Frauen oft von ihren Vätern, die ihnen das gleiche jüdische Wissen beibrachten wie den vorhandenen oder ersehnten Söhnen. Darin unterschieden sie sich von der Haltung des großen Denkers Moses Mendelssohn (1729–1786), der es nicht verstand, das Judentum seinen Töchtern als sinnvoll, spannend und wichtig zu vermitteln. Daß sie ihre Gemeinschaft verließen wie auch die Brüder, hatte jedoch vor allem mit der fehlenden bürgerlichen Gleichberechtigung zu tun.

Amerikanische Jüdinnen, deren Eltern aus Deutschland und Österreich-Ungarn stammten, wuchsen oft in deutschsprachigen Familien mit liberaler Grundhaltung auf, die sowohl Politik wie Religion umfaßte. Sie waren nach der gescheiterten bürgerlichen Revolution von 1848 ausgewandert und gründeten mit dem in den USA erworbenen Einkommen Reformgemeinden, Hochschulen und Verlage. Aufgrund der traditionellen jüdischen Gemeindeformen entstand ein hauptsächlich von Frauen eingerichtetes Netz sozialer Werke, vor allem während der Einwanderungswellen aus Osteuropa (um 1880 und 1900). Hierbei spielte der Unterricht in Englisch und Staatsbürgerkunde eine wichtige Rolle. In traditionellen Kreisen wurde wie in der alten Heimat auch die Männer- und Frauenkultur des Beerdigungswesens fortgesetzt.

Einige führende Gestalten dieser allmählich wachsenden Frauenbewegung in Amerika waren: 1. die Journalistin Rosa Sonneschein (1847–1932), Herausgeberin von *The American Jewess*, New York 1895–99 – die einzige von und für Jüdinnen gemachte Zeitschrift in den USA bis auf *Lilith* 1976 – (S. Henry 1983, 214), außer denen der Frauenvereine. 2. Henrietta Szold (1860–1945), rabbinische Gelehrte, Sozialarbeiterin, Zionistin (ST 151). Sie studierte als erste an einem Rabbinerseminar, u. a. gründete sie mit anderen Frauen die heute weltumspannende Hadassah-Organisation. 3. Rebekah Kohut, geb. Bettelheim (1864–1951), Pädagogin und Frauenrechtlerin, lernte den Mut von ihrer Mutter, die als erste Frau in Ungarn Lehrerin wurde. Sie studierte als eine der ersten in Kalifornien und war als erste in den USA Leiterin eines öffentlichen Dienstes. Tochter und Ehefrau von Rabbinern, ernährte sie nach dem Tod ihres Mannes, des Orientalisten Alexander Kohut, als junge Frau die acht Stiefkinder durch judaistische Privatvorlesungen für Frauen. 1929 wurde sie in Hamburg auf dem Weltkongreß jüdischer Frauen als Präsidentin des dort gegründeten Weltbundes gewählt.

Die Frauen dieser ersten Bewegung bemühten sich zumeist, sich um ihrer Ziele willen, so weit es überhaupt ging, in die Gesellschaft einzuordnen. Gewiß war ihr Leben eine bewußt verstandene Form des Protestes. Für ihre Organisationen bewegten sie große Vermögenswerte ihrer Familien bzw. Spender, Männer eingeschlossen. Damit wurden in der »Neuen Welt« die überlieferte jüdische Einrichtung fortgesetzt, derzufolge Frauen privates und Gemeindevermögen verwalteten. Beispiele dafür finden sich bei Raschi (11. Jhd.): »Die Schatzmeisterin besiegelt stets mit ihrem Ring die Anweisungen an die ihr unterstellten männlichen Beauftragten, wieviel sie den Betreffenden auszahlen sollen« (Kommentar zum »Siegelring der Schatzmeisterin«, Babylon. Talmud, Schabbat 62 a). Im 17. Jahrhundert bestimmte der Unternehmer Chajim Hameln letztwillig, daß seine Frau

Glückel alleinige Geschäftsträgerin bleibt, unter Ablehnung eines männlichen Beraters (Glückel von Hameln 1896).

Zumindest eine Gründung erfolgte als eindeutiger Protest auf männliches Ausschließlichkeitsdenken. Juden schufen humanitäre und kulturelle Logen, die ebenso wie die christlichen Vorbilder reine Männerclubs waren. 1843 gründete ein Freundeskreis deutscher Juden in New York den U. O. B. B., United Order B'nai B'rith (»Vereinigter Orden Söhne des Bundes«). Als Antwort auf ihr Ausgeschlossensein schufen Frauen 1846 die erste *Frauenloge*, U. O. T. S., United Order True Sisters (»Vereinigter Orden Treue Schwestern«). 1897 entstanden die B'nai B'rith-Schwesternschaften. Und 1990 ist Präsident der B'nai-B'rith-Organisation in Israel eine Frau.

Die deutlichste Frauenprotestaktion bezog sich jedoch auf die Zustände in den frühen Fabriken und Werkstätten. In diesen sog. Sweatshops erhielten die greenhorns (»Neueinwanderer«) Hungerlöhne und Frauen noch weniger als Männer. Bis zum Ersten Weltkrieg gab es Streiks um bessere Bedingungen. Jüdische und italienische Arbeiterinnen, viele knapp 15jährig, erzwangen zusammen mit männlichen Kollegen die Schaffung von Gewerkschaften. Andere Mädchen fürchteten sich wegen ihrer eventuellen Heiratschancen und traten nicht bei. Frauen aus dem Mittelstand wie R. Kohut halfen bei der Organisation. Bleibenden Ausdruck dieser Zeit schuf der jiddische Arbeiter und Dichter Morris Rosenfeld (1862–1924). Die Elendszustände in New York waren nur mit denen in asiatischen Slums vergleichbar. Auf diesem Boden entstanden die sozialistischen jüdischen Bewegungen in den USA (I. Howe 1976). Die erbitterten Kämpfe fortschrittlicher Amerikanerinnen um Gleichberechtigung gingen im 20. Jahrhundert weiter, denn Frauen galten nicht als eigene Personen.

In England, der »Mutter der Demokratien«, waren Jüdinnen mit der doppelten Bürde der Zugehörigkeit zu zwei Minderheitsgruppen belastet. Wie überall waren Frauen auch hier im öffentlichen Recht diskriminiert. Der Kampf um das Frauenwahlrecht vereinte Jüdinnen und Christinnen. In der Frage der Schulbildung gab es Anstöße durch eine Reihe von Frauen wie Mutter und Tochter Aguilar in London, die eine Privatschule für Mädchen unterhielten. Die junge Grace Aguilar (1814–47) wirkte für die Selbsterziehung der Jüdinnen, sie schrieb Bücher über jüdische Frauen sowie beliebte Romane. Sie starb in Frankfurt a. M. auf einer Reise zwecks Information über die neue

Wissenschaft des Judentums. Lady Katie Magnus (1844–1924) förderte das jüdische Sozialwesen gemeinsam mit ihrem Mann, dem Mathematiker, Reformrabbiner und Parlamentsabgeordneten Sir Philip Magnus. Sie schuf Ausbildungsmöglichkeiten für jüdische Mädchen und schrieb u. a. »Outlines of Jewish History« (1886 u. ö.). Lily Montagu (1874–1963) war ebenfalls Sozialarbeiterin, Friedensrichterin, und seit 1902 die erste jüdische Predigerin auf einer Kanzel (ST 154). In englischen Synagogengemeinden entstand als zögernder Anfang einer Frauenbewegung die Einrichtung der Ladies' Guild (Damengilde) ähnlich wie in Amerika die Sisterhoods.

In den deutschsprachigen Ländern beteiligten sich Jüdinnen schon früh an der Frauenbewegung des 19. Jahrhunderts. Auch hier ging es um das Erringen der vollen bürgerlichen Rechte sowohl als Frauen wie als Juden. Am wenigsten Anstoß erregte der Einstieg über die Sozialarbeit, denn sie entsprach dem allgemeinen Bild weiblicher Fähigkeiten. Vor allem sollten Frauen, sofern sie nicht der armen Unterschicht angehörten, keinen anderen Beruf ausüben als allenfalls die Mithilfe im Betrieb (Geschäft, Büro) des Mannes. Anders war es bei den noch wenig erforschten Landjuden mit teils eigenen bäuerlichen Betrieben. Jedoch gehörte ein Großteil der deutschsprachigen Juden zunehmend der städtischen Gesellschaft an. Verbreitet war die Auffassung der vom Manne so verschiedenen »Natur der Frau«. Das betonte auch der Reformer Abraham Geiger, der jedoch gleichzeitig die Ebenbürtigkeit in allen Dingen der verfaßten Religion erklärte und sie als Gemeindepolitik forderte (Geiger 1837, in Wissenschftl. Zeitschr. f. Jüdische Theologie, Jg. 3, Nr. 1; nach Plaut 1965). Auf der von ihm geleiteten Breslauer Synode, 1846, wurde die *volle Gleichberechtigung der Frauen* nochmals betont und mit der *jüdischen Emanzipation im Staat* verglichen (Plaut, 253). Beides konnte nur in allmählichen Schritten erreicht werden. Seitdem wird dieser Vergleich oft benutzt: *die Gleichberechtigung der Frauen als ebensolche Befreiungsbewegung, wie sie für Juden als Bürger gefordert wird.*

Jüdischen wie nichtjüdischen Männern der bürgerlichen Gesellschaft wurde vorgeworfen, daß sie den Typ der oberflächlichen, nur zum seichten Salongeplapper geeigneten Frau förderten. Nach staatlichen Forderungen sollte Bildung für Mädchen »niemals in Wissenschaft ausarten, sonst hört sie auf, zarte weibliche Bildung zu sein« (preußisches Abgeordnetenhaus 1884; nach Marion Kaplan 1981,

60). – Eine bedeutende Vorkämpferin der Frauenemanzipation in der allgemeinen Gesellschaft war die Schriftstellerin Fanny Lewald (1811–89), die jedoch infolge der frühen Taufe ihrer Familie nicht unmittelbar im jüdischen Bereich stand. In der allgemeinen deutschen Frauenbewegung wirkte die Begründerin der Fröbel-Kindergärten und Seminare, Lina Morgenstern-Bauer (1830–1909). Jeanette Schwerin-Abarbanell (1852–99) schuf u. a. die Zentrale für private Fürsorge und die erste Volkslesehalle.

Die wohl hervorragendste Frau der jüdischen Bewegung war Bertha Pappenheim (1859–1936), die in unermüdlichen Reisen das Los sozial schutzloser jüdischer Mädchen in vielen Ländern untersuchte und beschrieb und dafür gründlich getadelt wurde. Nach Mitarbeit in mehreren Gremien schuf und leitete sie ab 1904 den Jüdischen Frauenbund in Deutschland (Marion Kaplan 1981). Als Autorin befaßte sie sich vor allem mit der jüdisch-deutschen Haus- und Frauenliteratur, die sie zu einem erneuten Bildungsmittel für Frauen machen wollte, die ihre jüdischen Wurzeln suchten (ST 146). Eine anti-assimilatorische Wirkung hatte auch das vielgelesene Buch »Das jüdische Weib« von Nahida Ruth Remy Lazarus (1849–1922), das auf einer vergleichenden Studie von Frauen verschiedener Religionen basierte (Lazarus 1890).

Die Frauenbewegung im 20. Jahrhundert

Aus einer Fülle vorangegangener Bestrebungen entstanden nationale und internationale Frauenorganisationen, die wir heute jedenfalls als genuin *feministisch* bezeichnen können. Jüdinnen waren darin oft in einem viel größeren Prozentsatz vertreten als Andersgläubige. Das hing u. a. mit ihrer stärkeren Eingebundenheit in die traditionelle Gesellschaft zusammen. Nach der Berechnung von Marion Kaplan (1981, 24) waren 1909 nicht einmal 1 % der Nichtjüdinnen Mitglieder im Bund Deutscher Frauenvereine, in den zwanziger Jahren bildeten sie immer noch eine kleine Minderheit. Die größte Tochterorganisation war der Jüdische Frauenbund, dem fast 25 % der Jüdinnen angehörte. Seit Jahrhundertbeginn gibt es die Frauengruppen innerhalb der Befreiungsbewegung des jüdischen Volkes mit all den Gremien, die später in das parlamentarische und Parteienwesen des Staates Israel einmündeten (Katznelson-Shazar 1932). Eine der führenden Frauen des Zionismus war die russisch-amerikanische Frauenrechtlerin Golda Me'ir (1898–1978; ST, 158). Eine ganze Reihe von Frauenbewegungen arbeiten daran mit wie die von der englischen Politikerin Rebecca Sieff geb. Marks (1890–1966) gegründete WIZO (s. S. 224, 14).

Zunächst galt es aber, den Suffragistinnenkampf um das Wahlrecht mitzutragen, der Jüdinnen in der gesamten westlichen Welt betraf. Erst 1918 nach dem Ersten Weltkrieg konnten Erfolge verbucht werden (freilich nicht überall, so z. B. nicht in der Schweiz bis vor einigen Jahren). Danach galt es, dieses im staatlichen Bereich gültige Recht auch in den Gremien der jüdischen Gemeinden und Institutionen durchzusetzen. So half der Frankfurter orthodoxe Rabbiner Nehemia A. Nobel (1871–1922) 1919 Bertha Pappenheim bei der Durchsetzung des aktiven und passiven Gemeindewahlrechts der Frauen: es gebe keine halachischen Bedenken dagegen. Hier war er fortschrittlicher als z. B. der liberale Leo Baeck, der keine Änderung im Rollenverständnis wünschte. Nobel spielte dem Frauenbund Belegstellen wie den »Siegelring der Schatzmeisterin« (siehe S. 125) zu (Marion Kaplan 1981, 261). Er hatte dabei auch die Notwendigkeiten des Landes Israel im Blick: »Wir können das Land nicht aufbauen, ohne unseren Mädchen und Frauen Gleichberechtigung zu geben« (E. Simon 1965, 380).

Auch im Mandatsgebiet Palästina/Land Israel mußten die Rabbiner sich zum aktiven und passiven Wahlrecht der Frauen aussprechen. Der aschkenasische Oberrabbiner Kook war im Namen der Tradition dagegen. Oberhand behielten diejenigen, die es als widersinnig ansahen, auf die Hälfte der jüdischen Gemeinschaft zu verzichten. Unter ihnen war der sefardische Oberrabbiner Usiel (Zitate bei S. Greenberg 1988, 215).

In Deutschland blieb Bertha Pappenheim bis zu ihrem Tode nach einer Gestapo-»Befragung« unermüdlich im Jüdischen Frauenbund aktiv (ST 146). Zu ihrer geradezu prophetischen Persönlichkeit äußerte sich Rahel Straus, die 1908 eine der ersten niedergelassenen Ärztinnen in Deutschland war (R. Straus 1961). Frau Pappenheims Gebete wurden vom erneuerten Jüdischen Frauenbund 1956 wieder gedruckt.

Die Morde der SS-Schergen hatten viele Frauen der jüdischen Institutionen hinweggerafft. Darunter waren:

Prof. Dr. *Cora Berliner* (Hannover 1890 – verschleppt 1942). Sie promovierte 1917 in Heidelberg mit einer Dissertation über »Die Organisation der jüdischen Jugend in Deutschland«. Sie war bis zu ihrer NS-Entlassung Staatsbeamtin und danach mit der Errettung Jugendlicher durch Emigration nach Palästina beauftragt. Die eigene Rettung zog sie nicht in Erwägung.

Hildegard Böhme (Berlin 1884 – verschleppt 1943), Versicherungssachverständige, Referentin und Archivleiterin des Deutschen Roten Kreuzes, nach ihrer NS-Entlassung in der jüdischen Wohlfahrtspflege und als Lehrerin tätig.

Lotte Carlebach geb. Preuß (Berlin 1900 – Riga 1942) war seit dem 19. Lebensjahr Ehefrau von Rabbiner Joseph Carlebach (Lübeck 1883 – Riga 1942). An seiner Seite wirkte sie als echte Rabbinersfrau, zog ihre neun Kinder auf und beteiligte sich an jüdischen Frauenwerken. Mit den vier kleinsten Kindern harrten sie bei der Gemeinde Hamburg aus, bis sie 1942 nach Riga verschleppt und umgebracht wurden.

Rabbinerin *Regina Jonas* (Berlin 1902 – Auschwitz 1944) wurde als erste Frau ordiniert. Als immer mehr Rabbiner verschleppt wurden oder auswanderten, wirkte sie in ihrer Heimatstadt, bis auch sie weggeführt wurde. Der Psychologe Viktor Frankl berichtete von ihrem segensreichen Arbeiten gemeinsam mit ihm in Theresienstadt. Sie wurde in Auschwitz ermordet. Ihr Vorbild als jüdische Gelehrte war ein Grund meiner Berufswahl.

Dr. *Hannah Karminski* (Berlin 1897 – verschleppt 1942), Schülerin der Hamburger Sozialpädagogin Gertrud Bäumer, war eng verbunden mit Bertha Pappenheim und deren Nachfolgerin als leitende Persönlichkeit des deutschen Judentums. Sie lehnte wie viele ihrer Leidensgenossen ab, sich zu retten, während andere keine Auswanderungsmöglichkeit hatten.

Rechtsanwältin *Elisabeth Kohn* (München 1902 – 1941 verschleppt) war eine der ersten Rechtsanwältinnen in Bayern und Mitarbeiterin der Liga für Menschenrechte. Nach ihrer Verdrängung aus dem Beruf widmete sie sich der Gemeindearbeit. Im Atelier ihrer Schwester Marie Luise (Künstlername: Luiko) sammelte sich trotz der Gefährdung ein Kreis von Intellektuellen und Künstlern. Die Schwestern wollten ihre Mutter Olga Kohn nicht verlassen und starben nach der Verschleppung.

Clementine Sophie Krämer, geb. Cahnmann (Rheinbischofsheim, Baden 1873 – Theresienstadt 1942) war seit den Anfängen an der allgemeinen und jüdischen Wohlfahrtspflege in München beteiligt. Als fast 70jährige konnte sie die Deportation nicht überstehen.

Pauline Maier (Wiesloch, Baden – verschleppt 1942) war 1913 ausgebildete Krankenschwester, arbeitete in Kriegslazaretten und leitete ab 1922 die Verwaltung des Mannheimer Jüdischen Krankenhauses, das der Gesamtbevölkerung diente. Bei der Verschleppung der Mannheimer Juden im Oktober 1940 ging sie trotz Freistellung mit und versorgte zwei Jahre lang nach Möglichkeit die Kranken in der Schlammhölle des Lagers Gurs (Pyrenäen, Frankreich). Dann bestieg sie als letzte den Lastwagen, der die noch Lebenden quer durch Deutschland nach Osten brachte: in ihren Tod.

Dora Silbermann (1882 – verschleppt 1942) leitete das Jugendamt der Jüdischen Gemeinde Berlin. Am 20. Oktober 1942 wollte Adolf Eichmann sie zwingen, Mitarbeiter zur Deportation auszuwählen. Er verfluchte sie als »alte Judenhexe«, als sie zusammenbrach, und besorgte das »Geschäft« mit seinen jungen SS-Mannen.

Diese unsere Vormütter verschlang »der Tod, ein Meister aus Deutschland« (Paul Celan 1952, Todesfuge), wie weitere sechs Millionen Kinder, Frauen und Männer: die Hälfte aller Juden Europas.

Die meisten Angaben sind aus Ernst G. Lowenthal (1965), zu Regina Jonas auch W. Hamburger (1975) und Viktor Frankl (Vortrag). Prof. Dr. Julius Carlebach, Heidelberg, ergänzte die Daten seiner Mutter.

Zu den Frauen aus der Gemeindearbeit, die sich retten konnten, gehörte die Sozialpolitikerin Alice Salomon (Berlin 1972 – New York 1948). Sie war Leiterin der Sozialen Frauenschule, 1908 – 1924, und dann bis 1933 der Akademie für soziale und pädagogische Frauenarbeit in Berlin. Ferner die Philosophin Hannah Arendt (Hannover 1906 – 1974 New York). Ihre Dissertation über Rahel Varnhagen wurde erst 1957 gedruckt. Sie arbeitete in jüdischen Sozialdiensten in Frankreich und Amerika, bevor sie eine Professur erhielt.

Das KZ überlebte Jeanette Wolff (Bocholt 1888 – Berlin 1975), Sozialdemokratin, Abgeordnete in Berlin und Bonn, Vorsitzende des von ihr nach dem Krieg wieder aufgebauten Jüdischen Frauenbunds. Sie hatte ihren Mann und die drei Töchter im KZ verloren, adoptierte ein Kind und bewahrte sich bei aller Scharfzüngigkeit ihr biblisches Vertrauen in das Gute im Menschen (H. Lamm 1980; ST 156).

Auch im orthodoxen ostjüdischen Milieu entstanden Werke von und für Frauen. Dabei ging es zunächst um die jüdische Bildung von Mädchen in eigenen Schulen, da diese nicht mehr von den Familien garantiert wurde. Zudem drohte die Gefahr der Verwahrlosung, wo immer jüdische Gemeinschaften durch Entzug ihrer ökonomischen Basis verarmten. Jüdinnen wurden ebenso wie Andersgläubige durch Mädchenhandel ausgenützt.

Das eindrucksvollste Hilfs- und Erziehungswerk für sie schuf Sara Schnirer (Krakau 1883 – 1938) mit dem 1917 begonnenen Netz der Beth-Jakob-Schulen und -Seminare. Es wurde von ultra-orthodoxen Gruppen gefördert. 1937 gab es in mehreren Ländern 250 Kindergärten, Schulen und Seminare mit 38 000 Schülerinnen, von denen nur wenige den Holocaust überlebten. 69 Lehrerinnen wurden für deutsche Soldatenbordelle bestimmt und wählten den Freitod. Die nach dem Krieg weltweit gegründeten Schulen in vielen Ländern vermitteln in ultra-orthodoxem Rahmen jüdische und allgemeine Bildung, u. a. an orientalische Mädchen (Weissmann 1976).

Im Laufe des 20. Jhd. entstanden viele orthodoxe und ultra-orthodoxe Bewegungen, die zur stetig erweiterten Berufsausbildung von Mädchen und Frauen führten. Ein Ausgangspunkt dafür war die kleine Minderheit orthodoxer Juden in Deutschland gewesen.

Egalitäre Bestrebungen

Parallel zu den Entwicklungen in der jeweiligen Gesellschaft wuchs auch bei Juden das zunächst scheel angesehene Bemühen um ein nicht-sexistisches Verhältnis von Männern und Frauen in der Gemeinschaft. Über mehrere Generationen hinweg erhöhte sich der Anteil bewußt jüdisch lebender Frauen in freien Berufen wie Jura, Medizin, Bankwesen usf. »Bewußt jüdisch« steht hier im Gegensatz zu jenen, die den Weg des geringsten Widerstandes wählen und nur noch nominell dem Judentum angehören oder darauf verzichten. Juden zählen zu denjenigen Minderheiten, die weitgehend ihr Aufgeben dieses Status bestimmen können, was z. B. seitens schwarzer Minderheiten kritisiert wird, denn ihnen steht nur selten dieser Weg des Aussteigens offen, etwa bei nur minimalen Rassenkennzeichen. Da Juden keine Rasse sind und keine besonderen Kennzeichen haben, ist es für sie schwieriger, auf Auswege zu verzichten.

Wo immer ein Frauenstudium auch für Minderheiten ermöglicht wurde, beteiligten sich Jüdinnen daran mit dem Ziel der beruflichen, finanziellen und nicht zuletzt menschlichen Selbstverwirklichung. Kennzeichnend ist, daß dieses Streben auch in den modern orthodoxen Familien nach anfänglichem Zögern bejaht wurde. Frauen aus solchen Familien in Europa, Amerika und Israel studieren seit Generationen eine Vielfalt von Berufen und üben sie innerhalb ihrer eigenen oder der weiteren Gesellschaft aus. Darin unterscheiden sie sich nicht von ihren Schwestern anderer jüdischer Denominationen oder solcher, die sich als glaubenslos definieren. So wurde z. B. in Israel eine glaubenslose Bibelwissenschaftlerin als Dekanin an einer Universität gewählt, und eine orthodoxe Juristin wurde Beauftragte für Staatsländereien. In Israel haben berufstätige Frauen besonders große Chancen, weil sie in politischen Parteien und im Parlament ihre Angelegenheiten *als Frauen und Jüdinnen zugleich* vorbringen und vertreten können. Gegenwärtig gibt es leider einen sehr geringen Prozentsatz von Frauen im israelischen Parlament, auch weil es sinnvollere berufliche Herausforderungen für sie gibt. So ist eine emeritierte Oberrichterin jetzt Chefin des Rechnungshofes (in Israel: »Staatskontrolleur«), eine weitere Juristin ist Generalstaatsanwältin. – Die Gesetzgebung bedeutet für die arabischen und drusischen Bürgerinnen einen Fortschritt in Ausbildung und Berufen, der ihren Glaubensschwestern nicht überall zugänglich ist.

In den Vereinigten Staaten schuf eine orthodoxe Jüdin eine populäre Bewegung der Inneren Mission (um einen christlichen Terminus zu leihen) und trat vor allem in Universitäten mit ihrer professionellen Gruppe auf – eine Art weiblicher Billy Graham, in Glitzerkleid, Schminke und Perücke. In ihrem Buch (E. Jungreis 1982) nennt sie als Motiv den Wunsch, aus den schrecklichen KZ-Erfahrungen ihrer Kindheit Lehren für die jüdische Existenz zu ziehen. Als Tochter eines ungarischen Rabbiners erfuhr sie von Eltern, Brüdern und Ehemann, die ebenfalls orthodoxe Rabbiner sind, Bejahung ihres Weges. Ein weiteres von vielen amerikanischen Beispielen ist die Tatsache, daß im Jahre 1984 die 2400 Delegierten des eher konservativen Nordamerikanischen Rates Jüdischer Föderationen einstimmig eine Frau als Präsidenten wählten (ST 15).

So entstand allmählich oder manchmal auch abrupt ein Klima, das die alten Rollenspiele wenigstens teilweise negierte. Oft kamen Anstöße aus den religiös progressiven Gruppen und wurden nach anfänglichem vehementen Kopfschütteln von anderen übernommen. Hierbei sind psychologische und soziologische Prozesse von größter Bedeutung.

Jede feministische Bewegung beginnt als Befreiungsbestreben der Frauen von Beschränkungen, die bislang als selbstverständlich galten. Auch weiterhin werden beschwörend das Anstandsgefühl, die Schicklichkeit, die Empfindungen anderer dagegen ins Feld geführt. Manchmal bleiben dabei auch kluge Menschen bei mittlerweile absurden Beweisführungen. So wird nicht selten fälschlich behauptet, daß die Berufsarbeit von Frauen »auf Kosten der Familie« ginge. Das ist dort der Fall, wo es Männern noch immer nicht gelungen ist, Partnerschaft in der Hausarbeit und im Zusammensein mit ihren (Klein)Kindern als Selbstverständlichkeit zu erlernen und zu praktizieren. Interessanterweise ist es jedoch in vielen orthodoxen jüdischen Familien schon seit jeher so, daß Väter sich um Kinder kümmern, und bei orientalischen Familien ist es Brauch, daß Männer auf dem Markt einkaufen und die Waren nach Hause bringen.

Rigorose FeministInnen fordern, daß zuerst das richtige Bewußtsein entstehen muß. Als falsches Motiv wird dann abgelehnt, daß es konkrete Sachzwänge gibt, die als Hebel für die Aufnahme von

Frauen in die verschiedensten Berufe dienen. Ein solcher Purismus hat jedenfalls seine fanatische Seite und ist gewiß nicht hilfreich. Denn soziale und wirtschaftliche Gründe führen auch Menschen zu neuem Verhalten, deren abstrakte Erkenntniskraft entweder ungenügend ist oder aber ihren Emotionen unterliegt. Das betrifft auch den Einstieg von Frauen in bisher unübliche, vergessene oder verpönte Aktivitäten innerhalb ihrer Religion.

Feministische Theologie

Seit den 70er Jahren trat zu den allgemeinen Fragen jüdischer Feministinnen zunehmend die Bereitschaft – und damit auch Forderung –, im theologischen Bereich stärker mitzuwirken. Frauen entdeckten, daß ihre Vormütter sich vielerorts mit Dingen beschäftigten, die ausschließlich als männliche Religionsausübungen galten. Die Frage nach den männlichen Ängsten vor einer Verminderung ihres Bereichs wurde behandelt, aber als ebensowenig ausschlaggebend betrachtet wie anderes Nachgeben gegenüber ungesunden Verhaltensweisen.

An mehreren jüdischen theologischen Hochschulen konnte durchgesetzt werden, daß Frauen in die Studiengänge für den Rabbinertitel und die Titel als Vorbeter (Kantoren) aufgenommen werden. Nicht überall war damit allerdings automatisch die Ordination bzw. Investitur als Kantorin verbunden. Andere Ansatzpunkte waren Forderungen nach Änderungen in nicht mehr zeitgemäßen Belangen des Religionsgesetzes, sofern diese eine Benachteiligung von Frauen bedeuten. Von größter Wichtigkeit war dabei das Mitwirken feministischer Fachmänner.

Bei diesen psychologisch schwierigen Vorgängen wurden Ich-Kränkungen von Männern und Frauen sichtbar. Männer, unter ihnen konservative und orthodoxe Rabbiner, wurden durch intensive persönliche Erfahrungen Feministen. Sie verstanden, daß sie unbeabsichtigt und von ihnen selbst unbemerkt Frauen als »die Anderen« behandelt hatten. In Ihren nunmehr sorgfältiger ausgerichteten Forschungen gelangten sie zu neuen Erkenntnissen über Einstellungen, die letzten Endes unethisch sind, weil sie Trennungen anstelle der gebotenen Partnerschaft setzen. (Vgl. Berkovits 1990; Gordis, siehe Zitate auf S. 171.)

In der Reformbewegung spielt die historische Forschung an den Quellen eine untergeordnete Rolle : hier wird an erster Stelle nach der Gewissensentscheidung gefragt. Zu fördern ist alles, das der persönlichen Autonomie entspricht und die Gemeinschaft in ihrem jüdischen Bewußtsein und ihrer Existenz stärkt.

Daneben gibt es auch Bestrebungen, die keine Geduld mit dem Warten auf Änderungen haben, sondern ein Instant-Judentum von Frauen schaffen möchten. Insgesamt fragen jedoch die feministischen TheologInnen danach, was heute unsere ethische Verantwortung für Bestand und Überleben der jüdischen Religionsgemeinschaft ist. Wichtig dafür ist das Erforschen einer »brauchbaren Vergangenheit« (Paula E. Hyman 1975). Dabei ist eigener Kleinmut ebenso zu überwinden wie das Mißtrauen anderer gegenüber Änderungen, besonders im Hinblick auf das Teilen von wie immer gearteter Macht. Gleichzeitig gilt es, die vielen vererbten und erlernten Vorurteile christlicher Kolleginnen gemeinsam mit diesen zu bekämpfen (siehe S. 208 ff. ; sowie : Judith Plaskow 1990).

2. Reden von Gott in Bibel und Tradition

Bildsprache und Identifikation

Die Sprache, in der wir zu denken gewohnt sind, ist selten abstrakt. Wir verwenden Wortbilder für Gefühle, Gedanken und Beziehungen. Hinter diesen Wortbildern stehen bewußte und unbewußte Erfahrungen, Ängste, Freuden, Erwartungen. Manche sind weitgehend gemeinsam, sonst gäbe es kein Sprechen als wichtigste Form der Kommunikation, die über die unmittelbare Berührung hinausgeht. Es gäbe kein Verstehen. Dennoch haben wir unendlich viele persönliche Schattierungen und oft gegensätzliche Vorstellungen bei den von uns und anderen benutzten Worten.

Das betrifft auch die Art und Weise, in der die frühe israelitisch-jüdische Literatur, die Bücher der Hebräischen Bibel, die Gotteserfahrung durch ein Jahrtausend ausdrückte. Sie wurde das Gemeingut aller Völker, die das Christentum annahmen. Heute fragen sich Menschen dieser Völker nach der Bedeutung der alten Bilder. Da ist die Rede von »männlichen« Erscheinungsformen, aber auch von »weiblichen« Eigenschaften. Es wird von vornherein klargestellt, daß der Gott der Juden kein Mensch ist. Dadurch ergibt sich bis heute ein grundsätzlicher Unterschied zum christlichen Glauben. Gott ist erkennbar in seinem Wirken, in der Ordnung des Weltalls, der Stimme des Gewissens. Wir reden auch von der »Stimme vom Sinai«, den göttlichen Geboten. Besser sagen wir jedoch mit der Schrift »die Stimmen« (hebr. ha-kolot) (Ex 20,15). Zunächst als »Donner« übersetzt, bedeutet es nach der Tradition etwas auf die Menschen Bezogenes, höchst Individuelles: »Siehe, wie die Stimme kam! Zu jedem entsprechend der eigenen Kraft – so zu den Alten, den Jungen, den Kindern, den Säuglingen, den Frauen, und zu Mose: daher ›die Stimmen‹« (Midrasch Ex Rabba 5,9).

Das kann für uns heute auch bedeuten, daß wir ernstnehmen, wie wir als weibliche Menschen Gottes Wort und die Traditionen dazu hören, wie wir Frauen-Midrasch zu biblischen Aussagen machen, die uns beschäftigen. Denn Midrasch, »das Deuten des Wortes« (von darasch, Esra 7,10), ist *der* Umgang mit der Bibel, der alle, die sie als

Erbe besitzen, bei ihr gehalten hat. Wäre es nicht so, hätten wir lediglich irgendein Stück Antiquität anstelle der Heiligen Schrift. Und wenn wir das erlernt haben und in Partnerschaft mit Männern teilen, können wir auch Gemeinsames lernen und tun, »tun und hören« (Ex 24,7). Unsere Sprache beginnt und endet beim Hinhören. Wo Sprache uns verletzt, müssen wir unbedingt hinhören. Wo Reden von Gott uns bedrohlich scheint, haben wir die Freiheit, anders zu reden – aber, wie viele von uns meinen, innerhalb bestimmter Grenzen.

Weibliche Bilder der Gotteslehre

Es ist schwer zu sagen, woran es liegt, daß die meisten Begriffe des jüdischen Lernens und Lehrens eine *weibliche Form* haben. Um das zu entscheiden, müßten wir viel mehr über die Entwicklung von Sprache wissen, als uns bekannt ist. Das spielt keine Rolle für die juristische Seite der Traditionen, wohl aber für die narrative, denn hier ergeben sich vielerlei Möglichkeiten, die das Gefühl beeinflussen, wie Fürsorge und Zärtlichkeit. Biblisch haben wir vor allem mit der *Tora* den zentralen Begriff des Judeseins. Er kommt vom Stamm *jarah* in der verstärkten Form *horah*, »lehren«. Wir können Lehre oder Unterweisung übersetzen. Griechisch wurde nomos, »Gesetz«, üblich. Tief verankert im jüdischen Bewußtsein sind Dtn 33,4; Jos 1,8; Jes 2,3; Ps 19,8 sowie die Bezeichnung als »Baum des Lebens«, Spr 3,18.

Ist denn dort überhaupt von Tora die Rede? Das ist eine Sache der rabbinischen Hermeneutik. Die Verse 13–20 sprechen von der *Weisheit*, mit der, d. h. mittels welcher Gott alles erschuf. Sie wurde von vielen mit der Tora gleichgesetzt, denn diese wird als präexistent verstanden, sie ist der Bauplan, in den der Schöpfer blickte wie ein Architekt. Sie heißt daher »Anfang«, und der erste Bibelvers wird verstanden: »Mittels der Tora oder Weisheit, genannt ›Anfang‹, schuf Gott Himmel und Erde« (Midrasch Gen Rabba 1,1). Im rabbinischen Schrifttum gibt es im Zusammenhang mit Spr 8 bildliche Vorstellungen, daß Gott täglich mit seiner Tochter, der Tora, spielte, daß er sie hegte und pflegte wie ein »Ziehvater«, ganz wie Mose gottebenbildlich als »Ziehvater« das Volk trug, hegte und pflegte (Num 11,12).

Die Tora ist Israels Braut, das Wochenfest (davon das christliche Pfingsten) wurden nachbiblisch zum Offenbarungsfest. Mystische Traditionen schufen dazu Rituale, in denen der Brautvater Gott dem Bräutigamsvater Mose die im Ehevertrag, der Ketubba, üblichen Versprechen schriftlich gibt. Es ist das Fest der Hochzeit Israels mit der Tora.

Die Tora stellt sich vor allem in der handgeschriebenen Pergamentrolle dar, aus der die Schriftlesung erfolgt. Diese Rolle wird von Kindern und Außenstehenden oft als »Puppe« bezeichnet, die im Gottesdienst ausgezogen und wieder angezogen wird. Richtig daran ist, daß im westlichen Ritus die Rolle Kleid und Krone trägt. Aus der heiligen Lade wird sie bzw. werden einige Rollen mit größter Sorgfalt und Liebe ehrfürchtig heraus- und später wieder eingehoben. Im orientalischen Ritus besteht die schützende Ummantelung der Rolle aus einem geschmiedeten oder geschnitzten Behältnis. Auch hier werden Samt und Seide sowie Schmuck benutzt. Die Kleidung der Rolle und der Vorhang des Tora-Schreins wurden häufig aus Schmuck und Kleidung der Frauen hergestellt: aus diesem Brokat und Samt nähten und bestickten sie Vorhänge und Toramäntel, ihren Schmuck vermachten sie zum Umschmieden in Torakronen und -glockentürmchen. Das ist in jüdischen Museen und Bildbänden angegeben wie z. B. im Testament einer Jemenitin (Israel-Museum).

Bei den Prozessionen vor und nach der Schriftlesung wird die Rolle wie ein Kind sorgfältig im Arm getragen. Das damit verbundene Gefühl beschränkt sich traditionell auf Männer und Knaben. Frauen nehmen erst seit neuestem daran teil; in Osteuropa und im Orient beteten sie oft am offenen Schrein. Die volle Teilnahme ist eines der wichtigsten Ziele vieler Feministinnen. – Im übrigen ist auch der schwere Beruf des Toraschreibers ein rein männlicher – jedenfalls bisher.

Ein weiterer wichtiger Begriff ist *Mizwa*, d. h. Gebot. Damit wird jedes »Wort vom Sinai« bezeichnet, das in der Befehlsform kommt. (So sollten wir z. B. in den Zehn Geboten auch übersetzen, wo es um ein Unterlassen geht: Morde nicht! Begehre nicht! usf. anstelle des üblichen »Du sollst nicht«.) Das Erfüllen der Gebote gibt den jüdischen Lebensrahmen ab. Viele davon blieben unter den Lebensbedingungen nach der Zerstörung des Jerusalemer Tempels möglich und üblich. Dabei geht es einmal um den »Befehl des Königs«, zum anderen jedoch um den Inbegriff der Freude, die sich aus diesem Handeln ergibt. Daher heißt »eine Mizwa tun« jedes mitmenschliche Verhalten als Sinngebung des Judeseins. Sie ist die Einzelverpflichtung auf die Tora, »denn eine Leuchte ist das Gebot und die Lehre ein Licht, ein Lebensweg...« (Spr 6,23). Zur Tora-Freude gehört auch die Mizwa-Freude, es gibt fröhliche Mizwa-Festmahle bei Familienfeiern und den Mizwa-Tanz würdiger Herren mit einer orthodoxen Braut.

Ein geordnetes System des jüdischen Lebens enthält die *Mischna*. Auch jedes einzelne Lehrstück ist eine Mischna. Diese *Mündliche Lehre* bezeichnet ein Meister der byzantinischen Zeit als Gottes Geheimnis, das er Israel gab und das ihnen eigen blieb, als Christen sagten, daß sie allein das Neue Israel sind (Midrasch Pessikta Rabbati 14 b). Um die Mischna ranken sich keine uns bekannten Legenden der Art wie um die Tora. Gewiß gibt es dazu genügend unerforschtes Material. Darauf deutet jedenfalls ein äußerst wichtiger Bericht hin: Der Mystiker und Gesetzeslehrer Josef Karo schuf im 16. Jahrhundert den Kodex Schulchan Aruch als Leitfaden nach der traumatischen Vertreibung aus Spanien 1492. Er gehörte dem Mystikerkreis in Safed, Galiläa, an. Seine Lebensführung wie seine Arbeitsweise wurden ihm 50 Jahre lang nachts in Wachvisionen eingegeben. Sein himmlischer Mentor war die Mischna als Manifestation der Schechina. Teile seines Tagebuchs sind erhalten und bereiteten den Nicht-Mystikern große Verlegenheit (Werblowsky 1962; 1971).

Hier wird ganz deutlich, daß die Mischna wirklich als »Gottes Geheimnis« gesehen wird. Vielleicht besteht eine gewisse Verwandtschaft zu der Himmelstimme, *Bat-Kol,* »Tochter der Stimme«, der Mischna-Zeit. Anders als die Prophetie richtete sie sich nicht nur an Einzelpersonen, sondern wurde gleichzeitig von mehreren gehört. Es gibt viele Berichte dieser Art, davon nur zweimal betreffs halachischer Entscheidungen. Einmal richten sich die Weisen nach ihr (Babylon. Talmud, Eruwin 13 b), das andere Mal nicht, weil die Tora »nicht im Himmel ist« (Dtn 30,12). Gott freute sich und rief: »Meine Kinder haben mich besiegt!« (B. T., Baba Mezi'a 59 b). Die *Stimme* ist nach dieser Legende eine unmittelbare göttliche Anrede, aber die menschliche Mitverantwortung im Entscheidungsprozeß soll den Ausschlag geben.

Auch das umfassende Wort für das Religionsgesetz sowie für Einzelstücke darin, die *Halacha*, gehört in diese Reihe. Sie wird häufig personifiziert, etwa in der Rede von der Halacha als die Meinungsbilderin (als würde sie nicht von Abertausenden von Menschen durch Jahrtausende formuliert!). Das gibt ihren Vertretern eine manchmal graniten wirkende Stärke, die gewiß eine wichtige historische Funktion hat. Das heißt aber nicht, daß wir diese vereinfachende Sicht akzeptieren müssen.

Schließlich nenne ich noch die *Aggada*, die erzählenden Traditionen.

Neben diesen weiblichen Bildern gibt es natürlich auch männliche Begriffe wie: der *Tanach*, der *Mikra*, d. h. die Hebräische Bibel; der *Midrasch*; die Gesetze, wobei alle Einzelbezeichnungen im Hebräischen männlich sind. (Das Hebräische kennt keine sächliche Form.)

Und natürlich der *Talmud*. Ja und nein. Denn wer Talmud lernt, nennt das nicht so. Gelernt wird die *Gemara*. Das ist aramäisch und eigentlich männlich (die weibliche Endung ist -ta). Es bedeutet lernen, sich vertiefen, wird aber populär vom hebräischen »vollenden« abgeleitet. Und wohl wegen der anderen so nahen Bilder sagen die Lernenden: »die Gemara«.

Manches von all diesem mögen sprachliche Zufälligkeiten sein. Wichtig scheint mir jedoch folgendes: Für das Gefühl jüdischer Männer handelt es sich bei diesen zentralen Dingen um *weibliche Bezugsformen*, die ihre männliche Identität ergänzen. Und könnte nicht auch darin ein Grund liegen, daß eine Partnerschaft der Frauen mit diesen weiblichen Wesen als widernatürlich erschien – nicht dem Denken, sondern dem Gefühl? Sind vielleicht viele »Begründungen« nichts als psychologische Rationalisierungen, um eine Seelengeliebte für sich zu behalten?

Männliche Bilder

Die biblische Bildsprache von Gott verweist auf die Beziehung zwischen unserer Endlichkeit und der uns umgreifenden Unendlichkeit, die sich uns aus Liebe und in freier Wahl zuwendet und dadurch die Menschen »nur wenig geringer als Gott« macht (Ps 8,6; Elohim wird hier oft zurückschreckend mit »die Engel« übersetzt).

Psalmen und Gebete des Judentums schaffen große Vertrautheit der Beter mit den Beziehungsworten dieser menschlich-göttlichen Partnerschaft. Das Grundgefühl ist ehrfürchtiges Vertrauen zu dem Schöpfer und Vater, dem König des Weltalls, dem Heiligen, gelobt sei Er, dem Hirten, der uns nichts mangeln läßt (ist das wirklich so? fragen Juden und Christen seit Jahrtausenden und antworten: jedenfalls im Jenseits ...). Der Hirte ist auch der Freund, der Geliebte, besonders in der Deutung des Hoheliedes. Aber auch die Entfernung, das Sich-Verbergen, das Nicht-verstehen-Können werden ausgedrückt. Es gehört zu einer wirklichen Beziehung, den Schmerz lautwerden zu lassen. Das zeigt sich auch in den biblischen Bildern von Mann und Frau für die Beziehung Gottes zu Israel, besonders im Wechsel von Treue – Untreue – ewiger Treue (Hos 2).

Die hier ausgesprochene innige Beziehung wurde die Grundlage der rabbinischen, kabbalistischen und christlichen Brautmystik. Andere Bilder aus den nähesten menschlichen Beziehungen sind Tochter, Schwester und Mutter. Hier ist Gott also Vater, Bruder und Sohn, was erstaunlich scheinen mag. Aber die narrative Theologie der Rabbinen kann das unbefangen tun, weil sie sich an HörerInnen und LeserInnen wendet, die gewohnt sind, Gleichnisse nicht mit Äußerlichkeit zu verwechseln. Ein solches Gleichnis zeigt vielleicht auf, weshalb Vater-Bilder seit Jahrtausenden mit Zärtlichkeit und Verständnis zu tun haben und uns keinen Schrecken einjagen. Zu dem Vers im Hohelied 3,11 lehrt ein Mischnameister: »die Krone, mit der seine Mutter ihn krönte« – ein Gleichnis von einem König, der eine einzige Tochter hatte. Er liebte sie sehr. Zuerst nannte er sie »Tochter«, das war ihm nicht genug, so nannte er sie »Schwester«, und weil auch das noch nicht alles ausdrückte, nannte er sie »Mutter«. So nannte Gott Israel zuerst »Tochter« (Ps 45,11), danach »Schwester« (Hld 5,2) und schließlich »Mutter« (Jes 51,4): lies dort nicht *le'ummi*, »meine Nation«, sondern *le'immi*, »meine(r) Mutter« (Midrasch Hld Rabba z. St., Abs. 2). Gemeint ist, daß Israel Gott als König annahm, ihn »krönte«.

Ein anderer Meister verschärft noch das Bild von Gott als Bruder und liest heraus, daß er unser »Zwilling« ist, denn in dem Vers von der geliebten Schwester heißt es auch »meine Holde« (Hld 5,2), hebr. *tammati*, und er meint: lies nicht so, sondern *te'omati*, »meine Zwillingin«, denn Gott fühlt wie ein Zwilling die Schmerzen mit, wie es in Ps 91,15 heißt: »Mit ihm bin ich in der Not« (Midrasch Hld Rabba zu 5,2, Abs. 2).

Verständlicherweise haben philosophisch und rationalistisch aus-
gerichtete Juden wenig mit Midrasch im Sinn, jedoch auf die allgemeine Frömmigkeit hatten Deutungen wie diese stets einen tiefen
Einfluß. Hier sei angemerkt, daß es ein inhaltliches und sprachliches
Mißverständnis ist zu meinen, daß ein qualitativer Unterschied zwischen dem Vater-Anruf Jesu und dem jüdischen bestehe, denn das
aramäische *Abba* heißt nicht »Pappi«, wie Autoren voneinander ab-
schreiben, sondern »Vater« oder auch »mein Vater« in den klassischen jüdisch-aramäischen Texten. Aufgrund biblischer Aussagen
dürfen wir uns als Kinder Gottes verstehen (z. B. Dtn 14,1). Dabei ist
freilich keine körperliche Art der Verwandtschaft gemeint. So berichtet eine Tradition zu einem Vers von Gottes großer Liebe (Mal 1,2):
Als die Israeliten das Heiligtum in der Wüste herstellten, das von
Ziegenhaarteppichen bedeckt war, sprach Gott zu den Dienstengeln:
Ich verlasse euch jetzt hier in den höchsten Himmeln, denn ich liebe
meine Kinder und will bei ihnen zwischen den Ziegenhaarvorhängen
wohnen! (Midrasch Tanchuma zu Perikope Teruma).

Gewiß gibt es Menschen, die schlimme Erfahrungen mit ihren Vätern machten. Es scheint mir jedoch platt, deshalb den Juden böse zu
sein, weil sie den Christen beibrachten, Gott als Vater zu lieben und
zu verehren. Und leider ist es so, daß Teile der feministischen Theologie es uns verübeln, nachdem wir nun Jahrzehnte brauchten, um
Christen beizubringen, daß auch – und zwar zuerst – Juden »unser
Vater« zu Gott sag(t)en.

Innerhalb der sprachlichen Experimente, die es heute gibt, haben
Christen das »Vaterunser« in ein »Mutterunser« geändert. Solange
das nur einige betrifft, bleibt unsere Gemeinsamkeit bestehen. Wo
die Vater-Vorstellung als solche verteufelt wird, setzt ein Klischee-
denken ein, das nicht weniger gefährlich ist als jede andere Form des
eigenen Besserwissens. In den großen Bekenntnisgebeten der Hohen
Feiertage sagen wir viele Male: »Unser Vater, unser König«. Damit
sagen wir *nicht* aus, daß wir als Frauen unmündig oder geduckt sind.
Es wäre vielleicht kein erkennbares Judentum mehr, wenn statt dessen gesagt würde: »Unsere Mutter, unsere Königin«. Die Diskussion
darüber geht weiter.

Zu dem traditionellen Verständnis von »König« gehört auch die
Möglichkeit, einen »weiblichen« Inhalt damit zu verbinden. S. R.
Hirsch (1867) übersetzt in Dtn 33,5: »*Sie* ward König« – die Tora.

Meist bezieht man den Vers auf Moses oder auf Gott. Was *nicht* mit König gemeint ist, ist ein blindwütiger Tyrann, und gerade diejenigen, die sich an vernunftmäßige Deutungen halten, zeichnen hier das Bild einer weisen, fürsorglichen Macht.

Biblische Beispiele von vielen sind Ps 93, 96 und 97. Das Königtum Gottes ist Inhalt der messianischen Hoffnung für diese Welt und meint im Judentum Recht, Liebe und Wahrheit anstelle von Neid, Haß und Verfolgung. Das gleiche besagen unzählige Lieder der christlichen Kirchen. Die eigene Entscheidung der Juden findet statt im »Annehmen des Gottesreiches«, *kabbalat ol malchut schamajim*, durch das täglich gesprochene Glaubenswort »Höre, Israel«. Im Gebet, das gegen Ende jedes Gottesdienstes gesagt wird, findet sich als Hoffnung für die Menschheit der klassische Ausdruck »die Welt zu vollenden im Königtum des Allmächtigen«, *le-takken olam be-malchut Schaddai*, und an den Hohen Feiertagen heißt es noch deutlicher: »daß alle Menschen einen Bund bilden, deinen Willen mit ganzem Herzen zu tun«. Wille meint nicht Willkür, sondern das Programm für das wirkliche, noch längst nicht erreichte Menschsein. In der Sprache der Midrasch-Meister vom Angewiesensein Gottes auf die Menschen: »Ihr seid meine Zeugen« (Jes 43,10) – wenn ihr mich bezeugt, bin ich Gott, tut ihr es nicht, bin ich gewissermaßen nicht Gott«. »Zu dir erhebe ich meine Augen, der du im Himmel thronst« (Ps 123,1) – »täte ich es nicht, säßest du nicht im Himmel« (Midrasch Sifré zu Dtn, Abs. 41 und 46). Ist *Malchut* ein »männliches« Wort? Gewiß nicht. Wird der König in den rabbinischen Gleichnissen mit Macho-Zügen versehen? Wohl kaum, wenn wir nochmals das erwähnte frühe Gleichnis zum Hld betrachten.

»Identifizieren« sich jüdische Männer mit diesem Weltenherrscher? Wie die Aussprüche zeigen, verstehen sie sich als Kinder und Partner Gottes. Haben Frauen Schwierigkeiten, sich »geschwisterlich« im Sinne mancher klassischen Exegesen zu fühlen? Wohl jedenfalls, wenn sie noch am Anfang ihres jüdischen Lernens sind oder aber prinzipiell *gegen* etwas sind, ohne noch von einem *Für-etwas-Sein* zu wissen. Dennoch sollten wir auch ein vages, unartikulierbares Unbehagen ernst nehmen. Hilfreich dabei ist es vielleicht zu wissen, daß der jüdischen Tradition »männliche« Gottesbeschreibungen nicht bedeuten, daß Gott jung oder alt ist, Krieger oder Sänger, Hände oder eine Stimme hat. Aber wie anders sollen menschliche Erfahrungen mit der Transzendenz ausgedrückt werden? Die dichterische Sprache versucht es immer wieder mit ihren eigenen Mitteln. Oft gehen wir in die Irre, weil wir Vorstellungen verabsolutieren. Das hat etwas mit Systematik und allzu starr festgelegten Doktrinen zu tun. Dann ist es uns vielleicht einleuchtender, daß es in weniger intellektuellen Formen des Judentums einen freundschaftlichen Umgang mit Gott gibt. Chassidische Juden sagen manchmal: O du Herr der Welt, du bist Einer – so einsam, so allein! Laß mich dein Freund sein! (Mitteilung, Rabbi Zalman Schachter.) Hierher gehört auch das Lied des Rabbi Levi Jizchak von Berditschew (18. Jhd.) vom *geliebten Du*, dem *Dudele*, in dem es heißt:

»Oben du, unten du, Himmel du, Erde du, wo ich kehr mich, wo ich wend mich, du.«

Mit Gott kann in heiligem Humor umgegangen werden. Das tun Menschen der mystischen Tradition etwa am Wochenfest. Es erinnert an den Bundesschluß am Sinai. Ich bringe einen Text zum Wochenfest, der vermutlich noch nie aus dem Hebräischen übersetzt wurde. Es sind die *Tna'im*, die »Verlobungsbedingungen« des Bundesvolks. Der Wortlaut entspricht einem üblichen Dokument. Eingesetzt sind die Namen und Gaben. Meine Erläuterungen sind in Klammern [ ]. Ein gedrucktes Exemplar befindet sich gerahmt in der Bibliothek des israelischen Oberrabinats. (Die Worte »Samt« und »Atlas« sind deutsch im hebräischen Text, was auf die deutsche Herkunft dieser Version hinweist):

TNA'IM FÜR DAS WOCHENFEST

DER von Anbeginn alles Späte tat kund [Jes 46,10] / gebe guten Namen, Gelingen und / Kraft diesen Worten der Tna'im und dem Bund. ... Die eine Seite ist, erhaben und hehr / ... Seine Ehren Herr ELIMELECH, der König der Welt und ihr Herr / [Elimelech = mein Gott ist König], der heilige Gott. Er steht neben seiner Tochter: die schöne und fromme Braut ... genannt Baum des Lebens ... Frau TUSCHIJA, sie möge leben [Tuschija, Weisheit = Tora, Spr 8,14].

Die ANDERE Seite ist Seiner Ehren ... der Meister aller Propheten, unser Meister MOSE, Friede sei mit ihm. Er steht neben seinem Sohn: der hochgeehrte und erhabene Jüngling, Herr ISRAEL.

... Herr ISRAEL wird die Braut, Frau TUSCHIJA, unter dem Trau-

baldachin sich zur Frau anheiligen nach dem Gesetz Moses und IS-
RAELs. Sie werden nichts von ihrem Besitz voreinander verbergen
oder wegschaffen, sondern gemeinsam über ihre Güter herrschen,
gleichberechtigt, und in Liebe, Geschwisterlichkeit und Freundschaft
miteinander leben, wie Ehepaare es tun.

... die Mitgift der Braut: 613 GEBOTE, ... zwei Feiertagskleider aus
SAMT [Abkürzung für hebr.: Fliehe das Böse und tu Gutes, Ps
34,15],

zwei Sabbatkleider aus ATLAS [Abkürzung für hebr.: Ja, gütig zu
Israel, Sela, Ps 73,1].

... Herr MOSE verpflichtete sich, seinem Sohn ISRAEL zu geben:
schriftliche Tora und mündliche Tora, sowie zwei Anzüge ...
[= Mischna und Talmud].

...

DIE HOCHZEIT wird so Gott will mit Glück und Segen im dritten
Monat stattfinden, dem Monat Siwan, am Berg Sinai. Der Brautvater trägt die Kosten für Musikinstrumente, Lieder und Gesänge der
Seraphim und himmlischen Wesen. Mose wird reden und Gott wird
ihm laut antworten [Ex 19,19].

So wurde es vereinbart, am Berg Sinai, am sechsten des dritten
Monats nach dem Auszug der Kinder Israels aus Ägypten [Ex 19,1].

Dies ist ein rechtsgültiges Dokument.

Weibliche Bilder

Das erste weibliche Bild in der Bibel befindet sich in der Schöpfungsgeschichte (Gen 1,2): Über den dunklen Urwassern der hier entmy-
thologisierten *Tiamat, tehom*, schwebt weiblich, *merachefet, Ruach
Elohim*, Geistin Gottes. Wer hebräisch denkt, versteht es wie selbstverständlich weiblich, denn so sagt es die Verbform aus. Das Wort
Ruach gibt es sowohl männlich wie weiblich, es bedeutet Wind, Geist.
Buber und Rosenzweig (1930) übersetzen »Braus«. Das Verb *rachef*
kommt ein einziges weiteres Mal vor, in Dtn 32,11: Dort wird von
Gott gesagt, daß er die Seinen behütet wie ein Adler, der über seinen
Jungen im Nest *merachef*. Darauf bezieht sich im 2. Jahrhundert n.
der Mystiker und Mischnameister Ben Soma, um den Schöpfungs-

vers zu deuten: »Gottes GeistIn schwebte über den Wassern *wie eine Taube* über ihren Jungen, ohne sie zu berühren« (Jerusalemer Talmud, Chagiga 2,1; ähnlich in Babylon. Talmud, Chagiga 15a, jedoch ausschließlich das Bild der Taube, ohne Adler).

Eine weitere Tradition spricht von den Geburten der Schöpfung: Wasser, Wind und Feuer wurden vor der Weltschöpfung erschaffen. Die Wasser wurden schwanger und gebaren die Finsternis, die Flamme wurde schwanger und gebar das Licht, die WindIn = GeistIn wurde schwanger und gebar die Weisheit. Herangezogen wird Ex 35,31: ... GeistIn Gottes, mit Weisheit (Midrasch Ex Rabba 15,22). Die aramäischen Bibelübersetzungen benutzen das männliche Wort *rucha* als einzige sprachliche Möglichkeit. Jedoch fügt der Jerusalemer Targum hinzu »des Erbarmens«, was nur zusammen mit »Geist«, nicht mit Wind, einen Sinn ergibt. Der Kommentator Raschi aus dem 11. Jh. übernimmt Bilder der Mystik ohne Angst eines Mißverständnisses und schildert das Geschehen so: »Der Thron der göttlichen Glorie stand in der Luft und schwebte über den Wassern im Geiste des Ewigen und seinem Wort, wie die Taube, die über dem Nest schwebt und brütet (incubater in französisch).« Hier wird der Thronwagen der Vision in Ezechiel 1 mit der Schöpfung verbunden. Dies sind die beiden zentralen Themen der frühen jüdischen Mystik (G. Scholem 1957). Anders als die Mischnameister kann er diese einst nur für eingeweihte Gruppen gedachten Dinge in seinen für die Volksbildung bestimmten Kommentar aufnehmen.

Jedenfalls war Juden im allgemeinen vertraut, daß es ein »mütterliches« Wirken Gottes gibt. Nach einer biblischen Vorstellung ist Gott dem Verlassenen der Elternersatz (Ps 27,10). Sogar wenn eine Mutter ihre Kinder vergäße, ist Gott wie eine nicht-vergessende Übermutter (Jes 49,15) und tröstet Israel wie eine Mutter ihr Kind (Jes 66,13). Gott gibt sich Mühe mit den Menschen, wie sie emotional vor allem der Mutter zugeschrieben wird: er trägt und erträgt und übernimmt die Last. Dieses vergebende Tragen und Ertragen findet sich im Bericht der Selbstaussage Gottes am Horeb: trägt-erträgt-vergibt Schuld und Sünde (Ex 34,7). Zu diesem wohlbekannten Bild des biblischen Glaubens fällt mir auf – und dies findet sich nicht in Midrasch und Kommentaren: Ein paralleles Motiv mit dem Verb *tragen*, nassa, enthält die Schilderung von Moses Versuch, die ihm anvertrauten Aufgaben am schwierigen Volk wieder an Gott zurückzugeben: Er trug es wie einen Säugling, obwohl doch nicht er es war, der mit ihm schwanger ging und es gebar (Num 11,12). Ist zu ergänzen: sondern du, Gott? Er trug es wie ein Kinderpfleger, *omen*, und das erinnert wiederum an Gottes Kinderpflege seiner Tochter, der Weisheit (Spr 8,30), wie die rabbinische Exegese dieses Bild deutet.

Von Gottes Erbarmen wird stets mit einem »weiblichen« Wort gesprochen. »Er ist *rachum*, barmherzig« ist eine Grundaussage: von *Rechem*, Uterus (Ex 34,6; Ps 103,8 u. o.). Dazu dann biblisch das ganze Wortfeld mit Verben und Hauptwörtern. In aramäisch, arabisch usf. bedeutet das Wort vor allem *lieben*. Das ist auch biblisch bezeugt (Ps 18,2). Liebe heißt im rabbinischen Aramäisch *rechimu*. Gott heißt bei den Rabbinen *ha-Rachaman*, der Allerbarmer, und so wird es viel später auch im Koran gebraucht. – Abwertend für im Krieg erbeutete Frauen findet sich Rechem als nichtjüdisches Zitat im Debora-Lied (Ri 5,30).

In seinem Handeln wird Gott oft mit »weiblicher« Zärtlichkeit geschildert. So etwa in seiner Freude über Eva: Er flocht kunstvoll ihre Haare, schmückte sie mit 24 Juwelen, und führte sie an der Hand zu Adam (Midrasch Tanchuma, Perikope Wa-jéra 1; Version B, Per. Chajjé Sara). In seiner Liebe zu den Menschen ist er »wie eine Gazelle« (Hld 2,9), springt von Bethaus zu Bethaus, um sie zu segnen (Midrasch Num Rabba, Nasso 11,2).

Es ist jedoch stets zu betonen, daß Liebe und Gericht zu Gott gehören und es ebenso den liebenden Vater wie die liebende Mutter gibt, die Lehre des Vaters wie die Lehre der Mutter, Liebe und Ehrfurcht vor beiden. Diese ethischen Lehren spiegeln auf die Gottesvorstellungen zurück. *Und so wie Gott kein Mann ist, ist er auch keine Frau.* Das ist der Hauptunterschied zwischen Monotheismus und Polytheismus, wie nicht oft genug betont werden kann. So ist die Weisheit eben nicht anthropomorph eine »Frau« wie die griechische Athene, die Göttin der Weisheit. Die Amerikanerin Ann Johnson drückt es so aus, daß Gott »genderful« ist (A. Johnson 1987, 17) und die Urbilder der männlichen und weiblichen Kennzeichen in sich enthält.

Hier muß auch betont werden, daß bildhafte Vorstellungen im Christentum als tatsächliche Bilder eine eigene Kunst bilden. Von daher jüdische Bedenken, daß auch die gedachte und gefühlte, aber nicht materialiter *gemalte* und *gemeißelte* Bildhaftigkeit mißverstanden und mit christlichen Formen der Gläubigkeit verwechselt werden können. Juden malen Gott nicht als Mann und nicht als Frau – auch dort nicht, wo eine ideelle »Körperhaftigkeit« vorgestellt wird. So meinen jüdische Theoretiker nicht etwas konkret Weibliches, wenn sie »*die Gottheit*« sagen, hebr. *ha-Elohut* (weibliche Form), oder den Namen JHWH als *Hawaja* (weibl.) lesen. Viel komplexer und schon gar nicht durch »gemalte Bilder« auszudrücken liegt es in der Kabbala, der jüdischen Mystik.

Rationalisten haben die Mystik oft weggewünscht, weil Mystiker so unbefangen von der Vielfalt innerhalb der absoluten Einheit Gottes sprechen. Das mag manchmal den Weg zum Taufbecken gefördert haben, da christliche Missionare sich u. a. kabbalistische Elemente zu eigen machten und in ihre Theologie einbauten. Es änderte jedoch nichts an der Inbrunst jener, die ohne die Kabbala ihr Judentum überhaupt nicht erkannt hätten. Hier aber ist die Rede von der Weiblichkeit und der Mütterlichkeit Gottes, *Schechina* genannt, »Einwohnung, Immanenz«, vom biblischen Verb *schachan*, wohnen, das oft von Gott gesagt wird, vor allem im Zusammenhang mit dem Heiligtum in der Wüste, dem *Mischkan*, »Wohnung« (vgl. u. a. Ex 25,8–9; 29,45; 40,34–35) und später vom Jerusalemer Tempel.

In den aramäischen Bibelübersetzungen wird Schechina gesagt, wo man vermeiden will, daß von Gott körperhaft gesprochen wird wie in der Bibel selbst. So wurde auch das Wort *Memra*, »Wort, Logos« benutzt, aber nicht, um eine von Gott separierte Person zu bezeichnen. *Schechin/a/ta* ist hebräisch und aramäisch ebenso zufällig ein »weibliches« Wort wie Memra aramäisch ein »männliches«. Es kann auch so gebraucht werden: »Die Schechina (= Gott) ging Israel entgegen wie der Bräutigam der Baut« (Midrasch Mechilta zu Ex 19,17).

In der jüdischen Philosophie wird seit Saadja (Ägypten, 10. Jh.) betont, daß die Schechina eine sichtbare und geistige erschaffene Strahlung ist und nicht mit Gott identisch, vielmehr mit seiner Glorie. So findet es sich bei Maimonides (der aber nicht ganz eindeutig ist). In Midrasch und Talmud steht Schechina häufig für das Sich-Offenbaren Gottes, seine Beziehung zu den Menschen, die durch deren Verhalten gestört werden kann, aber auch von der mitgehenden Gegenwart in die Verbannung Israels. Für viele lag in diesen Bildern immer etwas Beunruhigendes. Daher gibt es kein Stichwort »Schechina« in dem vielbenutzten Buch von Michael Friedländer »Die jüdische Religion« (1922) und ähnlichen Werken. Der Neukantianer

Hermann [...] dern deutete *schachan* als
»Ruhen«: [...] Ruhen. Die Ruhe aber ist
der ewige [...] nen 1929, 53).

Das Ur [...] So wurde der Philosoph
Y. Amir » [...] weil F.-W. Marquardt von
Gottes »[...] nennamen: der Erbarmer«
sprach. [...] abbalistisch. Als dürfe der
christlich [...] ch betreiben, wie Juden es
tun! (Ma [...] 49 ff.)

Ein an [...] Rosenzweig, nahm hingegen die L [...] ina« in sein Denken auf und
betonte [...] ik, wie sie sich in der mystischen Sp [...] jüdische Mensch erfüllt die
unendli [...] zur Einigung des heiligen
Gottes u [...] nheit, sie ist indem sie wird,
sie ist V [...] üdische des Gefühls verklärt
sich zu [...] ler innersten Enge des jüdi-
schen Herzens leuchtet der Stern der Erlösung« (F. Rosenzweig 1921,
Teil 3, 192−4). So ist die Schechina derart zentral im jüdischen religiösen Empfinden, daß es notwendig ist, sie im Kontext, und nicht
nur abgelöst zu betrachten.

Die Gottesbilder der Mystik

Zunächst muß nochmals betont werden, daß anders als im Christentum Sprachbilder im Judentum nicht in Malerei und Plastik umge-
setzt werden: Künstlerische Darstellung betrifft nicht Gott. Das ist
der genaue Gegenpol zu den Ostkirchen, für die die Ikonen die konkrete Anwesenheit Gottes bedeuten, stellt aber auch einen großen
Gegensatz zur gesamten westlichen religiösen Kunst dar. Als Ausnahme gibt es eine Darstellung der Hand Gottes in den Fresken der
Synagoge von Dura-Europos in Syrien (3. Jh. n.).

Auch in der sprachlichen Bildhaftigkeit legen sich viele Juden
Grenzen auf, wie die Deutung der Sprachbilder als Ausdruck für Eigenschaften und Wirkungsweisen, mittels derer die Gottheit uns erkennbar ist. Das ist in vielerlei Hinsicht für die Mystiker anders und

führte zur Ablehnung nicht nur in der Aufklärungszeit. Jedoch gibt es mystische Bewegungen von der Antike bis heute. Hier ist die Beschreibung der innergöttlichen Geschehnisse von außerordentlicher Buntheit, die weit über die biblischen Schilderungen hinausgeht.

Die Bibel ist der Ausgangspunkt, aber hier wird ihre »Innenseite« gedeutet: Die Erzählungen sind »Gewänder«, der darin enthaltene Sinn »der Körper«, und die den Adepten zugänglichen Geheimnisse sind »die Seele« der Tora (Sohar 3,152a). Sie berichten von den Beziehungen und der Dynamik der göttlichen Kräfte, in welcher bildhafte biblische Gottesschilderungen in einer dem menschlichen Denken unfaßbaren, aber zahlenmäßig ausdrückbaren Wirklichkeit vorhanden sind. Hier besteht teilweise eine enge Verwandtschaft zwischen christlicher und jüdischer Gnosis. Eines der grundlegenden Werke ist *Schiur Koma*, d. h. »(Gottes) Körpermasse«.

Sie sind so aufgebaut, daß ein Spann innerhalb dieses kosmos-weiten mystischen Urbildes der Ebenbilder »die ganze Welt erfüllt«. Die errechneten Massen beruhen auf Bibelexegesen und stellen Beziehungen dar, die sich innerhalb des menschlichen Körpers wiederholen (Scholem 1962).

Eine noch engere Verbindung der göttlichen Kräfte mit den Menschen findet sich in den verschiedenen Systemen, in denen von den *Sefirot* die Rede ist. Diese »Zahlen« (nicht: Sphären!) bedeuten die Potenzen und Wirkungen der verborgenen Gottheit. Sie sind die »Kanäle«, in denen die göttliche Fülle die erschaffene Welt erreicht und durch die umgekehrt das menschliche Tun in die verborgene göttliche Innenwelt einwirkt. Kabbalisten sprechen von der »*it'aruta de tata*«, dem Erwecken von unten (aram.), als Vorbedingung für die »*it'aruta di-l'ela*«, dem Erwecken von oben (Sohar 1,164a). Unsere Absichten, Gebete und bescheidenen Taten der Nächstenliebe gleichen der Jakobsleiter, auf welcher die Engel *erst* hinaufstiegen und *dann* hinuntergingen (Gen 28,12). Gottes Transzendenz in seinem innersten Sein, *En-Sof*, der Unendliche, der Ohn-Grund, ist mit uns in tausenderlei Weisen verbunden, die durch die *Zehn Sefirot* fließen. Diese sind: 1. *Keter Eljon*, die Erhabene Krone; 2. *Chochma*, die Weisheit und 3. *Bina*, das Verstehen.

Nach einem anderen System ist *Keter* identisch mit dem verborgenen Wesen Gottes, und statt dessen geht es um 1. *Chochma*, 2. *Bina*, 3. *Da'at*, die Einsicht. Die Abkürzung dafür ist *Chabad*, und so heißt eine wichtige Richtung des *Chassidismus*. *Bina* heißt auch Erhabene Herrin, Matrona, Obere Schechina. 4. *Chessed*, die Liebe und Gnade; 5. *Gewura* oder *Din*, die Macht, das Gericht; 6. *Tif'eret* oder *Rachamim*, die Schönheit, das Erbarmen: gleichgesetzt mit dem Gottesnamen »der Heilige, gelobt sei Er«; 7. *Nezach*, die Ewigkeit; 8. *Hod*, die Majestät; 9. *Jessod*, das Fundament; und 10. *Malchut*, das Königtum oder *Schechina*, die Einwohnung.

Die Sefirot werden oft in symbolischen Diagrammen dargestellt, in mandorla-ähnlicher oder Baumform. Diese sind Denkhilfen und keine konkret sich verstehen wollenden Darstellungen. Es gibt Systeme, die die menschlichen Gliedmassen in direkte Verbindungen mit den einzelnen Sefirot bringen. Auch die Namen Gottes sind mit diesen verbunden.

Herausragend ist die Grundlehre von männlichen und weiblichen Kräften und Kraftfeldern dieser innergöttlichen, ständig von ungeheuren Energien bewegten theosophischen Welt. Die Obere Schechina ist das mütterliche Prinzip, aus welchem die sechs mit den Schöpfungstagen identifizierten Sefirot 4.–9. und damit auch alles kosmische Leben hervorgeht. Sie ist in höchstem Maße aktiv. Die Untere Schechina stellt die Verbindung dar zwischen Transzendenz und Immanenz, sie wirkt in die Schöpfung hinein. Sie empfängt alle Kräfte der »männlichen« Sefirot und wird mit dem siebenten Tag identifiziert, mit dem Sabbat (hebr.: die *Schabbat*). *Man kann sie passiv nennen – mit einer sehr wichtigen Einschränkung: Ohne ihr Mitwirken gibt es keine Möglichkeit des Wirkens für die männlichen Kräfte.* In den Meditationssystemen der Kabbalisten ist die Rede von der Schechina jeder einzelnen Sefira. Diese werden z. B. in kabbalistischen Gebetbüchern den 49 Tagen von Pessach bis zum Wochenfest zugeordnet. Sinn dieser Meditationen ist die Wiederherstellung der gestörten Harmonien der innergöttlichen Welt, für die die Betenden Mitverantwortung tragen.

Scholem (1962, 177) verweist auf Texte, in denen die Schechina die »himmlische Donna« ist, »in deren Geheimnis alles, was in der Welt weiblich ist, gründet, also das Ewig-Weibliche (Sohar 2,54b)«. Ein Mystiker schreibt: »Zur Zeit Abrahams hieß die Schechina Sara, zur Zeit Isaaks Rebekka und zur Zeit Jakobs Rahel« (Scholem, dort). Wichtig ist die Entwicklung der *lurianischen Kabbala* (Isaak Luria, 16. Jh., Safed), die bis heute besonders einflußreich geblieben ist, denn *hier wird die Schechina* »*als Trägerin auch aktiver Kräfte ver-standen*«. Scholem (ebd., 182) hielt diese Korrektur für »notwendig, weil ein passives Bild der Schechina als reines Medium, als bloßer Spiegel des Oberen, dort weichen mußte, wo die Dialektik des Weib-lichen wieder in den Vordergrund gerückt wurde.« – »Die Energie, das Strömen des aktiven, wenn auch seinem Wesen nach nur reflek-tierenden Lichtes, das aus dem Weiblichen kommt, erweckt das Männliche und bringt es zur Wirkung« (ebd.; zu Schechina-Visionen sieht ST 45).

Die Schechina enthält sowohl die liebende wie die richtende gött-liche Kraft. Sie hat eine dunkle Seite, die in manchen, tiefe Ängste erregenden, Vorstellungen mit dem Dämonischen zusammenfallen kann. Aber Menschen können durch ihr Handeln die liebende und lichte Seite verstärken. Ein viel benutzter Meditationstext betont die Bedeutung, die dabei den biblischen Geboten des Unterlassens zu-kommt: »In der Schechina gründen alle Verbote der Tora … und daher sind zu deren Einhaltung auch die Frauen verpflichtet, denn sie stammen aus der gleichen Quelle« (dort, 166).

Diese Intuitionen von der *Großen Mutter* wurden synkretistisch in die Formen und Inhalte des orthodoxen Judentums aufgenommen und konnten dadurch eine solch weite Einflußsphäre in den letzten 400 Jahren erreichen. Dazu gehören die Ausprägungen des *Sabbat als der Braut*, das Verständnis der Ehebeziehung als heiliges Abbild, so-wie eine Fülle von Bräuchen, Liedern und Gebeten.

Besonders wichtig ist die mystische Formel, die vor jeder Gebots-erfüllung meditiert wird und daher in Gebetbüchern zu finden ist (z. B. Kook 1963, 1, 13–14): »Für die Einung des Heiligen, gelobt sei Er, und seiner Schechina, in Ehrfurcht und Liebe, zu einen den Na-men JH mit WH, im Namen ganz Israels, erfülle ich jetzt dieses Ge-bot«. Denn seit der Schöpfung ist die göttliche Harmonie durchbro-chen, die Sünden der Menschen hindern das Einswerden der Kräfte der 6. und der 10. Sefira, die ehrfurchtsvollen und liebenden Intentio-nen sind es, die zum Ganzwerden und Heilwerden beitragen.

Es geht also um eine Sicht, die *ganzheitlich* ist, sich nicht der Tragik verschließt und doch einen positiven Beitrag zum Wirken Gottes in der Schöpfung und in sich selbst wagt. All dieses beruht vor allem auf der Vorstellung von der Schechina. Deshalb haben Jüdinnen vergan-gener Jahrhunderte oft die Schechina angesprochen, wenn sie Gott meinten, und ihre Enkelinnen entdecken heute diese Fülle jüdischen Glaubenslebens für sich selbst. Darüber hinaus fragen wir auch hier, ob ein offener Umgang mit diesen Dingen uns neue Entdeckungen bringen wird, die oft unterbunden wurden. Mein Großvater, der Talmudist und Kabbalist war, konnte nach seinem Verständnis zwar Talmud mit mir arbeiten, nicht aber Kabbala: Sohar ist »sauer«! Das ging bei aller Liebe damals noch nicht. Allmählich wandeln sich die Standpunkte.

Hier ist ein Wort zur *christlichen Kabbala* zu sagen. Sie war in Humanismus und Renaissance verbreitet und bedeutete vielen Denkern einen vertieften Zugang zu ihrem Glauben. Aus jüdischer Sicht fanden dabei viele Mißverständnisse statt. Jedoch ist dies Sache der Christen, sofern nicht diese Umdeutungen nunmehr in das Judentum projiziert werden. Hierher gehört auch der jetzt erneut von Elisabeth Moltmann-Wendel (1985, 1989) beschriebene und hochgelobte Frauenaltar aus Bad Teinach von 1673. Denn außer fast 1000 anderen Rokoko-Damen gibt es dort auch eine »Lehrtafel« der Sefirot, alle in Frauengestalt. Eine solche »weibliche Heilsschau« negiert die doch sicher nicht nur für Männer, sondern auch für Frauen wichtige Grunderfahrung der sich immer wieder austauschenden, ergänzenden und in allem Sein wirkenden männlichen *und* weiblichen Energien der Gottheit. (Zur christlichen Kabbala: G. Scholem 1932; 1957, Register; 1973, 247 ff.) – Siehe auch Marianne Wallach-Faller (1992).

Neue Liturgien

In den letzten 15 bis 20 Jahren sind viele neue Gebetbücher der verschiedenen Richtungen gedruckt worden. Oft gehen experimentelle Ausgaben voraus. Manches erscheint zunächst als Arbeitsmaterial von Gemeinden, RabbinerInnen, egalitären und feministischen Gebetskreisen. Das Bedürfnis besteht, anders von Gott zu reden oder von den Menschen, als es in der jeweiligen Tradition üblich war und ist. Solche Bemühungen zeugen von der Lebendigkeit von Gruppen, deren Fragen, vor allem Frauenfragen, zunehmend Gewicht erhalten. Dabei geht es sowohl um hebräische Texte wie solche in anderen Sprachen. Vor allem in den USA und England ist dieser Vorgang bemerkbar.

Das betrifft u. a. den Ausdruck im Hauptgebet »unser Gott und Gott unserer Väter, Gott Abrahams, Gott Isaaks und Gott Jakobs«. Wir finden, daß diese Väter *nicht ohne die Mütter* denkbar sind. Daher beten viele: ... »unserer Väter und Mütter, Gott Abrahams und Saras, Gott Isaaks und Rebekkas, Gott Jakobs, Rahels und Leas«. Ebenso sprechen viele lieber davon, daß Gott an die Treue der Väter *und* Mütter denkt. Oft führen Diskussion und Nachdenken innerhalb weniger Jahre dazu, daß weitere Änderungen notwendig werden, weil das Bewußtsein sich mit dem Weiterlernen ändert. Mit besonderer Begeisterung wird die Anrede Gottes als Schechina aufgenommen, oder auch beide Namen werden nebeneinander benutzt. Im Hebräischen kommen dazu die notwendigen weiblichen Verbformen wie *berucha*, »gesegnet, gepriesen«, weiblich, für Schechina, zu dem üblichen *baruch* bei den männlichen Formen des Gottesnamens. Auch inhaltlich gibt es Zusätze und Änderungen, die ja ohnehin Grund für neue Gebetbücher sind. Die Anrede als Vater wird oft gegen umfassendere, aus der Kabbala stammende Worte ausgewechselt, wie »Quelle« (engl. source). Oder aber es wird beschlossen, Ruler bzw. Sovereign statt König zu sagen, weil dies ein inklusives Wort für HerrscherIn im Englischen ist. Im Grunde geht es darum, bei aller Liebe zu altvertrauten Gebeten eine neu gewonnene Sensibilität bezüglich sprachlicher Ungleichheit in bezug auf Frauen auch hier zu korrigieren, wie es in anderen Lebensbereichen geschieht. Es ist eine Sprachkultur, die manchen noch übertrieben oder sogar lächerlich erscheint, aber das hält den Prozeß nicht auf (Magonet 1989. Weiteres dazu in den verschiedenen Kapiteln). Wenn wir im übrigen die Geschichte des jüdischen Gebetbuches in seinen vielerlei Entwicklungen betrachten, reiht sich auch diese durchaus ein. Das mag andere nicht daran hindern, für sich wenig oder nichts zu ändern. Das Beharren gehört ebenso zur Pluralität des Judentums wie die Veränderung (I. Elbogen 1931; J. Petuchowski 1968; Susan Weidman Schneider 1984).

Um die Bedeutung des Betens im Judentum richtig einzuschätzen, sind auch die vielen Segenssprüche zu erwähnen, die Mann/Frau in traditionellen Familien von kleinauf gelernt haben und ständig anwenden: beim Trinken von Wasser und Obstsaft, für Brot und Kuchen, für wohlriechende Kräuter, beim Wiedersehen nach langer Zeit, beim Anblick von Blitz und Meer, Königen und nichtjüdischen

Gelehrten, groß- und kleinwüchsigen Menschen. Das wird so sehr Teil des eigenen Selbst, daß auch für ganz spezielle Situationen leicht ein neuer Spruch geschaffen wird: etwa jene Frau in Jerusalem, die vor jeder Elektroschock-Behandlung in der Psychiatrie Gott dankte, »der Schulamith genesen läßt« (A. Stern 1968, 173). Es wäre gewiß sinnvoll, Beispiele solcher Kreativität zu sammeln.

Aus dem Gebetbuch der amerikanischen Reformbewegung für die Hohen Feiertage stammt das innige Gebet des Dichters und Rabbiners Chajjim Stern:

Mütterliche Gegenwart
umfange mich
entfalte mich
und geh mit mir.
   Dir will ich mich zuwenden
   mit dir will ich gehen
   in dir will ich ruhen.
Mutter die in allem ist
Mutter in aller Gegenwart
in allen die mir gegenwärtig sind:
bewege mich und uns alle,
bewege Kopf und Hand
mit der Zusage deines Wortes,
mit deinem daseienden Leben.
Bewege das Herz in uns
dieses Fremde in unserem Innern
wandle es von Stein zu Fleisch
   Wenn Du nur bei uns bist,
   wenn Du nur bei uns bist,
   wenn Du nur bist,
Mütterliche Gegenwart.

Aus: Gates of Foregiveness 1980
deutsch: P.N.L.

3. Diskussion um die Göttin und Lilith

Göttin?

Inwieweit betrifft die Auseinandersetzung über die *FRAUGOtt* das heutige Judentum? Gibt es jüdische Frauen und Männer, die *Gott / sie* denken, beten, sagen? Sagen sie auch *Göttin*, oder benutzen sie als einen nicht-sagbaren »Namen« das Merkmal *GottIn*? Ist Gott eine Frau?

Auch wo in männlichen Bezeichnungen und grammatischen Formen von Gott gesprochen wird, bleibt die Gottheit »alles in allem«, in der Sprache des Gebets am Versöhnungstag: *ha-kol jachol we-chollelam jachad*, »alles könnend und alles umfassend« (Hymne Ha-Óchés bejád, Der in der Hand hält). Das bedeutet für mich alle Möglichkeiten der Identifikation. Vor allem ist dies im Gottesnamen aus dem brennenden Dornbusch ausgesagt (Ex 3,12 u. 14): »*Ehje immach; Ehje-ascher-Ehje*« – »Ich-werde-sein mit dir; Ich-werde-sein-wer-ich-sein-werde«. Hierin ist begrifflich der Name JHWH enthalten, Ewig-Seiende Gottheit. Zudem ist die Sprachform der Zukunft (wie der Vergangenheit!) im Hebräischen gleich für die 1. Person männlich und weiblich. Das ergibt einen wichtigen Zusammenhang zu dem Urbild, dessen Ebenbild das Männlich- und Weiblichsein der Menschen im Schöpfungsbericht ist. Zugleich bedeutet das ein Nein zur Vorstellung einer nur-weiblichen Urmutter-Göttin. Sie entstammt vermutlich jener Zeit, als noch kein Wissen um die Rolle des Mannes bei der Zeugung vorhanden war. Diese Mythologie ist demnach eine Verkürzung der Wirklichkeit.

Die biblische und nachbiblische jüdische Religion hat wie jeder andere bekannte Glauben vielerlei Elemente integriert (N. P. Levinson 1990). Es wäre für die meisten von uns verarmend statt bereichernd, diese gewordene Kultur in ihre Bruchstücke zu zerteilen. Das ist besonders deshalb nicht notwendig, weil das kognitive und affektive Kennenlernen der Quellen und Glaubensausdrücke bessere, weil ganzheitliche und genuin jüdische Zugänge ermöglicht.

Denken und fühlen wir in der Sprache unserer Gebete das Geborgensein unter den Fittichen der Schechina, so umfängt uns jene Mütterlichkeit, die weiblich ausgedrückt wird. Das geschieht im Abendgebet sowie im tröstenden »*El malé rachamim*« (»Gott voller Erbarmen«) zum Gedenken für die Toten. Es geschieht in der Aussage, daß Abraham und Sara die gottsuchenden Menschen »unter die Fittiche der Schechina brachten« (Midrasch GenRabba 39,14, zu Gen 12,5). Dies wird bis heute als Bild des Vertrauens von und zu allen gesagt, die zum Judentum übertreten. – Daher sagen viele von uns heute beschreibend: Gott, er oder sie; God, she and he.

Und was ist mit der Chochma, Sophia, Weisheit? Viele feministische TheologInnen berufen sich häufig auf sie als Gottesfigur. Das ist wahrscheinlich dort einfacher, wo innerhalb der Glaubenslehre die »*Tochter*« Gottes, so wird die Weisheit bezeichnet, den Raum einnehmen kann, der dogmatisch mit dem wesensgleichen *Sohn* Gottes besetzt ist. Aber das ist nicht so im Judentum. Das Reden in Bildern – auch in Beziehungsbildern – findet hier innerhalb des strikten Monotheismus statt. Es müssen auch jene Juden sich einbezogen fühlen, die wenig oder nichts mit Bildsprache anfangen, sich nie auf den Midrasch berufen und/oder absolut gegen kabbalistische Vorstellungen sind.

Wir befinden uns seit Jahren in einem Stadium des Experimentierens wie so oft im Judentum. Solange die Versuche nebeneinander bestehen, sollten sie ernstgenommen werden. So gibt es Jüdinnen, die Gott stets weiblich benennen, etwa die Rabbinerin Lynn Gottlieb, jedenfalls in ihrer Studienzeit. Sie nannte die Schechina »Sie-die-in-uns-wohnt« (S. Weidman Schneider 1984, 80). Maggie Wenig und Naomi Janowitz (1980) schufen ein Gebetbuch, in welchem Gott stets weiblich ausgedrückt wird: Statt »Birg uns im Schatten deiner Fittiche« (Abendgebet) heißt es »Birg uns in den sanften Falten deines Kleides«, »Wiege uns« (S. Weidman Schneider, 83). Diese Ausdrucksweisen empfinden Frauen oft als Weg zu sich selbst, als befreiend nach der anfänglichen Bestürzung. Sie reden eindeutig von der *Einen Gottheit*. Andere meinen, daß es nur guttun kann, die verschiedensten Göttinnenkulte einzubeziehen, etwa indische, in denen die Polarität Leben-Tod, Milde-Grausamkeit veranschaulicht wird, wie in Kali (Rita M. Gross 1981). Sie sehnen sich nach den nahöstlichen Göttinnen, von denen wir in der Bibel und in orientalischen Studien hören: die weiblichen Hälften der Götterpaare wie *Aschera* – das bedeutet: »die auf den Wassern wandelt« (Frymer 1971) –, *Anat*, die Kriegswütige und zugleich Liebesgöttin, *Astarte*, oder ganz einfach *Ba'alat*, »die Herrin«. (Vgl. R. Patai 1967.)

Das entspricht in etwa der Sehnsucht von Männern und Frauen, die sich ur-amerikanische oder nordische Götter und Göttinnen zurückwünschen. Daher ist die Frage im Grunde die, ob es im Judentum eine solche Richtung geben kann, die mehr ist als eine nachjüdische Privatreligion, die allem ins Gesicht schlägt, was unter Monotheismus verstanden wird. Vor allem ist dabei zu bedenken, daß es bei Religionen um erzieherisches Weitergeben in einer Gemeinschaft geht. Diejenigen, die jetzt für »die Göttin«, die nicht aussprechbare »GottIn«, die Wiederkehr der »verstoßenen orientalischen Göttinnen« plädieren, kommen selbst aus dem Christentum oder dem Judentum. Sie sind mit dem Monotheismus aufgewachsen und vertraut. Im Zuge der Frauenrechtsbewegung sehen sie hier einen für sie selbst wichtigen Weg ihrer Befreiung. Sie behaupten manchmal auch, daß sie zugleich Gott befreien, die in männlichen Bildern, die dem Götzendienst gleichen, gefangen ist (Carol Christ 1976).

Aber wie geben sie das weiter an Frauen, die bisher »unchurched« waren, d. i. außerhalb von Kirchen aufwuchsen? Wie wird das im Religionsunterricht vermittelt, wo wir doch wissen, wie schwierig es ist, in den wenigen Wochenstunden Religionsinhalte in verantwortlicher und mit dem Erwachsenwerden weiterhin tragfähiger Weise zu verankern? Viele Kinder erhalten Religionsunterricht, ohne daß die Familie häusliche Rituale pflegt oder regelmäßig an Gemeindegottesdiensten teilnimmt. Was bleibt in diesem Fall vom Judentum? Mit anderen Worten, ich stelle die Frage, die in Kurzform die ethische Verantwortung aussagt: »Ist das gut für Juden?« Wenn einst alle das Bewußtsein haben werden, »befreit« zu sein, gilt dennoch die Sinngebung von Exodus und Sinai: Freiheit bedeutet in sich erst etwas, wenn sie von Sinn erfüllt ist, der aussagbar und weitergebbar ist. Judentum wird »ethischer Monotheismus« genannt. Diese Seite umfaßt gewiß nicht alles. Aber sie verpflichtet uns auszuloten, was die jeweils bessere Ethik ist. Das tun wir sowohl für uns wie dadurch auch für die Menschheit. Hätte es je eine Göttinnenreligion gegeben, die eine bessere soziale Verantwortung als die jüdische lehrte und verwirklichte, sollten wir diese ethischen Elemente aufnehmen. Bisher ist mir jedoch eine solche nicht bekannt. Sollen wir in Vermutungen über die Steinzeit zurückgehen? Ich meine nicht, daß die damaligen Menschen

»edle Wilde« im Sinne der J. J. Rousseauschen Romantik waren. Das ist zwar heute gut für »Matriarchatsforschung«. Was aber von den Theorien des Frauenfeindes Bachofen über das »Mutterrecht« zu halten ist, sollte allmählich bekannt sein (H.-J. Heinrichs 1975; M. L. Janssen-Jurreit 1979) – und auch die matriarchalische Göttin hatte ihren heiligen Scharfrichter (H. Maccoby 1982, Register).

Soweit wir historische, lesbare und deutbare schriftliche Dokumente besitzen, ist nicht zu erkennen, daß die Göttin ebenso wie angeblich die Frau friedlich und gütig ist, während der Mann aggressiv ist und die Kriege führt. Nicht nur die griechischen Erinnyen, die Göttinnen der Rache, sind unfriedlich, auch die römischen Furien sind es. Die Unterwelt hat in vielen Mythologien eine Göttin, z. B. die germanische Hel, d. h. »Hölle«. Astarte verzichtete nicht auf die Kinderopfer, die ihrem Gemahl dargebracht wurden. Die indische Kali trägt deutlich sichtbar noch immer ihre Halskette aus Menschenschädeln. Die Reihe läßt sich fortsetzen. Männer wie Frauen haben beides in sich, Güte und Grausamkeit. Ist es nicht psychologische Blindheit, jeweils einem Geschlecht die Schuld am Übel in der Welt zu geben? Wollen wir nicht gerade die Projektion der eigenen unbequemen Seite auf die/den Andere/n überwinden lernen? Und gehört dazu nicht ein *integriertes Gottesbild* als überhöhte Vorstellung des zu Erreichenden?

Wer die gute Göttin predigt, sollte diese historischen Fakten als eigene Verantwortung kennen. Die »dunklen« Göttinnen sind ohnehin landauf landab verbreitet. Auch in Deutschland berichten Zeitungen vermehrt über Ritualmorde durch Frauen, mit und ohne »religiösen« Deckmantel, und über Kulte an Stätten, die früher einmal für Menschenopfer dienten (A. Nyary 1989). Die Decke der Zivilisation ist ohnehin recht dünn. Wie also soll eine Verwechslung ethischer und mordender Göttinnen verhindert werden?

Wir sollten uns auch darüber bewußt sein, daß solche malerischen und anschaulichen Dinge wie die »Große Mutter« und ihre Verehrerinnen gesellschaftliche Folgen haben, vor allem durch Bücher und Fernsehen: wie die Comics-Kultur schaffen sie Denkstrukturen. Auch dafür trägt Forschung Mitverantwortung, ob sie es so wollte oder nicht. Die amerikanische Feministin Jean Auel, von Beruf Finanzexpertin, macht daraus ein Millionengeschäft mit ihren Eiszeit-Abenteuer-Romanen, in denen die sogenannten Fruchtbarkeitsgöttinnen-

bilder – schwangere Frauen – und die Vermutungen über sie den ideo-
logischen Hintergrund abgeben (J. Auel 1980; M. Hornblower, *Time*,
Okt. 90).

Es besteht die Gefahr, daß eine neue Art von wissenschaftlichem
Elfenbeinturm errichtet wird, wo statt aufklärerischer und erzieheri-
scher Impulse jenes Zerstörerische aufkommen kann, dem die biblischen Religionen einen Riegel vorzuschieben versuchen. Daß das
noch immer nicht durchgehend gelungen ist, liegt nicht am männlichen Gott, sondern an der Natur der Menschen. Diese gilt es immer
und immer wieder, mit jedem Kind neu, zu erziehen – und dabei ist
ein umfassendes, Frauen und Männer gleichermaßen ansprechendes
Gottesbild bestimmt besser als ein ausschließendes.

Exkurs über eine psychoanalytische Sicht

Im Sinne der Freudschen Lehre schilderte Th. Reik 1923 das »Hin-
ausdrängen der Muttergöttin« im biblischen Israel als religions-
geschichtliche Übersetzung von Verdrängungsmechanismen des
Inzestwunsches. Dieser müßte immer neu mittels eines großen Ener-
gieaufwandes verdrängt werden, was den »trotzigen Gehorsam« des
Glaubens bis heute ähnlich kennzeichne, wie es bei Zwangsneurosen
zu beobachten sei. Infolge des schweren jüdischen Schicksals sei darauf eine »masochistisch-feminine Einstellung« der Leidensbejahung
als Strafe für die heimlich ersehnte Rebellion zustandegekommen,
»eine passiv-homosexuelle Bindung (= an Gott) war hergestellt«
(S. 75).

Reik hatte diese Arbeit später völlig vergessen, als er über die Muttergöttin schrieb (Reik 1964). Schechina, Chochma und Tora seien die
verkleideten Figuren der ursprünglichen hebräischen Muttergöttin,
die »durch die Seitentür wieder ins Haus kamen«. Den Anstoß zu
dieser kleinen Studie gab eine Kindheitserinnerung: Als Vier- bis
Fünfjähriger nahm ihn der Großvater erstmals in die Synagoge mit,
und er erlebte mit Staunen, daß »eine schöne Frau« – die Tora-Rolle –
erst fürsorglich behandelt, dann aber – für ihn peinlich – »nackt ausgezogen« wurde. Auch nach allem Wissen um die Wirklichkeit blieb
für ihn der Kern bestehen, daß sie eine Frau ist.

Dazu ist zu sagen, daß es wie immer schwierig ist, aus solchen Überlegungen Schlüsse für die konkret vorhandenen Aufgaben einer Religionsgemeinschaft zu ziehen. Jedoch wird hier von eher schwachen Männern als Ergebnis gesprochen, und dafür gibt es in der Tat Anhaltspunkte im Leben. (Zum Thema der Großen Mutter siehe auch die psychoanalytische Arbeit von E. Roellenbreck 1949.)

Lilith – negativer Mythos und positives Bild

Christliche und jüdische Feministinnen haben Lilith für sich entdeckt. Sie wurde zum Symbol der verteufelten eigenständigen Frau, die sich keine Fremdbestimmung gefallen läßt. So steht sie in einer Reihe mit verunglimpften Frauen, vor allem vermeintlichen Hexen, die so viel Leid vor allem von der ecclesia triumphans, der siegreichen Kirche erfahren haben (Shulamit Shahar 1981, 213 ff.). Diesen Frauen widerfuhr das gleiche Schicksal wie den von Priestern und Inquisition verurteilten und hingerichteten Juden (J. Trachtenberg 1943).

Frauen fragen: Weshalb ist Lilith eine Dämonin, weshalb die Angst vor ihr? Was wurde auf diese Figur projiziert?

Zunächst der Befund. In Jes 34,14 heißt es vom verödeten Land, daß dort Wüstentiere und Dämonen leben, darunter »Bocksfüßer« und Lilith, »die Nachtlur« (Buber-Rosenzweig). Volksethymologisch wird dies vom hebr. und arab. *laila*, die Nacht, abgeleitet. Aber es gab sie schon längst davor im Assyrischen und vielleicht bereits im nicht-semitischen Sumerisch als Wind-Dämonenpaar *Lilu* und *Lilitu*: Sie lauerten Männern und Frauen auf, um ihnen zu schaden. Lilith bemächtigt sich des im Schlaf vergossenen männlichen Samens und gebiert daraus unzählige Dämonenkinder. Ihr ist es zuzuschreiben, wenn Frauen im Kindbett sterben und Säuglinge in der Wiege. – Die Angst fand vielerlei Verästelungen bei Juden, Christen und Muslimen. Es gibt zahlreiche Beschwörungsformeln, byzantinisch-christliche ebenso wie jüdische. Diese fanden sich dann vor allem auch auf jüdischen Amuletten in Ost und West, die zum Schutz von Mutter und Kind dienen (vgl. bin Gorion 1935, 83–86; L. Ginzberg 1938, 8, Register; J. Trachtenberg 1939, Register).

Daß solche Amulette psychologisch notwendig sind, erfuhren die israelischen Gesundheitsbehörden in den 50er Jahren: Bei der Masseneinwanderung jüdischer Flüchtlinge aus arabischen Ländern erklärten Krankenschwestern den Müttern, daß heutzutage die Impfungen anstelle der Amulette treten. Das hatte tiefe Ängste zur Folge, bis Religionssoziologen die Gesundheitsbehörden dazu brachten, das eine zu tun und das andere nicht abzuschaffen.

Die menschliche Psyche bleibt auch heute bei aufgeklärten Leuten »mittelalterlich«. Amulette gibt es überall in den verschiedensten Formen, und so manches Schmuckstück ist gegen schädliche Einflüsse gedacht. Die wichtigste Quelle zur Erklärung der verbreiteten Lilith-Amulette enthält ein aramäisch-hebräisches Werk des Orients, »Alphabeta de Ben-Sira« (um 1000 n. ?).

Der unbekannte Autor berichtet: Lilith war die Frau, die Gott gleichzeitig mit Adam aus dem Staub schuf. Sie wollte beim Beischlaf nicht unter ihm liegen, sprach den verborgenen Namen Gottes aus und flog davon. Adam beklagte sich, und Gott sandte ihr drei Engel nach – Sanvi, Sansavi und Samangalaf. Sie fanden Lilith am Roten Meer. Sie weigerte sich zurückzukehren und erklärte, daß sie erschaffen wurde, um Neugeborene zu töten. Da nahmen sie ihr das Versprechen ab, auf die Tötung zu verzichten, wenn sie Namen oder Form der drei Engel auf einem Amulett sah. – Dieses ist eine Verschmelzung der Volkslegenden von der ersten Eva und der Kindertöterin. In der Dämonologie der Kabbalisten wurde sie vor allem zur Samenräuberin und Kindertöterin. Ein neues Element ist hier ihre Rolle als Partnerin des Bösen, *Samael*, und Königin der »anderen Seite«. Sie hat damit eine parallele Funktion zur Schechina. Zudem bildete sich eine vieldimensionale Sicht der Lilith heraus: Sie ist »innen« und »außen«, und sie hat eine Tochter, Lilith die Jüngere, die Frau des Höllendämons Asmodäus. – Im jüdischen Volksglauben verbreitet ist die Gleichsetzung der Königin von Saba, die Salomon besuchte (1 Kön 10), mit Lilith. Sie findet sich im aramäischen Targum zu Hiob 1,15, wo Saba, d. h. das Volk der Sabäer, mit Lilith übersetzt wird: Sie war es, die Hiobs Herden raubte und seine Söhne ermordete. Dieses ist wiederum verwandt mit einer jüdischen und arabischen Legende, daß die Königin von Saba halb Frau und halb Dämon war. Im jüdisch-deutschen Volksglauben nahm sie Züge der Frau Venus aus der Tannhäuser-Sage an. In der kabbalistischen Astrologie gehört sie zum Planeten Saturn, dem Düsteren, und daher sind Melancholiker »ihre Kinder« (G. Scholem 1971). Im 19. Jhd. wurde Lilith ein beliebtes Thema in England, Frankreich und Deutschland.

Inbegriff der Befreiten ist sie wohl erstmals bei Isolde Kurz in der Verserzählung »Die Kinder der Lilith« (1909) geworden. George Bernard Shaw schilderte sie als Personifizierung der kreativen Evolution und Mutter von Adam und Eva in seinem Schauspiel »Back to Methuselah« (1921). Der Jerusalemer und New Yorker Literaturwissenschaftler Sol Liptzin (1976) gab einen Überblick zum Thema im Kontext der feministischen Theologie. So wurde Lilith eine ambivalente Figur der menschlichen Phantasie. Noch gibt es die alten Bräuche, teils werden sie von Jüngeren bejaht.

Gegen diese Dämonin dessen, was erst neuerdings als Kindbettfieber erkannt und bekämpft wird, schützten außer den Amuletten im Zimmer der Wöchnerin auch Gebete, Psalmenlesen und das Hineinbringen einer Tora-Rolle. Besonderen Schutz gab die »Wachnacht« vor der Beschneidung eines Knaben. Diese Bräuche waren im deutschen Sprachraum ebenso verbreitet wie im Orient.

Was fangen jüdische Feministinnen damit an? Zunächst untersuchen sie die im Mythos enthaltene *jüdische* Dimension und versuchen zu verstehen, wie sehr die Ängste von Männern vor Kinderlosigkeit dadurch verstärkt wurden, daß sie einer verfolgten Minderheit angehören, die ohne eine jeweils nächste Generation untergeht. Auch machte ihnen möglicherweise Angst, daß Frauen ihnen die so notwendige emotionale Stütze entziehen könnten und daß sie zugleich durch ihr ausgeprägtes Selbstbewußtsein die männliche Rangstellung antasten würden (Aviva Cantor 1976).

Als nächste Überlegung kommt die Frage (dort): Wie gehen jüdische Traditionen mit negativen Eigenschaften literarischer und historischer Personen um? Da ist z. B. der Prophet Elija. Biblisch kennen wir ihn als Kämpfer für Gott, als Retter eines toten Kindes (1 Kön 17–21). Im jüdischen Volksglauben ist er seit talmudischer Zeit ein unerkannter Wanderer, oft ein Bettler, der nie kämpft, immer in wunderbarer Weise hilft, und gilt als Vorbote des Messias. Ein anderes Beispiel ist König David: Seine biblisch geschilderte Person hat viele negative Züge. Aber diese wurden verziehen, vergessen, weggedeutet. Was bleibt ist das, was das Wichtigste an ihm scheint: Reue,

Gottesliebe, der Psalmensänger. So wurde er zum Inbegriff vieler jüdischer Ideale.

Daraus folgte die Erkenntnis, daß auch Lilith jüdisch-feministisch neu zu deuten ist: Sie wollte unabhängig sein und riskierte dafür vieles, sie ist die selbständige Eva. Sie könnte der abhängigen oder altruistischen Eva zeigen, daß es auch angstfrei geht, für Männer wie für Frauen (Cantor, dort). Ich meine, die negativen Projektionen müssen erkannt, diskutiert und überwunden werden. Das ist eine Aufgabe, die Männer und Frauen wohl zunächst unabhängig in einzelnen Gruppen durcharbeiten könnten, um sich dann gemeinsam damit zu befassen, was ihre Gefühle sind, ihre Erfahrungen, Erwartungen und Ängste. *So* kann Lilith uns weiterhelfen. Nehmen wir ihre »Dämonenflügel« als die freie Entwicklungsmöglichkeit der Person, ihr offenes Haar als das Ja-Sagen zum Körper, ihre Ambivalenz den Kindern gegenüber als etwas, das viele in sich erleben. So kann sie beim Thema »Gewalt gegen Kinder« eine Rolle spielen – auch als Anklägerin, wenn wir sie erst entmythologisiert haben.

Als jüdische Feministinnen 1976 beschlossen, eine eigene Zeitschrift zu gründen, nannten sie sie *Lilith, The Jewish Women's Magazine* (New York). Außerdem gibt es eine Fülle von neuen Gedanken, Rollenspielen, Gedichten, Schauspielen jüdischer Frauen zu Lilith. Sie haben einen gänzlich verschiedenen Charakter von früheren, männlichen Lilith-Phantasien. Einen kurzen Überblick über beides bringt Roslyn Lacks (1980, 54–61). Rabbi Lynn Gottlieb, eine bekannte Erzählerin von feministischem Midrasch, führte als Studentin mit ihrer Bat-Kol-Gruppe ihr Lilith-Stück auf, mit einer feministischen Schöpfungsgeschichte und dem Wunsch, die eigene Identität als Männer und Frauen endlich zu entdecken (Lacks, dort). Eine Gemeinschaft christlicher und jüdischer Theologinnen, darunter Judith Plaskow, schrieb »The Coming of Lilith« (1974): »Hier sind Lilith und Eva im Garten wiedervereint«. Eine Heilung der verängstigten Menschenseele und dadurch eine Heilung des Gottesbildes erstrebt die anglo-jüdische Psychotherapeutin Alix Pirani, die auch mit den RabbinatskandidatInnen des Leo Baeck College gearbeitet hat. Sie versteht Lilith als die dunkle Seite der Schechina entsprechend kabbalistischen Erkenntnissen und bringt die mütterlichen Schmerzerfahrungen ein, die nicht etwa »böse« oder »schlecht« sind: »Schmerz ist Schmerz« – und verbindet dies mit der weiblichen Erfahrung der

»Göttin in uns«, wobei das Ziel die männlich-weibliche Einheit der Gottheit ist (A. Pirani 1989).

Noch läßt sich nicht überblicken, wie sich die Ergebnisse solcher Therapien und Schriften in einigen Jahren praktisch darstellen. Letztlich bleibt für mich die Frage, wie dies gemeindebildend wirken soll, was bei der kleinen Zahl praktizierender Juden immerhin vorrangig ist. Außerdem müssen wir fragen: Reicht die Möglichkeit einer Entdämonisierung aus, um die bisher mit Lilith verknüpften Gefühle und Vorstellungen zu ändern? Das ist ungewiß. Neben allen anderen Aspekten, die es dabei zu bedenken gilt, darf nicht vergessen werden, daß es vielerlei Sekten gibt, die mit mythologischen Inhalten, teils sadistischer Natur, Menschen zur Nachahmung bringen. Hier könnte auch die Kindertötende und die sich der Männer Bemächtigende eine Rolle spielen trotz aller Versuche, in Lilith vor allem das verdrängte und entmachtete Positive zu betonen. Vor einer unkritischen Lilith-Euphorie ist jedenfalls zu warnen.

4. Frausein und Weiblichkeit in der Tradition

Priesterin des Hauses

Der klassische Ehrentitel der Jüdin ist *Eschet Chajil*, d. h. starke Frau (Spr 31,10; ST 29). Besonders seit dem 19. Jh. kommt dazu häufig die Bezeichnung als »Priesterin des Hauses«. Denn da das Judentum vor allem eine Religion des Hauses ist, hängt es im wesentlichen von ihr ab, ob und wie dieser Lebensstil eingehalten wird. Das betrifft vor allem die Rituale, die mit dem Essen und Feiern zu tun haben. In vielen Familien helfen Mann und Söhne dabei ebenso wie Töchter.

Früher gab es meist auch im Hause lebendes Personal. Dieses erlernte ebenfalls die notwendigen Dinge der jüdischen Tradition – auch die Andersgläubigen. Die *Speisegebote* werden in traditionellen Familien strikt eingehalten, in liberalen Familien mit jeweiligen Einschränkungen. Die koschere Küche bedeutet: Milch und Fleisch werden nicht zusammen verwendet. Fettarten wie Talg werden nicht benutzt. Im Fleischgenuß gelten die biblischen Beschränkungen auf wenige Tiere, nämlich Wiederkäuer, die zugleich Spalthufer sind, und Geflügel. Sie müssen rituell geschlachtet und vorbereitet werden, um jeden Blutgenuß zu vermeiden. Fische sind statthaft, wenn sie Flossen und Schuppen haben. Gemüse und Obst muß sorgfältig von Insekten und Maden gereinigt werden, ebenso Reis und Hülsenfrüchte. Die biblischen Quellen dazu sind: Gen 9,3–4 (vgl. Apg 15,13–29); Ex 23,19; Lev 11,1–23. Heuschrecken, das Eiweiß der Wüste, sind statthaft, d. h. »kascher« oder »koscher«. Unkoscher oder trefa, »Verendetes«, ist u. a. jede Jagdbeute. Beim Ausnehmen sind die Innereien auf Krankheitszeichen zu untersuchen.

Für die Orthodoxie entstand ein regelrechtes Wirtschaftssystem für koschere Lebensmittel, Arzneien und Kosmetika. Das betrifft auch viele nichtjüdische Hersteller.

Besondere Regeln umgeben das Vermeiden von Hefe in jeder offenen oder versteckten Form während der Woche des *Pessach*-(Passah)-Festes, aus dem das christliche Ostern entstand. – Das Material für dieses umfangreiche, sozial bestimmende Geflecht der Speisegebote findet sich in Mischna, Talmud und Kodizes sowie in kurzen Handbüchern. Bekannt ist vor allem, daß traditionelle Juden kein Schweinefleisch essen. Viele Nicht-Orthodoxe befolgen diese Regeln als Teil ihrer Bejahung der jüdischen Geschichte oder aus Solidarität. (A. Wiener 1895 – ablehnend; Dresner/Siegel 1966 – zustimmend; ERT 113–20.) Auch viele Christen befolgen die Speisegebote in der Nachfolge Jesu sowie der Frauen und Männer, die mit ihm gingen.

Für jüdische Familien bedeutet die Vorbereitung auf Pessach eine Wiederholung von ägyptischer Fron und Befreiung. Aber nur allzu oft konnte eine überarbeitete Mutter, der die Familie nicht half, vor Müdigkeit den Exodus nicht wirklich feiern. Dieses jährlich wiederholte Erlebnis führte viele zum reuigen Ändern in Familie, Gemeindefeier oder Freundeskreis. Hier zeigt sich, wie wir ohne Großfamilie und Personal aufeinander angewiesen sind, damit alle aus Ägypten ziehen und »das Fest unserer Freiheit« feiern können. Andere geben mit ihrem Leben eine Trotzantwort der Verweigerung gegenüber jedem Ritual. Dann fängt die Suche vielleicht wieder bei ihren Kindern an und führt zu nichtjüdischen oder jüdischen Gruppen.

Für die Lebensgestaltung besonders wichtig ist der *Sabbat*. Die Tradition umrahmt ihn mit Vorbereitungen, die auch von berufstätigen Frauen als kreative Formung verstanden werden.

Vieles davon geschieht heute als Teil eines neuen Bewußtseins, das in der Konsumgesellschaft verlorengegangene Erfahrungen wiedergewinnen will. Dazu gehört das Backen der Sabbatbrote, hebr. *Challa*, dt. Barches oder Berches, von hebr. Segen. Dieser Name für ein geflochtenes Weißbrot, das am Freitag gebacken wird, ist in Süddeutschland allgemein verbreitet. Früher, als alles Brot daheim gebacken wurde, nahmen die Jüdinnen die ihnen besonders als Gebot gegebene Challa ab, d. h. einen bestimmten Anteil von einem großen Teig, der einst für die Priester im Jerusalemer Tempel bestimmt war. Seit es diesen nicht gibt, verrichteten die Frauen ein besonderes Gebet unter Verbrennung dieses Teigs. Es ist übrigens die einzige im Judentum noch vorhandene Ausübung einer opferähnlichen Handlung, die mit dem Essen zu tun hat. *Challa* in dieser Bedeutung ist eine der drei besonderen Gebote für die Frau, die anderen sind *Nidda*, Separierung vom Ehemann bei der Menstruation, und *Hadlaka*, Lichteranzünden. Die Anfangsbuchstaben ergeben *Channah*, die Begnadete, wie Samuels Mutter, als das Vorbild aller BeterInnen (1 Sam 1).

Zu den Koscher-Vorschriften für jedes Brot, das ultra-orthodoxe

Juden essen, gehört das Abnehmen von Challa durch die Bäckerei sowie die Gewißheit, daß keine Milch- oder Fettprodukte benutzt werden. Entsprechende Hinweise befinden sich in Israel und orthodoxen Wohnorten in anderen Ländern auf jedem Brot. Orthodoxe KollegInnen, die nach Deutschland kommen, suchen sich Wasserbrötchen oder Erzeugnisse von Backunternehmen, die ein Koscherzertifikat haben. In umweltsbewußten Familien wird das Korn gern selbst gemahlen und die Challa von allen zusammen gebacken. Das begann in den alternativen Chawura-Kreisen in Amerika. Die Anweisungen für die jüdischen Fertigkeiten befinden sich in egalitärer Form im Jewish Catalog (Siegel/Strassfeld/Strassfeld 1974), dem meistgekauften jüdischen Buch des Jahrhunderts.

Der Sabbat beginnt mit dem Entzünden der Lichter durch die Frau und ihrem Lichtersegen vor Sonnenuntergang. Nach einer Auslegung bedeutet diese rituelle Handlung eine Sühne für Eva ebenso wie die Challa. Den meisten ist dieser Hintergrund weder bekannt noch eine Motivation. Traditionellerweise soll der Mann die Kerzen oder Öllampen herrichten. Im liberalen Judentum ist es üblich, die Kerzen erst vor der Mahlzeit zu entzünden, damit gleich darauf der Wein- und Brotsegen stattfinden kann. Auch Männer sind zum Kerzenzünden verpflichtet, wenn sie allein sind.

Der Weinsegen, *Kiddusch*, wird am festlich gedeckten Tisch vom Mann gesungen. Frau und Kinder singen oder summen mit oder begnügen sich mit dem »Amen«. Alle nippen vom Wein, der sich möglichst in einem schönen, besonders dafür bestimmten Becher befindet. Auch die Kinder kosten davon oder erhalten statt dessen Traubensaft. Danach wird das Brot gebrochen und verteilt. Ist kein Mann im Haus, soll die Frau den Kiddusch durchführen. Das wurde oft vernachlässigt, so daß die Vorstellung einer »männlichen« Rolle entstand. »Männer und Frauen sind dazu verpflichtet, weil es ein Tora-Gebot für beide ist« – kein Zitat einer radikal-feministischen Gruppe, sondern verbindliches Gesetz im Kodex Schulchan Aruch (3,271,2). Es zeigt sich oft sehr deutlich, daß viele Bräuche und Haltungen auf schlichter Unkenntnis beruhen.

Auch der Sabbat-Ausgang wird mit einem Ritual gefeiert, *Hawdala*, das ist der »Unterscheidungssegen«, mit Kerze, Wein und wohlriechenden Kräutern. Die Wiederentdeckung solcher rituellen Elemente der jüdischen Kultur ist für viele bedeutsam. Die gemeinsame

Gestaltung sollte dennoch die besondere Rolle der Frau nicht verwischen, denn Gleichheit bedeutet nicht, daß wir ununterscheidbar sein müßten. Auch für die Identitätsfindung der Kinder ist es wichtig, das richtige Maß auszutarieren. Das war gewiß ein wichtiger Grund in den überlieferten Rollenspielen. Es kann uns nicht darum gehen, eine wirklichkeitsfremde Unisex-Haltung zu propagieren, sondern es soll die gleiche Würde von Frauen und Männern wachsen, in einem ständigen Geben und Nehmen. So können auch die unvermeidlichen Mißverständnisse und Konflikte angegangen und gelöst werden.

Auch die Feiertage werden ähnlich begangen, jedes mit seinen häuslichen Symbolen. Heute tritt für viele Menschen an deren Stelle eine Gemeinschaftsfeier. Aber dadurch verarmt jüdisches Leben, weil Kinder nicht mehr von klein auf unmittelbar die Verantwortung ihrer Mutter für das erleben, was biblisch mit »geheiligter Zeit« gemeint ist. Zum häuslichen Leben überhaupt gehörte stets eine Fülle von Gebeten, die die Kinder von Anfang an durch die Mutter lernten. »Des Kindes Herz ist wie ein neu' Buch, daß man darauf schreiben will. Darum soll man mit dem Kind beten lernen in seiner Mutter Sprach'«, heißt es in einem jüdisch-deutschen Frauengebetbuch (Frankfurt a. M. 1709). Herausgehoben war das lange, gesungene Tischgebet für Sabbat und Feiertage mit seinen begleitenden Hymnen – eine ganze Hausliturgie. Für viele ist dieser ganze Bereich nicht mehr vorhanden. Darauf mögen auch Klagen über eine »fehlende« jüdische Spiritualität beruhen. Nicht nur die Philosophin Edith Stein wußte nichts vom innigen Reichtum des Judentums, als sie ihr Heil im Katholizismus suchte.

Das Keuschheitsideal

Viele jüdische Bräuche und Spielregeln gehen seit biblischer Zeit auf den Protest gegen die Kultformen und Vorstellungen der Nachbarvölker zurück. Sexualverhalten, das dort erlaubt war, galt den biblischen Autoren als Verletzung der Persönlichkeit und Beleidigung Gottes. Triebverzicht setzte gewiß auch jene Energien frei, die kulturbildend blieben, als die antiken Hochkulturen längst nicht mehr bestanden. Damit war allerdings nicht gemeint, daß sexuelle Abstinenz und Askese »bessere« oder Gott nähere Menschen hervorbrächten. Die in der Bibel und dem Talmud geschilderten Nasiräer (Num 6; Babyl. Talmud, Traktat Nasir) sind Männer und Frauen, die für Wochen, Monate oder lebenslang geloben, ihre Haare lang zu tragen oder auf bestimmte Genüsse zu verzichten. Aber dennoch leben sie in Ehen und vollziehen Geschlechtsverkehr. Das gleiche galt für mittelalterliche Mystiker wie die asketischen »Frommen in Deutschland« (Scholem 1957, Kap. 3). Von der Vorpubertät an wird der Kontakt mit dem anderen Geschlecht vermieden, denn die Rabbinen vergleichen den männlichen Sexualtrieb mit Felsen und Eisen, die vor allem durch Torastudium »geschmolzen« und »zerhauen« werden (Babylon. Talmud, Kidduschin 30 b). Gewarnt wird vor Verletzung der weiblichen Würde durch männliche Lustvorstellungen. Die Einübung in einer seelisch-geistigen Disziplin wird sehr hoch gestellt und gilt als Streben nach Heiligkeit, was keine Ausgrenzung des täglichen Lebens bedeutet. Als Schwächung oder Disziplinierung der männlichen Sexualität wird die Beschneidung ethisch gedeutet (Maimonides, Führer der Irrenden, 3,49). Frauen sollen ihrerseits jede Provokation vermeiden. Daraus erklären sich die bei Orthodoxen üblichen Kleidervorschriften. Auch Aussagen und Bräuche, die auf den ersten Blick frauenfeindlich klingen, müssen zunächst daraufhin überprüft werden, ob sie aus Angst vor dem männlichen Sexualtrieb zustandegekommen sind.

Manches in dieser Kultur wirkt als Unhöflichkeit: das Vermeiden des Händedrucks, Wegschauen und andere Ausdrucksformen der Distanz, auch innerhalb der Verwandtschaft. Damit verbunden ist die getrennte Sitzordnung von Männern und Frauen beim Gottesdienst und bei ultra-orthodoxen Feiern. Religiös-liberale Juden führen das Keuschheitsideal in anderer Form weiter und meinen, daß dies angstfrei möglich ist. Viele feministische Diskussionen sind daher unterschiedlich bei Orthodoxen und Nichtorthodoxen. Wir können jedoch unsere orthodoxen Schwestern nur wirklich verstehen, wenn wir die Regeln ihrer Lebensführung ernstnehmen, auch wenn sie für uns selbst keinerlei Bedeutung haben sollten.

Während leicht einsichtig ist, daß allzu kurze Frauenmoden auf viele Männer herausfordernd wirken kann und daher vielleicht vermieden werden sollten, ist das schwieriger in den Vorstellungen, die das *Haar* und die *Stimme* betreffen. Beides gilt von der Tradition her als sexuell erregend. Orthodoxe Mädchen tragen ihr Haar je nach Wunsch kurz oder lang, offen oder im Zopf. Das ist zugleich ein Hinweis darauf, daß sie in geeigneter Weise umworben werden dürfen. Die Heirat bedeutet hier jedoch auch heute noch wie früher allgemein verbreitet, »unter die Haube kommen«. Dies ist das Würdezeichen der Ehefrau. Die »Haubenmode« ist je nach Gruppenzugehörigkeit verschieden und bietet Raum für jeweils aufkommende Varianten. Seit einigen Jahren haben sich übergroße gehäkelte Kappen von einfach bis elegant in manchen Gruppen durchgesetzt. Früher waren Flechthäubchen aus haarfarbenen Seidenbändern beliebt. Bestimmte ultraorthodoxe Frauen ziehen das festsitzende Kopftuch der osteuropäischen Bäuerinnen vor. Die Perückenmode spielt auch als Wirtschaftszweig eine wichtige Rolle in der modern-orthodoxen Richtung (ebenso wie entsprechende teils sehr elegante Hut- und Kleidermoden, die dabei Wert auf Schlichtheit legen). So wird ermöglicht, das eigene Haar nach der Heirat kurz zu halten und dennoch jede noch so üppige Frisur zu tragen. – Die Perückenmode geht auf antike Vorbilder zurück und kam in Europa wieder auf. Bei Juden verbreitete sie sich seit dem 18. Jahrhundert. Einige halachische Autoritäten gaben dem Wunsch der Frauen nach, andere wetterten dagegen. Dies blieb die ultra-orthodoxe Meinung, denn eine künstliche Haarpracht ist gewiß nicht weniger anziehend als die eigene.

Die jiddische Bezeichnung für Perücke ist *shaitl*, von dt. Scheitel. Sie gehörte zum Selbstverständnis und Selbstbewußtsein bürgerlicher Jüdinnen. Der vom »Fortschritt« verlangte Verzicht darauf war zugleich ein erster Schritt zum Abrücken von häuslichen jüdischen Observanzen. Diese Assimilation und die für sie damit verbundenen Seelenqualen beschrieb Pauline Wengeroff (1833–1916) als Forderungen ihres Mannes (Wengeroff 1908–10,2., 175 ff.). Ihr Buch ist eine wichtige sozialgeschichtliche Dokumentation für russisch-jüdisches Leben durch mehrere Generationen. Viele Frauen legten den »Scheitel« als Zeichen der Anpassung an das amerikanische Leben bei der Einwanderung um die Jahrhundertwende ab. Gleichzeitig gaben ihre Männer jüdische Bräuche auf. Einige Generationen später erfolgt nun die gegenteilige Pendelbewegung: Ihre Urenkelinnen wählen bewußt diese Form einer uns vielleicht spielerisch erscheinenden Keuschheitsregel.

Nichtjüdinnen fragen oft nach dem *Schleier*, mit dem ihrer Meinung nach traditionelle Jüdinnen ihr Gesicht bedecken.

Jedoch gibt es weder eine solche halachische Vorschrift noch einen derartigen Brauch. Möglicherweise waren Jüdinnen dazu in manchen muslimischen Gegenden verpflichtet, wo dies von allen Frauen außerhalb ihres Hauses verlangt wurde – nicht anders, als heute westliche Christinnen mancherorts die strikten Kleiderordnungen einhalten müssen. Jedoch unterscheidet bereits eine Mischna zwischen Jüdinnen und Araberinnen, und letztere tragen einen Gesichtsschleier (Mischna Schabbat 6,6).

Im Mittelalter wurde der Brautschleier ein jüdischer Brauch. In manchen chassidischen Gruppen wird das Gesicht der Braut mit einem dichten Tuch verdeckt. Alle anderen als Schleier übersetzten Ausdrücke beziehen sich auf Kopftücher, die das Haar bedecken und auch über die Schultern herabhängen können. Ausnahmen bildeten einige Gemeinden (Metz, Amsterdam), wo Mädchen Ende des 18. Jahrhunderts in der Synagoge einen Gesichtsschleier tragen sollten (Editors 1971; Veil).

Maimonides, der in Ägypten lebte, schreibt in den Vorschriften über die Kleidung, die der Mann seiner Frau erstellen muß: »Wo es üblich ist, daß Frauen außerhalb des Hauses nicht nur das *Käppchen* tragen, sondern auch einen Umhang, der ihren Körper ganz umhüllt *wie ein Tallit*, gibt er ihr einen solchen entsprechend seinen Besitz … denn sie ist nicht wie in einem Gefängnis« (Kodex, Ischut, »Ehebeziehungen«, 13,11).

Bezüglich der weiblichen *Stimme* gibt es Beschränkungen der nachbiblischen Zeit, die bei Traditionalisten bis heute anhalten und sich besonders auf das Hören während des Gottesdienstes beziehen. Hier ist die Unterstellung männlicher Verführbarkeit in einer Weise ausgeprägt, die für Nicht-Traditionalisten erstaunlich ist.

In biblischen Texten werden singende Frauen gelobt, und ihre Lieder sind Teil der Liturgie bzw. der Vorschriften über das Gebet geworden: Mirjam singt am Schilfmeer mit den Frauen, wohl im Wechselsang zu den Männern (Ex 15,20–21); Debora singt mit Barak das Debora-Lied (Ri 5); Hanna singt das Dankeslied (1 Sam 2,1–10); im Ersten und Zweiten Tempel werden Sängerinnen aus jenen Levitenfamilien erwähnt, die die Chöre bilden (Esra 2,65 = Neh 7,67; 1 Chr 25,5–6).

In talmudischer Zeit erfolgte die Regel »Die Stimme der Frau ist Nacktheit« (Babylon. Talmud, Berachot 24a; Kidduschin 70a). Dabei handelt es sich zunächst um den Vergleich mit unvollständig bekleideten Familienmitgliedern während des Sprechens des Glaubenswortes »Höre Israel« beim Zubettgehen und dann auch um ablenkendes Singen. So wurde es im Kodex Schulchan Aruch formuliert. Jedoch hatten bereits im 13. Jhd. die französischen Kommentatoren des Talmud differenziert, daß Gesang zu Ehren Gottes von verführerischem Gesang zu unterscheiden sei. Die alten Ängste traten im 19. Jahrhundert hervor, als liberale Synagogen gemischte Chöre einführten und die Orthodoxie sich dagegen wehrte. Der gleiche Vorgang fand 1977 in der Gemeinde Düsseldorf statt, wo im gemischten Kinderchor Mädchen ab 12 Jahren nicht mehr mitsingen durften (Levinson 1977). – Mittlerweile berichten orthodoxe Frauen, daß sie nicht mehr die sabbatlichen Tischhymnen mitsingen können, wenn ihre Söhne oder Schwiegersöhne viel weiter rechts orthodox sind und dies für »unkeusch« halten.

Es gibt gewiß einen psychologisch nachvollziehbaren Kern in den Erkenntnissen über die männliche Verführbarkeit. Sie sind verknüpft mit dem Bewußtsein, beim Gebet so weit wie möglich alles andere auszuschalten. Dennoch wäre zu erwarten, daß Menschen unserer Zeit die psychologischen Fähigkeiten erwerben können, um ihre Phantasie in Grenzen zu halten. Es ist verständlich, daß orthodoxe Feministinnen sich in Konflikten befinden, die anderen nicht in dieser Form begegnen.

Frauen und Gebotserfüllung

Die jüdische Lebensordnung orientiert sich an Geboten des Tuns und des Lassens. Man spricht von insgesamt 613 biblischen Geboten, 248 des Tuns (wie die Zahl der menschlichen Knochen) und 365 des Lassens (wie die Zahl der Muskeln und der Tage im Sonnenjahr). Manche dieser Gebote beziehen sich auf bestimmte Berufe, (z. B. Könige und Priester), andere auf die einstigen Tempelopfer. Es gibt Gebote für Männer (z. B. die Beschneidung) und speziell solche für Frauen (z. B. für die Tage der Menstruation). Die übrigen Gebote gelten für alle Juden ab ihrer religiösen Mündigkeit, werden daher vorher beigebracht und eingeübt. Die Mündigkeit heißt *Bat-Mizwa* für Mädchen,

»Tochter des Gebots (oder: der Verpflichtung)«, und beginnt mit 12 Jahren und einem Tag; für Knaben heißt sie *Bar-Mizwa*, »Sohn des Gebots«, und beginnt mit 13 Jahren und einem Tag. Dabei geht es um das eigene Bekenntnis zum Judesein in der jeweiligen Richtung der Eltern. Davon hängt auch Inhalt und Umfang des Unterrichts ab. Zu den biblischen Geboten kommen die ungleich zahlreicheren rabbinischen »Spielregeln« des traditionellen Lebens. Viele davon werden wie biblische Gebote behandelt, vor allem durch die Segensformel mit dem Dank, daß Gott uns dieses Gebot schenkt. Das betrifft u. a. das Entzünden der Sabbatkerzen durch die Frau, das Händewaschen vor dem Essen und das nachbiblische Chanukka-(Lichter)Fest.

Alle Gebote des Unterlassens oder »Verbote« betreffen Frauen und Männer gleichermaßen und ebenso fast alle Gebote des Tuns. Ausgenommen davon sind Gebote, die an eine feste Zeit gebunden sind, sowie die erwähnten geschlechtsspezifischen. Manchmal erhielt ein Gebot und das damit verbundene Brauchtum einen männlichen Bezug, ohne daß dies unbedingt so sein müßte. Das ist Gegenstand theologischer Auseinandersetzungen. Statistisch gesehen dürfte es sich daher in der jüdischen feministischen Theologie mehr als in der christlichen um religionsgesetzliche Angelegenheiten handeln. Oft ergänzen Gebote einander: Geschlechtsspezifisches und Allgemeines. So ist das Zeichen der Zugehörigkeit zum Bundesvolk für Männer die Beschneidung, der »Bund Abrahams«, und für Männer, Frauen und Kinder der Sabbat als »ewiges Bundeszeichen« (Ex 31,13 und 17) und daher ein Ruhetag für alle (Zehn Gebote, siehe Ex 20,8–11; Dtn 5,12–15).

Für die Feiertage insgesamt gilt natürlich nicht die Freistellung der Frauen. Hingegen betrifft sie die Verpflichtung zu festen Gebetszeiten und zum Gebet mit der Gemeinde. Für Männer ist dies geboten, Frauen gehen zunächst ihren Verpflichtungen für Haushalt, Kinder, Krankenpflege und dergleichen nach. Männer sollen morgens und mittags und/oder abends in einer Zehnerschaft beten. Diese gilt als Mindestgemeinde, in welcher einige wichtige Gebete gesprochen werden, die sonst entfallen. Frauen können sich auf das einmal täglich durchgeführte Gebet beschränken. Sie müssen sich nicht wie die Männer an die hebräische Form halten, sondern können in ihrer Umgangssprache beten. »Im Konflikt zwischen Gott und Ehemann verzichtet Gott: vermutlich ist er nicht so anfällig für Eifersüchteleien und Machtkämpfe und kann es sich leisten, einige seiner Forderungen um des Friedens willen (zwischen dem Ehepaar. P. N. L.) zurückzustellen« (Rachel Biale 1984,14).

Frauen sind auch vom Gebot enthoben, die Tora möglichst umfassend und »ständig« zu lernen (Jos 1,8). Sie sollen sich mit allem beschäftigen, das sie selbst und ihre Aufgaben betrifft. Das kann maximalistisch oder minimalistisch verstanden werden. Jedenfalls war bis zur Gegenwart kein formales Talmudstudium von Frauen in einem entsprechenden Lehrhaus üblich. Dennoch lernten Frauen häufig auch solche religionsgesetzlichen Dinge, die nicht unbedingt ihre eigenen Angelegenheiten behandeln. In Deutschland, Italien und Osteuropa gab es durch die Generationen hindurch talmudgelehrte Frauen. Lehrhäuser waren oft Teil der eigenen Wohnung, vieles wurde durch das Mitanhören verarbeitet. Vorbilder waren die Frauen, die im Talmud ausnahmsweise als Lehrerinnen der schriftlichen und mündlichen Lehre erwähnt werden. Von den anderen, die es gewiß gab, ist keine Dokumentation erhalten. Um so wichtiger wurden daher Imma Schalom und Berurja (ST 91–96).

Seit der Frühzeit gab es extrem kritische Stimmen zum Torastudium der Frauen. Am meisten zitiert wird der Ausspruch: »Wer seine Tochter Tora lehrt, ist wie einer, der sie Unsinn lehrt« (Mischna Sota 3,4). Dies wurde die verbreitete Meinung, unterstützt von den Lebensumständen der Frauen. An gleicher Stelle findet sich jedoch auch die entgegengesetzte Meinung: »Ein Mann soll seine Tochter Tora lehren«. Das Vorenthalten bezog sich nicht auf die zahlreichen, zum jüdischen Leben notwendigen Vorschriften aus Bibel, Talmud und Kodizes. Und was die ethischen allgemeinen Lehren betraf sowie die Geschichten von bedeutenden Persönlichkeiten in Talmud und Midrasch, bildeten sie den Inhalt verbreiteter Volksbücher. Es ist zu bedenken, daß auch die meisten Knaben und Männer sich durchaus nicht einem vertieften oder ausgedehnten Torastudium widmen konnten. Daher wurden einige Lehrstücke in ritualisierter Form in das tägliche Morgengebet aufgenommen, um den Dankesspruch für Gott als »unseren Toralehrer« sagen zu können. Minimum und Maximum betreffen auch Männer, und zwar immer und überall in der jüdischen Geschichte.

Seit dem Altertum waren sich die Rabbinen bewußt, daß die Regel »Freistellung der Frauen von zeitgebundenen Geboten des Tuns«

mehr Ausnahmen als Regeln hat. Daher gab es immer wieder Diskussionen dazu, wenn Frauen sie ausüben wollten. Das betrifft z. B. das Hören des Schofarhorns an Neujahrstagen und Versöhnungstag, die Vorschriften für die Laubhütte am Herbstfest sowie die Gebetskapseln des Morgengebets und das Tragen der Schaufäden bzw. des Gebetumhangs. Die Fragen des Torastudiums gehören mit denen der Schriftlesung zusammen.

Kultische Reinheit und Unreinheit

Die Hebräische Bibel fordert in bestimmten Situationen eine Wiederherstellung menschlicher Unversehrtheit oder »Reinheit«. Als kultisch »unrein« wird ein Zustand bezeichnet, bei welchem entweder Tote berührt wurden oder körpereigene Substanzen abgegangen sind, die zwar lebensbringend sein könnten, aber diese Aufgabe nicht erfüllt haben. Vor allem handelt es sich dabei um männliches Ejakulat und weibliches Menstrual- und Vaginalblut und außerdem um Geschlechtskrankheiten. Kultische Reinheit war in der Tempelzeit erforderlich, um den Tempel in Jerusalem zu betreten, Opfer darzubringen und Priesterdienst zu tun. Desweiteren war sie stets eine Voraussetzung für die Frau, um nach der Periode, der Niederkunft oder eine Blutungskrankheit wieder den ehelichen Sexualverkehr aufzunehmen. Auch Gegenstände und Räume nahmen Unreinheiten durch Verseuchung oder Berührung an und bedurften einer materiellen und rituellen Reinigung. Für Personen galt vor allem die gründliche Ganzkörperwaschung mit darauffolgendem völligen Untertauchen in einem eigens dafür bestimmten gemauerten Bad, die *Mikwe* genannt (Mz. Mikwa'ot), wo es an Fluß oder Meer fehlte. Dies ist die symbolische Läuterung in der jüdischen »Selbsttaufe«, aus der übrigens die christliche Taufe durch andere Personen stammt. Außerdem wurden von Frauen und Männern entsprechende Opfer im Jerusalemer Tempel dargebracht (Lev 12,1–8, und dazu Luk 2,22; Lev 15,1–18, – Männer; dort, 19–32, – Frauen). Für die kultische Läuterung nach der Berührung eines menschlichen Leichnams gab es ein weiteres Ritual mittels des »Reinigungswassers«, das mit der Asche einer roten Kuh vermischt war und mit einem Ysop-Pflanzenzweig auf die betreffende Person gesprengt wurde (Num 19). Dieses war eine Voraussetzung zum Betreten des Tempels (dort, Vers 13). Sie galt in besonderem Maße für die erbliche Priesterschaft. Seit dem 3. Jhd. n. gibt es nicht mehr die Asche der roten Kuh. Daher sind alle heutigen Priesterstämmlinge ungeeignet für den Dienst in einem etwaigen künftigen dritten Tempel (Editors 1971, Purity and Impurity).

Für Männer blieb das Tauchen verbindlich, sofern sie Tora-Schreiber waren. Um jedoch das ständige Tora-Lernen möglichst vieler zu ermuntern, wurden die Bestimmungen erleichtert. Dennoch tauchen viele Gruppen regelmäßig, so z. B. im Chassidismus Väter und Knaben vor dem Sabbat und vor dem Versöhnungstag. Andere tauchen nach Möglichkeit täglich in Mikwe, Fluß oder Meer.

Für Frauen gelten in der Tradition strikte Bestimmungen und bilden die Grundlage der Regeln für die *Familienreinheit* (R. L. Jung 1934; R. Adler 1974; Z. Zahler 1974; N. Lamm 1977). Dies bedeutet, daß kein Sexualverkehr und damit auch keine Zeugung stattfindet, während die Frau physisch geschwächt ist. Zu ihrem Schutz treten im traditionalistischen Judentum zu den »biblischen Tagen« sieben weitere. Während dieser Monatshälfte halten sich die Partner physisch voneinander getrennt und pflegen andere Dimensionen ihrer Gemeinsamkeit. Der männliche Trieb soll dadurch sublimiert werden, der Biorhythmus der Frau wird respektiert. Mediziner schildern das seit Jahrtausenden bestehende Schaffen günstiger Bedingungen für Frauen und Kinder vor und nach der Geburt. Dies waren stets wichtige Faktoren für das Überleben jüdischer Gemeinschaften (J. Schuster 1980).

In der umfangreichen Fachliteratur betonen Männer und Frauen die Bedeutung der monatlichen Abstinenz als Gegenmittel für Gewöhnung und Abstumpfung, als ständig neue Brautzeit (B. Greenberg 1981,119; siehe auch L. Davidmann 1991).

Alle Beteiligten, die sich heute als Minderheit nach dieser Tradition richten, bedauern die irrige Auffassung, daß diese biblisch-rabbinische Tabu-Überlieferung etwas mit einer Minderung der Persönlichkeit und der Achtung vor ihr bedeuten solle. Eine solche Vorstellung haben zahlreiche Juden und Christen. Dagegen spricht u. a., daß viele Akademiker diesen Weg der Orthodoxie wählen. Auch nicht-orthodox lebende Paare, sogar auch Singles entscheiden sich dazu. Vielerorts gibt es elegante Mikwe-Neubauten. Dennoch ist kaum denkbar, daß das Tauchbad, das einst zusammen mit dem öffentlichen Badehaus die Voraussetzung für jüdisches Gemeindeleben bildete, je wieder eine vergleichbare Rolle bei der Mehrheit bewußt jüdisch lebender Menschen bilden könnte.

Zur Klärung einiger verbreiteter Irrtümer ist noch folgendes zu sagen: Die Tabu-Bestimmung der Berührung betrifft nur den Ehemann einer Menstruierenden. Sie stellt kein Hindernis für die berufliche Tätigkeit orthodoxer Frauen dar. Es handelt sich nicht um ein (zeitweiliges) Ausgrenzen aus der Gesellschaft. Im übrigen dürfen Frauen wohl in modernen Gesellschaften voraussetzen, daß der Respekt vor ihrem Intimbereich ernstgenommen wird (P. Navè Levinson 1984: Sexualität). Zu sagen ist hierbei außerdem, daß die Bestimmungen für den einstigen Tempel nicht für die Synagoge gelten, aber von vielen darauf ausgedehnt werden. Jedenfalls kann eine Menstruierende eine Tora-Rolle berühren, da die Schriftrolle keinerlei kultische Unreinheit annimmt. Das wird zunehmend von orthodoxen Feministinnen betont, die überlieferte Ängste von Frauen bei liturgischen Handlungen nach Möglichkeit abbauen wollen.

Um die Würde der menstruierenden Frau zu betonen, gibt es neuerdings Vorschläge zu besonderen Ritualen als Dank für den Beginn der sexuellen Reife. 1985 wurde erstmals in Israel eine Mikwe für RollstuhlfahrerInnen eröffnet. In Jerusalem ist sie für Frauen aus dem ganzen Land bestimmt. Da diese abends tauchen, können behinderte Männer sie tagsüber benutzen (Judy Siegel-Itzkovich, Jerusalem Post, 5.6.85).

Exkurs zur kultischen Reinheit
Abstinenz in Ex 19

Im Bericht zur Sinai-Offenbarung heißt es, daß Mose von Gott einen Auftrag erhielt: Er sollte das Volk heiligen (hebr. kiddaschtam), bevor die Offenbarung stattfand. Dafür waren zwei Tage angesetzt. Alle sollten ihre Kleider waschen, den Berg nicht anrühren und keinen Geschlechtsverkehr haben (Ex 19,10–15). Letzteres heißt auf hebräisch: »Geht nicht zur Frau.« Daraus wird häufig geschlossen, daß es die Frau sei, die den Mann kultisch verunreinigt. Nach biblischer Vorstellung geht es jedoch um das Sperma. Noch gab es keine Vorschriften über die hygienischen und rituellen Waschungen. Abstinenz war daher technisch notwendig, um neue Formen der Heiligung einzuführen. Alle hatten gerade zuvor gehört, daß sie ein heiliges Volk sein sollten (Ex 19,6). Hier war der erste Schritt dazu.

Es scheint mir keineswegs *frauenfeindlich* zu sein, daß es nicht heißt: »Geht nicht zum Mann«. Falls wir die Geschichte aus weiblicher Sicht erzählen, können wir das gewiß tun. Aber dann sollte das auch nicht *männerfeindlich* mißverstanden werden. Im übrigen sieht die Tradition in der damaligen Abstinenz auch die Möglichkeit, daß die Frauen bereits vom Tauchbad wußten. Raschi (11. Jhd.) meint: »Sie tauchten, um sich in Reinheit auf die Gabe der Tora vorzubereiten.« Denn diese wurde ja allen gegeben und nicht etwa nur den Männern. – Nach der narrativen Theologie ist das Tauchbad der Wüste Mirjam zu verdanken, deren Brunnen immer mitwanderte (ST 55).

»Der mich nicht als Frau erschuf«

Kürzlich meinte eine jüdische Feministin irritiert, daß mehr Christinnen nach diesem Männergebet fragen, als es Juden gibt, die es beten. Tatsächlich ist es einem großen Teil der jüdischen Beter gänzlich unbekannt. Andere beten es, meinen damit aber keine Geringschätzung. Vor allem gibt es ein jedenfalls schöneres, weil positiv formuliertes Frauengebet an dieser Stelle des Morgengebets: »Gelobt sei, der mich nach seinem Willen erschuf«. Es sind Teile der privaten morgendlichen Meditationen, die es seit der Antike in mehreren Varianten gab. Der Dank umfaßt die Zugehörigkeit zum freien jüdischen Volk, als Mann oder Frau, die göttliche Hilfe, das tägliche Brot, die beständige Erde.

Wäre es nicht besser, Männer und Frauen dankten mit gleichen Worten für ihr jeweiliges So-Sein? Das meinen und tun viele, die sich frei genug fühlen, die Tradition zu ändern. Schließlich ist das jüdische Gebetbuch eine durch lange Epochen gewachsene *Anthologie*. Daher spiegelt es auch die verschiedenen Richtungen im Judentum wider. Besonders in den letzten 150 Jahren gibt es zahlreiche Gebetbücher, die eine je eigene Theologie von Gruppen ausdrücken. Das geht auch heute weiter, vor allem in den nicht-orthodoxen Richtungen. Die liberalen, progressiven und Reformbewegungen setzten seit 1846 anstelle der umfangreichen Hinzufügungen vor dem eigentlichen Gemeindegottesdienst meditative Stücke in der jeweiligen Landessprache. Auch Gebetbücher für das Heim, die seit dem 19. Jhd. in deutsch, englisch usf. neu entstanden, verzichten auf traditionelle Texte, die nicht mehr dem heutigen Gefühl entsprechen. Herausvotiert wird, was die Herausgeber als überholt empfinden, beibehalten das, was zum jüdischen Selbstverständnis der Gegenwart stärkend beiträgt. Die Konservativen in Amerika änderten in ihrem Gebetbuch 1945 u. a. auch diese Formulierung im Morgengebet.

Daraus können Konflikte entstehen, wenn Teile einer Gemeinde sich nicht mit Änderungen befreunden können. Ein Beispiel dafür gab es 1859 im Großherzogtum Baden. In einer Petition der Mannheimer Frauen an den Oberrat der Israeliten Badens ist die Empörung über Rückschritte ausgedrückt, welche die Reformen außer Kraft setzten. Zwar waren Bau und Sitzordnung der Synagoge modern, nicht aber der Neudruck des Gebetbuchs. Sie schrieben damals: »Wir danken dem Allmächtigen, daß jene Zeit hinter uns liegt, wo die jüdischen Frauen und Jungfrauen, teils ausgeschlossen von dem allgemeinen Kultus, teils zurückgedrängt hinter Mauer und Gitter, schweigend, duldend, kaum würdig befunden wurden, den Schöpfer mit ihren Männern, mit ihren Söhnen *gleichmäßig* zu verehren. (...) Tief verletzen und schmerzlich berühren mußte es uns demnach, einen aus alten Zeiten stammenden, Frauenwürde und Frauenwert tief kränkenden Segensspruch ›Gelobt seist du, Ewiger ... daß du mich nicht zum Weibe geschaffen hast‹ wieder in unserem Gebetbuch aufgenommen zu sehen, zu dessen Weglassung unser verehrter Rabbiner wohl triftige Gründe gehabt haben mußte« (Navè Levinson 1984, 95). Wie verteidigen die Befürworter diesen Spruch? Gewiß nicht damit, daß sie ihre Mütter, Schwestern, Frauen und Töchter kränken wollen! Vielmehr beteuern sie stets und ganz ehrlich, daß ihnen dieses völlig fern liegt. Es paßt auch schlecht zur im Judentum üblichen Frauenehrung. Diese Diskussion gibt es bereits seit alter Zeit.

Männer meinen, daß sie dafür danken sollen, daß ihnen mehr Gebote als den Frauen auferlegt sind. So sagt ein spanischer Kommentar zum Gebetbuch (Abudarham, 14. Jhd.): Gott verzichtete darauf, von Frauen die Erfüllung verschiedener zeitgebundener Gebote zu verlangen, damit sie nicht in den Konflikt geraten, deshalb den Mann zu vernachlässigen. – Es geht um Frieden in der Familie. Folgerichtig sollen die Männer für die weitere Gabe solcher Gebote danken wie die Verpflichtung, bei Wetter und Wind morgens vor dem Frühstück in den Gemeindegottesdienst zu eilen, zu dem zehn Männer notwendig sind. Die Schwestern und die Mutter, etwa eines Teenagers, können dagegen daheim beten. Seine traditionalistische Erziehung und Sozialisierung zeigt ihm, daß seine Mutter zu ehrfürchten ist und sie keineswegs schweigend duldet. Weitere männliche Erklärungen zeigen, daß sie sich bewußt sind, das *schwache* Geschlecht zu sein: Sie danken, weil sie nicht die Menstruation und die Schmerzen einer Geburt ertragen könnten. Eine solche Einsicht ist immerhin eine Absage an den Machoismus. Das kann man oft im Gespräch erfahren.

Traditionalistische Frauen hingegen »seien von Stolz erfüllt, den Willen des Allmächtigen in einer ihrem Geschlecht eigenen Art zu erfüllen«, schrieb 1934 die Vorsitzende des Jüdischen Frauenrats in Kanada (I. Wolff 1934,93). Dieses Argument läßt viele Frauen beruhigt bei dem Altvertrauten bleiben, was ihr gutes Recht ist. Sie kennen es so, wie es in Kommentaren zum Gebetbuch lautet: »Keineswegs muß man glauben, daß diese Dankformel von einem Weiberfeinde, aus Geringschätzung des schönen Geschlechts, verfaßt sei. Es bedarf nur einer geringen Bekanntschaft mit den rabbinischen Schriften, um zu erfahren, wie sehr die Talmudisten die vollkommenste Achtung gegen ein so edles Geschlecht empfehlen, dem wir unsere Verpflegung, Erziehung unserer Kinder und einen großen Teil unserer sittlichen Bildung zu verdanken haben. Wenn wir nun dem Schöpfer danken, daß Er uns *nicht* als Weib geschaffen, so geschieht es bloß deshalb, weil wir nicht, wie jenes, den naturgemäßen Unbequemlichkeiten und Schmerzen ausgesetzt sind« (Gebetbuch, Blogg 1852). Das ist gewiß ein Argument gegen den Mythos vom »schwachen Geschlecht«. So geht die Diskussion in jüdischen Gruppen weiter, bei denen das Gebet üblich ist.

Heute empfindet es freilich auch manche orthodoxe Frau als pädagogisch verkehrt, wenn ihr kleiner Junge sie tröstet: »Mami, beeil dich nicht, *du* mußt ja nicht in die Synagoge gehen!«

Erfahrungen wie diese werden in der jüdischen Fachpresse beschrieben und sind ein Anzeichen dafür, daß nicht nur Liberale solche Signale an Kinder abschalten wollen. Eine scharfe Kritik an diesem Gebet übte der orthodoxe Jerusalemer Familienrechtler Zeew Falk (1973). Und manche Feministinnen ziehen eine weitere neue Formulierung vor: »Gelobt sei, der mich nicht als Mann erschuf!« Das ist im übrigen nützlich im Gespräch mit jungen Mädchen über die notwendige Verantwortung, um jede Aufreizung der triebmäßig so sehr ausgelieferten jungen Männer möglichst zu vermeiden.

Traditionskritik

Die in den einzelnen Abschnitten zitierten Haltungen zu einschränkenden Überlieferungen lassen sich wie folgt zusammenfassen:

1. bei Nicht-Orthodoxen

Leitmotiv ist der Glaube an die fortschreitende Offenbarung. Zu ihr gehören gesellschaftliche Erkenntnisse von der Gleichheit aller Menschen und die Chancengleichheit auf allen jeweils möglichen Gebieten. Daher begann um 1840 in Deutschland die Formulierung der religiösen und gemeindlichen Aufhebung von Vorstellungen, die in vergangenen Vorurteilen verankert sind. Dabei wurde betont, daß es sich um eine Erscheinung handelt, die dem Judentum nicht allein zu eigen war oder ist. Um so mehr müsse sich das ändern. Der Begründer des Reformjudentums in Amerika, Isaac Meyer Wise (1819–1900), stellte fest, daß die paritätische Anwesenheit und liturgische Mitwirkung der Frauen und Mädchen frühere Mißstände im Gottesdienst ausgeräumt habe und forderte als nächsten Schritt Sitz und Stimme für Frauen in allen Gremien (Plaut 1965, 339–40). Halachische Überlegungen treten hier bis zur Gegenwart hinter Sinngebung und Ethik zurück. Auch die Konservativen der Historischen Schule gelangten später zu gleichen Ergebnissen. Jedoch taten sie dies aufgrund historischer Forschung der Halacha und in der Erkenntnis, daß zu jeder Zeit sozio-historische Gegebenheiten die religionsgesetzliche Beweisführung mit beeinflußten. Darin sehen sie auch ihre eigene Verantwortung und Verpflichtung. Gleichzeitig betonen sie ihr stärkeres Verhaftetsein in der von ihnen kritisierten Tradition.

2. bei Feministinnen

Grundlegende Fragen betreffen die Art und Weise, in der Feminismus und Zugang zu den Traditionen gleichzeitig möglich sind. Die Kritik betrifft vor allem die Tatsache, daß die klassischen Werke alle von Männern geschrieben wurden. Inwiefern sind Änderungen nun möglich, ohne gänzlich mit der Tradition zu brechen? Sollte die Haltung von Männern entlarvt werden, die den halachischen Status der Frauen nicht mit diesen selbst zu diskutieren bereit sind? (Rachel Adler 1973). Am besten sei es, neue Halachot zu formulieren und auszuüben, ohne uns allzusehr bei der Durchforstung der Quellen aufzuhalten. Unabdingbar ist hierbei die Loyalität von Männern, die Separierung als Diskriminierung bloßstellen sollten (Esther Ticktin 1973). Dabei zeigt sich auch die Solidarität von Feministinnen, die selbst keinerlei religiöses Ritual ausüben, aber bereit sind, gemeinsam mit denen, für die die Traditionen bedeutsam sind, für Änderungen zu kämpfen.

Besonders im Schußfeld befinden sich dabei die Schwierigkeiten vieler Frauen, bei Böswilligkeit oder Abwesenheit des Mannes eine religionsgesetzliche Scheidung zu erlangen. Solidarische Männer betonen manchmal, daß dies die einzige wirklich wichtige Frage der feministischen Traditionskritik sei (z. B. Ernst-Ludwig Ehrlich, Basel, in einem Gespräch mit mir). Kritik hat Folgen. Eine Doktorantin berichtete auf einer jüdischen Frauenkonferenz der frühen siebziger Jahre: »Ich wußte, daß ich die Rabbiner erreichte, als sie aufhörten, mich auszulachen und mich anschrien« (zitiert von R. Lacks 1980, 167).

3. bei Orthodoxen

In den verschiedenen Lagern der Orthodoxie finden spannende Vorgänge von Forschung, Erneuerung und darin oft nur implizierter Kritik statt. Das zeigt sich u. a. in der ständig zunehmenden Dichte von

Studieneinrichtungen für Frauen bzw. auf den Namen von Frauen. Da in der schriftlichen und mündlichen Tora vom Sinai, wie es heißt, alles enthalten ist, gilt es, das Wort Gottes für hier und heute aufzudecken. Dabei wird oft vermieden, ältere Auslegungen anzuprangern. Eine Kritik am üblichen Brauchtum beinhaltet z. B. die Neuerung des chassidischen Lubawitscher Rabbi, daß alle kleinen Mädchen ihr eigenes Sabbatlicht anzünden sollen. Das wird in dieser Richtung seit einer Generation durchgeführt. Das »verbotene« Tora-Studium der Frauen wird bei chassidischen Gruppen gestattet, indem dies neuerdings so gedeutet wird, daß die Mädchen die Tora mit den Kommentaren in *Einzelbänden* lernen!

Während Talmud früher nur in nicht-orthodoxen Schulen in Israel von allen SchülerInnen gelernt wurde, dauerte es länger, bis auch orthodoxe Schulen und Hochschulen sich anschlossen. Einen Durchbruch bedeutete 1954 die Gründung des Frauencollege an der New Yorker Yeshiva University. Die Kritik an dem minderen Umfang des Unterrichts für Frauen führte allmählich zu sehr intensiven Studien. Um 1970 wurden in den USA und Israel Frauengebetsgruppen eingerichtet. Entwicklungen zu einer egalitären Auffassung werden von modern-orthodoxen Rabbinern und Professoren unterstützt, die eine Reihe wichtiger Studien zur Traditionskritik veröffentlichten. Sie wirken sowohl in den Vereinigten Staaten wie in Israel und gehören zu den Ziehvätern der orthodoxen Feministinnen. Darunter sind zu nennen Saul Berman (1973), Shlomo Riskin (1989), Avraham Weiss (1990) und Eliezer Berkovits (1990).

Viele positive Anstöße zu einer verstärkten religiösen Aktivität, wo immer dies nach den Quellen oder dem Brauchtum aus Ost und / oder West belegbar ist, gibt der sefardische Oberrabbiner von Tel Aviv, Chajim David Halevi, in seinen halachischen Werken und einem Sammelband zum Thema (1977). Konstruktive, wenn auch oft bittere Kritik üben als Sprecherinnen der orthodoxen Feministinnen in den USA – Dr. Blu Greenberg, und in Israel – Pninah Peli und Prof. Alice Shalvi. Sie wünschen eine geänderte Halacha von und für Frauen in allen nötig erscheinenden Belangen, wirken als Dozentinnen und sind medienwirksam. Großes internationales Echo hat das Gebet der »Frauen an der Mauer«; dadurch wird vielen die Problematik erst bewußt.

Orthodoxe Frauen sind auf der Suche nach neuen Rollen und Inhalten. Einige wirken als Autorinnen. Bemerkenswert ist die Jerusalemerin Haya Ester (Godlawski), geboren 1940, aus der Jerusalemer Ultra-Orthodoxie stammend, Nachfahrin des Prager Mystikers J. Horowitz (17. Jh.) und eng mit dem Chassidismus verbunden. Vierzig Jahre lebte sie im üblichen orthodoxen Rahmen. Ihr Mann kam aus einem religiösen Kibbuz, sie haben vier Kinder. Sie studierte und unterrichtete dann künftige Erzieherinnen, bis ihr Schaffensdrang in mehreren Büchern sowie in Bildern hervorbrach. Sie zitiert die traditionellen Quellen, ist von der Sexualmystik der Kabbala beeinflußt und gibt den Sehnsüchten ihrer Schwestern Ausdruck. Für ihren Mann war all dies ein langer Lernprozeß. Er hilft ihr nun beim Korrekturlesen und gestaltete als Graphiker den Umschlag ihres Buches »Hemden aus Licht« (Kibbuz-Verlag 1987; J. Avitov 1987).

Wieder anders ist die Entwicklung bei Menschen, die sich begeistert einer vorher unbekannten Orthodoxie anschließen, einen kleinen und vielleicht besonders ausgrenzenden Kreis mit »der Tradition« gleichsetzen und nunmehr voller Enttäuschung alles in Bausch und Bogen kritisieren und ablehnen. So erging es der Autorin Barbara Honigmann, wie Interviews mit ihr verdeutlichten (Ina Boesch 1989). In solchen Fällen ist besonders deutlich, wohin die Unkenntnis eines pluralen Judentums führt, wie es u. a. in Paris, Zürich und Amsterdam anzutreffen ist.

Erfreulich ist, daß es in der Tradition Texte der männlichen Selbstkritik wie die folgenden gibt:

Ein Midraschmeister lehrt: Als Israel in der Wüste wanderte, bauten die Frauen die (ethischen) Zäune auf, die die Männer zerstörten. So gebot Ahron den Männern, die Ohrringe der Frauen für das Goldene Kalb zu bringen (Ex 32,2), aber die Frauen leisteten Widerstand und nahmen daran nicht teil. So war es auch, als die Kundschafter das Land Israel schlecht machten, die Männer nicht in das Land wandern wollten und später in der Wüste starben (Num 14,16, 37; Num 26,65): »Nicht *ein Mann* von diesen wird überleben« – die Frauen aber fragten nach ihrem Grundbesitz im Land (Num 27). Deshalb folgt die Geschichte von den fünf Töchtern des Zelofhad auf die Vorhersage vom Tod der Wüstengeneration: denn die Männer zerstörten die Zäune, die Frauen bauten auf (Midrasch Num Rabba 21,10–11; ST 61).

Ein anderer Meister lehrt: Die Töchter des Zelofhad berieten sich miteinander und sagten: Die Menschen sind barmherziger zu Männern als zu Frauen, aber Gott ist anders: sein Erbarmen ist das gleiche, ob Mann oder Frau (Midrasch Sifré 133).

Solche Warnungen vor Sexismus in klassischen Predigtvorlagen werden heute aufmerksam betrachtet. Wo finden wir Männer *und* Frauen, die Männern vieles nachsehen und Frauen leicht aburteilen? Wie vermitteln wir untereinander und anderen, daß im Judentum der *Mitmensch* das Maß aller Dinge ist, wie kommen wir weg von der heidnischen griechischen Meinung, daß der *Mensch* das Maß aller Dinge ist? Nur der Mitmensch kann mich lehren, ob Mann oder Frau, was Menschsein überhaupt bedeutet. Sonst bleiben wir zu leicht bei uns selbst stehen.

5. Frauen im biblischen und nachbiblischen Familienrecht

Die Bedeutung des Familienrechts

Das jüdische Familienrecht ist die Fortentwicklung biblischer Auffassungen und Bräuche: »Es ist nicht gut, daß der Mensch allein sei« (Gen 2,18). In Stammesverbänden lebend, suchten Eltern die Partner für ihre heranwachsenden Kinder. Die Zustimmung des Mädchens sollte eingeholt werden (Gen 24,5 u. 58). Kinder waren das höchste Glück (Ps 128,3). Es gibt Berichte von gleichzeitigen Ehen mit mehreren Frauen, jedoch war die Einehe das Ideal. So war es bei dem ersten Menschenpaar, so auch in den Ehegleichnissen der Propheten (Jes 62,5; Hos 2,21–22).

Bei der Ehe einer Jungfrau erhielt der Vater die Morgengabe, hebr. *mohar* (Ex 22,15–16). Fand der Mann »etwas Abstoßendes« an der Frau, konnte er ihr den Scheidebrief schreiben, sie durfte daraufhin einen anderen heiraten (Dtn 24,1–3). Bei Auflösung der Ehe oder Witwenschaft durfte der frühere Mann sie nicht erneut heiraten (Dtn 24,3–4). Nahe Verwandte durften nicht heiraten (Lev 18,6–18) mit Ausnahme der Schwagerehe (Dtn 25,5). Priester waren eine auf männlicher Linie erbliche Kaste und hatten Ehebeschränkungen (Lev 21,7.10–15). Eine weitere Kaste bildeten die Kinder aus verbotenen Beziehungen, sogenannte *Mamserim/ot* oder Bastarde, sie konnten keine anderen Juden heiraten (Dtn 23,3). Siehe S. 111–112.

Das biblische *Erbrecht* bezog sich auf den bäuerlichen Grundbesitz: Söhne und andere männliche Verwandte erbten, und wo es keine Söhne gab, die Töchter (Num 27,8–11; ST 61). Erstgeborene hatten doppelten Anteil (Dtn 21,17). Von Hiob wird berichtet, daß er sieben Söhne und drei Töchter hatte, »und ihr Vater gab ihnen Grundbesitz inmitten ihrer Brüder« (Hiob 42,15). Im Hohelied der starken Frau heißt es: »Sie plant ein Feld und erwirbt es, vom Ertrag ihrer Arbeit pflanzt sie einen Weinberg« (Spr 31,16). Die »große Frau aus Sunem« sagt selbstbewußt: »Inmitten meines Volkes siedle ich« (2 Kön 4,8 und 13).

Die meisten konkreten Angaben zu diesen Belangen finden sich jedoch außerhalb der Hebräischen Bibel, die bereits Jahrhunderte vor der Römerzeit abgeschlossen war. Nunmehr waren es die rabbinischen Schriften, die die Sachlage festhielten, weiterentwickelten, förderten und gelegentlich stillstehen ließen. Außerdem bezeugen archäologische Funde die Lage von Frauen. In den Höhlen am Toten Meer entdeckte man die Überreste einer Frau Babata, die auf der Flucht vor den Römern ihre Dokumente mitnahm. Die Ledertasche enthielt u. a. ihre Ketubba mit Aufzählung ihres beachtlichen Erbbesitzes (Schrein des Buches, Jerusalem). Von ihren Erträgnissen stifteten Frauen u. a. Synagogenmosaike und wurden auf Inschriften verewigt (Brooten 1983).

In den sechs »Ordnungen« der Mischna enthält der dritte Teil das Familienrecht. Er heißt *Naschim*, »Frauen«, mit sieben Traktaten: *Jewamot*, Schwagerehe; *Ketubbot*, Eheverschreibungen; *Nedarim*, Gelübde; *Nasir*, Nasiräer; *Sota*, des Ehebruchs Verdächtigte; *Gittin*, Scheidebriefe; *Kidduschin*, Anheiligung, d. h. Trauung. Im Talmud befinden sie sich in der gleichen Reihenfolge. Die Materialien wurden in den Kodizes des jüdischen Rechts systematisch geordnet und in weiteren rabbinischen Schriften fortgeführt. Dieser halachische Prozeß dauert bis heute an und gibt Gelegenheit zur Diskussion und Gesetzgebung. Diese ist besonders wichtig im Staat Israel, wo die überlieferten Gesetze vom Parlament angenommen oder geändert werden: Es gibt ein oft schwieriges Zusammenspiel der Religionsbehörden und der allgemeinen Gerichte (S. Abramov 1976). Daher bemühen sich israelische Feministinnen um Einfluß auf Gesetze im Parlament. Das Personenstandsrecht ist jedoch Sache der Religionsbehörden, was die Möglichkeit von Änderungen sehr erschwert. Die Vorschriften über kultische Reinheit und Unreinheit befinden sich in der »Ordnung« *Tohorot*, d. h. Reinheiten. Sie sind ebenfalls für das Familienrecht wichtig.

Frauenkauf? Das »Erwerben« der Frau

Die jüdische Eheschließung ist ein Vertrag zwischen zwei freiwilligen Partnern und bedeutet die Annahme der Rechte und Pflichten nach dem umfangreichen Eherecht. Die Kurzformel für die Bereitschaft für einen Vertrag ist hebräisch *Kinjan*, d. h. Besitz oder Erwerben. Das bedeutet hier, daß der Mann bereit ist, die vertraglichen Pflichten anzuerkennen. Dies war stets für die Frau von großer Bedeutung und ist zu ihrem Schutz eingerichtet worden. Dadurch erwirbt sie die unten genannten Rechte und verpflichtet sich zugleich, ausschließlich diesem Mann als Ehepartnerin zugetan zu sein und keine anderen als seine Kinder zu gebären. Das garantiert also auch die Anrechte der Kinder. Als Symbol für die gegenseitige Bereitschaft dient bei der Trauung ein Ring für die Frau – möglichst schlicht, damit es nicht nach einem »Kaufpreis« aussieht.

Der Mischna-Traktat *Kidduschin*, »Anheiligungen«, beginnt mit den Definitionen: Die Ehefrau wird auf dreierlei Art »erworben«: Geld, Vertrag, Beischlaf. Sie »erwirbt« sich selbst auf zweierlei Art: durch Scheidung oder Tod des Mannes (1,1). Das symbolische »Geld« ist wie gesagt der Trauring (B. Z. Schereschewsky). In nicht-orthodoxen religiösen Richtungen des Judentums heiligt auch die Braut sich den Mann mit entsprechenden Worten und einem Ring an. Das wurde im 19. Jh. in Deutschland so eingeführt. Die Abmachungen über beiderseitige Mitgift und Verwaltung des Besitzes sind Inhalt der *Tna'im*, »Bedingungen«, die traditionellerweise von den Eltern vertraglich geregelt werden. Sie sind Teil der Verlobung, und auf Vertragsbruch steht Strafe (B. Z. Schereschewsky 1974; Betrothal. – Zur übertragenen Bedeutung vgl. oben, 50–51, Text Tna'im).

Rechte und Pflichten der Ehepartner

Das jüdische Familienleben war stets sprichwörtlich gut. Das lag zum einen an der Mitverantwortung der Frauen in wesentlichen Belangen der Religion und zum andern an dem Wissen um ihre Rechte. Die Pflichten wurden wie in allen religiös geprägten Gesellschaften als selbstverständlich angesehen. Die klassische Zusammenfassung lautet: »Die Rabbinen haben erklärt, daß der Mann seine Frau mehr ehren soll als sich selbst und sie lieben wie sich selbst. Er sei ständig bedacht, ihr so viel Gutes zu tun, wie er kann. Er sei nicht allzu autoritär und spreche sanft mit ihr. Er sei weder trübsinnig noch zornig. Ebenso legten sie fest, daß die Frau den Mann sehr ehre, seine Autorität annehme und in all ihrem Tun seine Wünsche erfülle« (Maimonides, Kodex, Ischut, »Ehebeziehungen« 15,19–20).

Der *Mann* hat gegenüber der Frau und ihren Nachkommen zehn Pflichten und vier Rechte. Die *Pflichten* sind: für ihren Unterhalt zu sorgen; für ihre Wohnung und Kleidung zu sorgen; Sexualverkehr; das im Ehevertrag, der Ketubba, abgemachte Vermögen für sie bereitzuhalten; für ärztliche Behandlung und Krankenpflege zu sorgen; sie aus Gefangenschaft auszulösen; sie würdig zu beerdigen; für ihr Wohnrecht in seinem Haus vorzusorgen, solange sie Witwe ist; für die Töchter aus der Ehe aus seiner Hinterlassenschaft zu sorgen, bis sie verlobt oder mündig sind; dafür zu sorgen, daß die Söhne aus der Ehe die Ketubba ihrer Mutter erben, als Zusatz zu ihrem Pflichtteil aus seinem Nachlaß, der mit Söhnen aus anderen Ehen zu teilen ist. Die *Rechte* des Ehemanns sind: Nutznieß von der Arbeit seiner Frau, von gelegentlichen Einkünften oder Funden, Zinserträge ihres Vermögens, und er ist ihr Erbe.

Die *Frau* hat folgende *Anrechte*: auf Unterhalt entsprechend dem ihr gewohnten Lebensstandard einschließlich Wochengeld für ihre privaten Bedürfnisse, auch während seiner längeren Abwesenheit; Kleidung und Wohnung, wobei Umzüge in Übereinstimmung zu geschehen haben; regelmäßiger Sexualverkehr, wobei seine oder ihre Weigerung legale Scheidungsgründe sind (seine oder ihre »Rebellion«); die Auszahlung der Ketubba-Summe bei Auflösung der Ehe (eine Einrichtung der frühen Rabbinen, um leichtsinnige Scheidungen zu vermeiden). Es ist ihre *Pflicht*, Hausarbeiten zu verrichten, die in ihrem Umfeld als Mädchen üblich waren, nicht jedoch solche, die in seiner Familie üblich sind, falls es unter ihrem Standard ist. Verweigert sie Eigenarbeit, zieht er das Gehalt für Angestellte von ihrem Unterhalt ab. Sie muß nicht für Haushaltsschäden aufkommen. Der Mann kann nicht von ihr verlangen, außerhalb des Hauses Geld zu verdienen. Falls sie jedoch selbst arbeitet, muß er ihr keinen Unterhalt zahlen. Ihre Mitgift besteht aus »Besitz der eisernen Schafherde« (*nichsé zon barsel*), mit dem er Handel betreiben darf, ohne daß ihr

Recht darauf erlischt, aus »Pflückbesitz«, (nichsé melog), deren Kapital sich je nach Marktwert verändert, und aus Schenkungen, die sie nach der Ehe von Dritten erhielt, auf die er keinerlei Anrecht hat. Jedoch darf der Mann die Erträgnisse nicht für sich allein benutzen, sondern für den gemeinsamen Haushalt.

Außerhalb des Staates Israel nehmen die meisten Juden die staatlichen Gesetze für ihre Eheverhältnisse an. Eine Minderheit richtet sich weitgehend nach dem traditionellen jüdischen Recht. In Zweifelsfällen hat das Staatsgesetz Vorrang, sofern keine religiösen Belange dadurch verletzt werden.

Im Staat Israel sind die Angelegenheiten durch das Gesetz der Gleichberechtigung der Frauen, 1951, geregelt. Auch hier hat das Staatsgesetz Vorrang. Bezüglich des Besitzes der Ehepartner erklärte das Oberste Gericht, daß die Eheschließung in keiner Weise die Rechte der Partner auf Besitz und Nutznießung verändert (Schereschewsky 1974).

Die Ketubba – die Eheverschreibung

Diese Urkunde in aramäischer Sprache besteht in fast unveränderter Form seit früher Zeit. Um Verwechslungen auszuschließen, werden die Namen der Ehepartner und ihrer Väter, sowie auch der Name der Ortschaft mehrfach eingefügt. Das jüdische Datum wird benutzt. Festgehalten ist, daß der Mann die Frau nach ihrer Einwilligung fragte und sie diese gab. Die Heirat erfolgt nach den Gesetzen Moses und Israels und nach der Art jüdischer Männer, »die ihren Frauen dienen (oder: für sie arbeiten), sie ehren, ernähren und versorgen«. Auch verpflichtet er sich zum Sexualverkehr. Die ihr zukommenden Gelder (bei Scheidung oder Tod) sind zu begleichen aus seinem besten Besitz, er ist sogar »mit dem Mantel auf meiner Schulter« dazu verpflichtet, und ebenso seine Erben. Jeder künftige mobile und immobile Besitz ist dazu zu verwenden. Zwei Zeugen unterschreiben die Ketubba, um jeden Mißbrauch auszuschließen. Freilich kann auch ein solcher stattfinden, obwohl es kaum Erwähnungen davon gibt. Jedoch ging vor ein paar Jahren durch die israelische Presse ein Fall, in welchem dem Rabbinatsgericht bekannte Zeugen garantierten, ein Paar genau zu kennen. Sie wurden rechtmäßig jüdisch getraut. Später stellte sich aber heraus, daß es Mitglieder einer amerikanischen christlichen Sekte waren, die sich so als Juden legitimieren wollten (wofür es in der Regel andere Wege gibt!).

Die Ketubba wurde zum Sinnbild der jüdischen Ehe. Sie ist einer der beliebtesten Gegenstände der jüdischen Kalligraphie und Miniaturenmalerei. Verwendet wird oft der jeweilige Modestil der Umwelt. Der Text befindet sich in einer handgemalten Umrahmung. Heutzutage gibt es auch mehr oder weniger künstlerische Vordrucke. In den letzten Jahrzehnten haben sich viele jüdische Kunstgewerbler auf die individuelle Herstellung von Ketubbot spezialisiert. Sie werden wie in früheren Zeiten von jungen Paaren gerahmt an die Wand gehängt. Als einziges religiöses Dokument kann die Ketubba auch von Frauen geschrieben werden, so daß ein neuer Ansporn entstand. Das zeigt im übrigen, daß wir uns vor Prophezeiungen hüten sollen: Eine Kunsthistorikerin meinte, daß durch die gedruckten Formulare diese Kunst untergehe (R. Wischnitzer-Bernstein 1932). Für historische Ketubbot gibt es Beispiele in Bildbänden (D. Davidovitch 1968). Anregungen für die Gestaltung, sowie den traditionellen Text und nicht-orthodoxe Varianten, bringt u. a. The Jewish Catalog (Siegel, Strassfeld, Strassfeld 1973). Ausstellungen heutiger Künstler zeigen Muster ihrer Ketubbot. Gern werden mittelalterliche Kunsttechniken wie die Verwendung von Blattgold dabei benutzt. Andere schreiben ihren Freunden »alternative«, fröhlich-bunte Dokumente ohne großen Aufwand (siehe Einband, Catalog).

Mit der Einführung egalitärer Trauungen wurden experimentelle Texte für diese selbst wie auch für die Ketubba entworfen. Die Eheschließung nach dem jüdischen Recht ist nicht vom Wortlaut der Ketubba abhängig, so daß die *Pflichten* der Frau ebenso eingefügt werden können, wie 2000 Jahre lang ihre *Rechte*. Die Diskussion dazu ist ein wichtiger Abschnitt in der jüdischen feministischen Theologie. Das betrifft zudem auch die Zeugen, die in der Tradition stets Männer sind, sowie den Rabbiner, der heute außerhalb der Orthodoxie auch eine Frau sein kann.

Eine eigene Entwicklung gibt es in der säkularen Kibbuzbewegung. Hier findet erst die offizielle Trauung statt mit staatlichem orthodoxem Bezirksrabbiner und traditioneller Ketubba mit zwei männlichen Zeugen. Danach erfolgt die säkular-humanistische Feier mit entsprechender Ketubba. Die Paare und ihre Freunde arbeiten örtlich verschiedene Texte aus. Diese klingen an traditionelle Formeln an, verwenden viele Bibelverse und beruhen auf der Gleichheit der Partner. Eine neue Kette der Tradition kommt dabei zu Wort – von Eltern zu Kindern; vorangegangene Paare empfangen das neue Paar. Der Text kann beginnen: »Nach langem gemeinsamem Leben wollen (Name der Frau) und (Name des Mannes) nunmehr das Bündnis der Ehe schließen«. (Die Materialen aus vielen Kibbuzim befinden sich im Feiertage-Archiv der Kibbuzbewegung in Beth-Haschitta. Ich danke dessen Leiter Arje Ben-Gurion für seine freundliche Hilfe.) Auch in den israelischen nicht-orthodoxen Gemeinden gibt es eine private Eigenentwicklung.

Sexualität

Zur ganzheitlichen jüdischen Sicht der Menschen gehört das Ernstnehmen der Sexualität. Daher hat diese ihren Raum in den Lebensordnungen des Familienrechts. Sexuelle Erfüllung ist ein wichtiger Teil der ehelichen Partnerschaft. Hier treffen sich die Begriffe »Glück« und »Recht« in besonders intensiver Weise. Es wird als göttliches Gebot verstanden, daß der Mann seine Frau »erfreut« (Dtn 24,5). Das wird im Talmud als ihre sexuelle Freude erklärt (Pessachim 72b). Dabei geht es um das Recht auf den Orgasmus. Ein Grundrecht der Ehefrau ist der regelmäßige Beischlaf (Ex 21,10). Das gilt auch dann, wenn die Frau keine Kinder (mehr) gebären kann. Ein verbreitetes rabbinisches Handbuch für Ehemänner (12. Jhd.) empfiehlt Liebe, Zärtlichkeit und Gespräch als Vorspiel. Ein Mann, der sich zu sehr beherrscht, könnte das Gebot des Erfreuens vernachlässigen (Feldmann 1968; Navè Levinson 1984). Das Büchlein dient bis heute als Geschenk für orthodoxe Bräutigame. Eine solche Szene bringt auch Barbara Streisands Film »Yentl«.

Ist es denn kein Widerspruch zu dem Gotteswort an Eva: »Deinen Mann begehrst du, und er wird dich beherrschen« (Gen 3,16)? Es kommt immer darauf an, wie eine Tradition mit dem Schriftwort umgeht. Nach dem Talmud ist gemeint, daß der Mann sich nach den sexuellen Wünschen seiner Frau richten soll (Bab. Talmud, Eruwin

100 b). Kirchenleute wußten offenbar, daß aus vielerlei Gründen der Talmud »gefährlich« ist, steht er doch so oft gegen die gepredigte paulinische Leibfeindlichkeit. Es gibt im Judentum daher auch keine Trauformel, die der Frau Untertänigkeit empfiehlt. Hingegen heißt es im Trausegen als Bitte an Gott: »Erfreue die Liebenden wie einst dein Geschöpf im Garten Eden. Gesegnet bist du, der Bräutigam und Braut froh sein läßt«. Ein wichtiger Teil der Sexualbeziehung ist der traditionelle regelmäßige Wechsel von Intimität und Distanz, entsprechend dem Biorhythmus der Frau. Die sich danach richten, betonen, daß sich dadurch ihre jahrzehntelange Freude aneinander vertieft (siehe »Kultische Reinheit und Unreinheit«).

Auch die sexuelle Phantasie ist Gegenstand des Nachdenkens. Weder Mann noch Frau sollen »aus einem Glas trinken und auf ein anderes schauen«, auch nicht an Orten und Zeiten, wo ein Mann zwei Frauen haben konnte (Ch. D. Halevy 1986, Bd. 5,101). Überlieferte Verhaltensweisen wie diese führten zur sprichwörtlichen Harmonie der jüdischen Familie. Sie können durch andere ethische Einübungen ersetzt werden, sind freilich oft genug ersatzlos weggefallen. Dies führte zu einer neuen Suche nach Sexualethik (Rubenstein 1966; Borowitz 1969) oder Beschäftigung mit den Quellen. Verbunden damit ist die Kritik an der legalisierten Einehe und das Ringen um Anerkennung der neuen Partnerschaftsformen, wie sie durch JuristInnen und sexuelle Minderheiten zunehmend gefordert wird.

Familienplanung

Das biblische Gebot »Seid fruchtbar und mehret euch« (Gn 1,28) wird im jüdischen Recht als Verpflichtung des Mannes verstanden. Das bedeutet, daß die Frau aus verschiedensten Gründen Verhütungsmittel gebrauchen darf, jedoch nicht der Mann – bis auf Ausnahmefälle. Wie in anderen alten Kulturen waren orale und mechanische Mittel bekannt, ebenso die Rhythmus-Methode. Diese Maßnahmen wurden benutzt, wo es aus medizinischen Gründen für die Frau nötig war. Daher war notfalls auch die Abtreibung erlaubt, denn das Leben der Mutter hat Vorrang. Ebenso ist eine Frau nicht verpflichtet, die Frucht einer Vergewaltigung auszutragen. Die seelische Gesundheit wird ebenfalls berücksichtigt (D. Feldman 1968; ST 97). Andererseits wurde stets alles getan, um erwünschte Kinder zu zeugen. Das betrifft alle ethisch zulässigen heutigen Methoden (F. Rosner 1972). Die *Adoption* ist ein weiterer Weg. Ursprünglich ist sie nicht im jüdischen Recht bekannt, wurde jedoch in der Form der Vormundschaft ermöglicht. Im *Staat Israel* wurde die Adoption 1960 durch Gesetz eingeführt. Personen über 18 Jahren können nicht adoptiert werden (Schereschewsky 1974). Mit der Verbreitung der Pille gibt es auch in Israel kaum Kinder zur Adoption. Daher adoptieren israelische Ehepaare wie Europäer und Nordamerikaner oft Kinder aus der Dritten Welt. Diese werden in das Judentum aufgenommen und sind – wie auch alle Proselyten – Teil des jüdischen Volkes. Die nicht-orthodoxe Mehrheit führt ihre Familienplanung nach eigenen Kriterien durch. Diese kann ebenso zum Verzicht wie zur Entscheidung für zahlreiche Kinder führen.

Einehe und Mehrehe

Nach biblischen Vorbildern ist es der Frau untersagt, zu gleicher Zeit mehr als einen Mann zu haben. Jedoch kann sie nach einer Scheidung oder dem Tod ihres Mannes wieder heiraten (Ausnahmen siehe unten). Das ist mehr, als in manchen Religionen der Frau möglich ist. Der Mann darf gleichzeitig mehrere Frauen haben. Zwar finden sich dabei biblisch nach der Stammväterzeit mit Ausnahme der Könige keine Beispiele, und im Talmud wird niemand genannt, der zugleich mehrere Frauen hatte. Dennoch war dies oft eine soziale Realität in Ländern, deren Staatsgesetze es ermöglichten. Aschkenasische Juden (deren Herkunft von nördlich der Alpen ist), dürfen laut rabbinischem Gesetz (11. Jhd.) in der Regel nicht mehr als eine Frau zugleich haben. Dies traf jedoch nicht für die sefardischen Juden, die aus Spanien stammen, und die orientalischen Juden zu, denn da sie im islamischen Kulturkreis lebten, gehörte die Möglichkeit mehrerer Ehefrauen zu ihrem Familienbegriff. Mit Zustimmung der meist schon älteren Ehefrau durfte eine weitere geheiratet werden, die der Familienmutter zur Seite stand. Dadurch wurden im übrigen zahlreiche Fälle gelöst, die sonst zu einer Scheidung mit Rückgabe des Frauenbesitzes geführt hätten. Bei der Einwanderung der jemenitischen Juden in den Staat Israel gab es mehrfach solche Fälle, auch heimliche Trauungen in der ersten Einwanderergeneration. Will eine Frau die Mehrehe bei der Eheschließung vermeiden, so wird dies ausdrücklich im Ehevertrag aufgenommen. Gibt es jedoch schwerwiegende Gründe für den Mann, z. B. bei unheilbarer Krankheit der Frau, so kann er mit einer besonderen rabbinischen Genehmigung eine zweite Ehe eingehen, ohne der ersten Frau eine Scheidung zuzumuten. Dies wurde auch im Staat Israel als gültig anerkannt. In allen anderen Fällen ist die Mehrehe nach dem Bigamie-Gesetz (1959) für israelische Staatsbürger jeder Religion strafbar (Schereschewsky 1974). 1987 erfolgte eine Eingabe moslemischer Staatsbürger, die um Erleichterungen baten, um mehrere Frauen zu heiraten.

Den Vergewaltiger heiraten?

Biblische Vorschriften wirken oft bestürzend. Es ist daher notwendig, die jüdische Auslegung und tatsächliche Handhabung zu untersuchen. Ein solcher Fall betrifft die Vergewaltigung eines nichtverlobten jungen Mädchens: Der Mann muß ihrem Vater Entschädigung zahlen, sie heiraten und darf sich niemals von ihr scheiden lassen (Dtn 22,28–29). Steigen da nicht Schreckensbilder eines steten Martyriums vor uns auf? Wird dieser Rohling sich überhaupt je um seine Pflichten und ihre Rechte kümmern? Wird das Trauma sich nicht ständig wiederholen? Wie kann man ihr helfen? Was ist eigentlich *ihre* Entschädigung?

Die Rede ist hier von einem »jungen Mädchen«. Diese Bezeichnung meint im jüdischen Recht das Alter zwischen zwölf Jahren und einem Tag und zwölfeinhalb Jahren. Nach dem Wiedergutmachungsrecht zahlt er Entschädigung für Schmerz, »Wertminderung«, Heilung und Beschämung, die je nach den Umständen bemessen werden (vgl. »Gewalt in der Familie«). Ist sie etwas älter, entfällt die biblische Grundsumme, aber es kommen die anderen Zahlungen hinzu. Als Vergewaltigung rechnet jeder gewaltsam begonnene Beischlaf, auch bei sog. Nachgeben des Mädchens. Jeder Beischlaf mit einer Minderjährigen bis zwölf Jahre gilt nach diesem Recht als Gewalt. Das Mädchen oder ihr Vater können die Heirat verweigern.

Im Staat Israel ist die Ehe in solchem Fall laut Gesetz von 1950, 1960 nicht erzwingbar; das Mindestalter für Ehen ist 16 Jahre. Die Entschädigung wird vor dem Zivilgericht nach den entsprechenden Gesetzen des Staates verhandelt. (B. Schereschewsky 1974, Rape, dort alle Quellen.)

Ehebruch

In den Zehn Geboten wird ausdrücklich der Ehebruch untersagt (Ex 20,13). Heute verstehen wir darunter die Verletzung der gemeinsamen Intimität durch einen der Partner. Konkret war das Verbot jedoch einseitig und bezog sich auf sexuelle Beziehungen der Frau mit einem anderen Mann als ihrem Gemahl. Die darüber verhängte Todesstrafe – erst durch den Mann selbst, jedoch bereits in biblischer Zeit durch das Gericht aufgrund von Zeugen – wurde hin und wieder durchgeführt. Sie betraf beide Schuldigen (Dtn 22,23–24). Bei einer nicht bezeugbaren Verdächtigung der Frau fand das sogenannte Gottesurteil durch das Trinken des »Bitterwassers« statt (Num 5,11–31). Es gab der Unschuldigen die Möglichkeit, öffentlich als solche erkannt zu werden. Wir wissen nicht, wie oft es durchgeführt wurde. Da Asche vom Tempelaltar dafür verwendet wurde, hätte das Ritual nach dessen Zerstörung im Jahre 70 n. geändert werden müssen. Es wurde jedoch abgeschafft, weil die Männer sich zu vieler Sexualvergehen schuldig machten und daher das Recht verwirkt hatten, Frauen zu verurteilen: »Unsere Meister lehrten: ›Und der Mann ist frei von Schuld‹ (Num 5,31) – ist der Mann schuldlos, prüft das Wasser seine Frau, ist er nicht schuldlos, prüft das Wasser nicht seine Frau« (Traktat Sota, ›Verdächtigte Frau‹, Mischna 9,9 und Babyl. Talmud, 47a). Zudem wurde gelehrt, daß Gott in dem Ritual seinen heiligen Namen auslöschen ließ, um Frieden zwischen den Ehepartnern zu schaffen (Midrasch Dtn Rabba, Schoftim 5,15, u. ö.). Jedoch können wir deshalb nicht die Strafen der Frau für nachgewiesenen Ehebruch verharmlosen: Bis heute kann sie in der Orthodoxie nach der erforderlichen Scheidung nicht ihren Geliebten heiraten!

Im Gegensatz zu ihr ist dem Mann die sexuelle Beziehung zu anderen Frauen erlaubt, die keine Ehefrauen im Sinne des jüdischen

Rechts sind. – Es steht Juden frei, sich nicht nach orthodoxen Regeln zu richten. Die meisten nehmen die Gesetze der jeweiligen Staaten als ihre Richtlinien an. Im *Staat Israel* wurde 1955 ein Ausweg geschaffen, indem Menschen, deren neue Ehe nach der Halacha, dem jüdischen Religionsgesetz, »nicht sein darf«, die aber durchaus besteht, für alle praktischen Zwecke als Eheleute betrachtet werden (Abramov 1976, 179–189). Ein orthodoxer Abgeordneter erklärte zum gesamten Problemkreis: »Die Trennung von Religion und Staat wird den Weg für eine Auseinandersetzung zwischen den beiden öffnen, ihren Kampf um die Herzen der Menschen ... Wenn Religion frei und emanzipiert ist, kann sie der säkularen Realität begegnen, und dieser Kampf wird ihr geistiges, erzieherisches und gesellschaftliches Ansehen verbessern« (dort 198). Leider hat das bis heute nicht stattgefunden. Die gesetzgebende Körperschaft muß nach wie vor Kompromisse mit einer orthodoxen Religionsvertretung schließen, die zur Koalitionsbildung bei einem Vielparteiensystem stets nötig war.

Gelübde von Töchtern und Frauen

Im Judentum werden Gelübde sehr ernst genommen. Daher fügen viele, die hebräisch oder jiddisch sprechen, bei dem Planen von Vorhaben traditionellerweise hinzu *bli Neder* – »ohne Gelübde«. Auch wenn dabei nicht Gottes Name angerufen wird wie bei einem Schwur, bleibt die Verpflichtung durch Gelübde bestehen. Daher gibt es eine biblische Zusammenfassung (Num 30,2–17). Mann und Frau sollen Gelübde und Schwur einhalten. Hört ein Vater seine minderjährige Tochter und schweigt dazu, bleibt es bestehen. Wenn er Einspruch einlegt, ist sie nicht dazu verpflichtet. Ebenso verhält es sich hinsichtlich der Ehefrau. Gottes Vergebung ist ihr dabei gewiß. »Jedes Gelübde und jeder Schwur der Entsagung zur Kasteiung des Leibes – ihr Mann kann ihn bestätigen und ihr Mann kann ihn brechen« (Num 30,14). Eine Geschiedene und eine Witwe muß ihre Gelübde einhalten.

Gelübde, hebräisch *Nedarim*, ist der Traktat in Mischna und Talmud, der sich mit allen Möglichkeiten befaßt. Er enthält elf Kapitel, von denen neun sich vorwiegend mit den Gelübden von Männern beschäftigen. Als Gelübde wird das Versprechen bezeichnet, freiwillig auf erlaubte Dinge, besonders Genüsse, zu verzichten – für einen Tag, längere Zeit oder immer. Jugendliche können bei Verstehen der Belange ein Jahr vor der religiösen Mündigkeit Gelübde eingehen – also Mädchen mit elf Jahren und Jungen mit zwölf. In diesem Kontext wird die gottgegebene vorrangige Verständigkeit der Frauen seit der Schöpfung erwähnt (Nidda 45 b).

Weder Mann noch Frau können die gegenseitigen Rechte und Pflichten durch einseitige Gelübde verletzen, jedoch bleibt beiden breiter Spielraum. Wegen der Grundpflicht des Mannes, für Nahrung und Gesundheit seiner Frau zu sorgen, hat er die Mitverantwortung, falls sie gesundheitsschädliche Verzichte eingeht oder etwa nur ausländischen und ihm unerreichbaren Wein zu trinken gelobt, nur Obst aus Übersee u. ä. Das ist der Grund für sein Einspruchsrecht.

Von einem gleichberechtigten Verständnis her ist jedenfalls zu sagen, daß die einst sinnvollen Bestimmungen heute kaum noch allgemein verpflichtend sein sollten. Wie bei den meisten anderen Dingen handelt es sich um eine freiwillige Annahme von Traditionen durch jüdische Gruppen. Männer brauchen für die Außerkraftsetzung eines Gelübdes einen Fachausschuß. Später wurde eine gemeinsame Zeremonie eingeführt, *Kol Nidré*, »Alle Gelübde«, die von den Gemeindegliedern vergessen oder nicht erfüllt werden, gelten als hinfällig. Diese Zeremonie ist vielerorts der Beginn des Versöhnungstages, Jom Kippur. Sie erlangte in der Inquisitionszeit eine ganz besondere Bedeutung und bezog sich auch auf die erzwungenen Versprechen der Betreffenden oder ihrer Vorfahren, das Judentum aufzugeben. Die damit verbundene feierliche Melodie ist für viele eine wichtige Wurzel ihres Judeseins. Auch Nichtjuden wie der Komponist Max Bruch liebten sie. Er verfaßte ein Musikstück dazu (I. Elbogen 1931, 153).

Die Scheidung

Seit biblischer Zeit gilt die Regel, daß eine mißglückte Ehe kein Gefängnis sein soll. Um sie aufzulösen, bedarf es eines Dokumentes. Der »Scheidebrief« ist bereits in Dtn 24,1–2 festgelegt. Sogar in Zeiten, die noch nicht alle Feinheiten des Rechtsschutzes kannten, war es notwendig, der Frau eine Wiederverheiratung zu ermöglichen. Uns kann allerdings kaum gefallen, daß die Scheidung dort begründet wird, »wenn der Mann etwas Schändliches an ihr findet«. Das wurde z. B. im englischen Recht bis vor kurzem wörtlich genommen – zu einer Scheidung mußte, notfalls als legale Fiktion, durch Zeugen bewiesen werden, daß die Frau sich etwas zuschulden kommen ließ. Erst die neue britische Gesetzgebung hat dies geändert. Die Mischna-Meister diskutierten vor 2000 Jahren, wie die Scheidung in allen Einzelheiten vor sich geht. Sie zählten die Gründe für Männer und für Frauen auf. Die Ausstellung des Scheidebriefes wurde als feierliche Zeremonie festgelegt, so daß niemand dies als eine Art Gesellschaftsspiel betreibe. Ein solches ist z. B. im islamischen Recht gestattet: »Für die Frau, die eine Ehe auf Zeit geschlossen hat, z. B. für einen Monat oder ein Jahr, ist die Ehe automatisch nach Ablauf dieser Zeit beendet oder zu irgendeinem anderen Zeitpunkt, wenn der Mann sie vom Rest ihrer Verbindung dispensiert. Hierfür sind keine Zeugen nötig. – Eine Frau ab neun Jahren und bis zum Klimakterium darf erst nach 45 Tagen wieder heiraten« (Khomeini 1980, 130).

Scheidungen müssen nach allen Seiten hin bedacht sein. In der Tempelzeit hieß es: »Wenn ein Mann sich von der Frau seiner Jugend scheidet, vergießt sogar der Altar Tränen« (Babyl. Talmud, Gittin, »Scheidebriefe«, 90b). Aufgrund des Bibelverses muß der Mann der Frau den Scheidebrief ausstellen lassen und überreichen, nicht aber umgekehrt. Trotz aller Gesetzesänderungen des traditionellen Judentums blieb dieses bestehen. Es war die Reformbewegung, die die volle religiöse Gleichberechtigung der Frau verlangte und durchführte. Im *Staat Israel* sind für jüdische Ehepartner die orthodoxen Ehestandsgesetze bestimmend. Jedoch haben die Rabbinatsgerichte eine wichtige Neuerung eingeführt, nämlich eine angemessene finanzielle Kompensation für Frauen, die nach der Tradition keinen solchen Anspruch haben. Seit 1969 können entgegen früheren Bestimmungen auch Mischehen zwischen Juden und Nichtjuden durch den Präsidenten des Obersten Gerichts aufgelöst werden. Unterhaltsforderungen aus Mischehen werden im Zivilgericht nach dem internationalen Privatrecht behandelt. In Ländern mit *katholischem* Staatsrecht ist eine Scheidung für Juden ebenfalls unmöglich. Das betraf 1970 fünfzehn Länder. In einigen davon wie Spanien und Italien hat sich das geändert, in anderen, wie Irland bis 1991 nicht (Scheftelowitz 1970, 150).

Eine Scheidung kann ohne Gerichtsverhandlung aufgrund des gegenseitigen Einverständnisses erfolgen. Dazu ist es nicht notwendig, das Zerrüttungsprinzip anzuführen. Das Rabbinatsgericht sorgt für die ordnungsgemäße Ausstellung und Übergabe des Scheidebriefes, des *Get*. Er wird nach genauen Regeln durch einen Tora-Schreiber ausgeführt. Bei Forderung der Scheidung durch eine der Seiten prüft das Gericht, ob die Gründe ausreichen, um den Mann zur Ausstellung und die Frau zur Annahme des Get zu verpflichten. Im Talmud heißt es, daß die Frau mit oder ohne ihre Zustimmung geschieden wird (Jewamot 112b). Das Kollegium des Rabbi Gerschom aus Mainz (11. Jhd.) führte das Gesetz ein, daß die Zustimmung der Frau notwendig ist. Dies wurde auch von den sefardischen und orientalischen Gemeinden angenommen, allerdings nicht vor dem 16. Jh. Im Kodex des Josef Karo, Schulchan Aruch (3,119,6) wird noch die Scheidung ohne Zustimmung angenommen. Erst der Zusatz des Moses Isserles (dort) bringt die Änderung hinein.

Scheidungsgründe der Frau sind physischer oder ethischer Natur: abstoßende Krankheiten, Ansteckungsgefahr, Impotenz, Zeugungsunfähigkeit mit daraus folgender zehnjähriger Kinderlosigkeit – falls diese Mängel ihr vor der Hochzeit unbekannt waren bzw. sich verschlechtert haben. Die Frau hat nicht nur Anspruch auf Kinder, sondern vor allem auf sexuelle Erfüllung, auch wenn sie bereits Kinder aus einer früheren Ehe hat oder nicht mehr im Gebäralter ist. Weitere Gründe sind ungebührliches Verhalten ihr gegenüber, Verstöße gegen die Grundregeln der Ehe, Untreue, und Verstöße gegen die von ihr eingehaltenen Gebote der Abstinenz während und nach der Menstruation. Das Gericht versucht zunächst, auf ihn einzuwirken, sein Verhalten zu ändern. Wo es die Befugnis dazu hat, zwingt das Gericht den Mann zur Scheidung. – *Scheidungsgründe des Mannes* betreffen ebenfalls Zustände, die das Sexualleben behindern, falls der Mann dies nicht vorher wußte und einverstanden war. Bei seinem nachweislichen Wunsch nach Kindern besteht die Scheidungsmöglichkeit. Die Frau kann zur Scheidung gezwungen werden, wenn sie bösartig den Mann zur Übertretung der von ihm gehaltenen Speisegesetze und der monatlichen Abstinenz irreführt. Nachgewiesener Ehebruch ist ein Scheidungsgrund.

Zwang darf nur durch das Gericht ausgeübt werden, nicht durch die Betroffenen oder Dritte. Geistige Verwirrung schließt die Möglichkeit einer Scheidung aus, da hierzu beiderseitige Willensakte notwendig sind: Nicht das Gericht scheidet, sondern die Vertragspartner lösen ihre legale Beziehung auf. Die Durchführung ist auch durch Beauftragte möglich. In Ausnahmesituationen kann der Mann einen Konditional-Get ausstellen lassen, um die Lage seiner Frau bei Verfolgung oder Krieg zu erleichtern (Schereschewsky 1974).

Probleme
Die religionsgesetzliche Scheidung bleibt trotz aller Verbesserungen bis auf den heutigen Tag einseitig zu Gunsten des Mannes: Die Frau kann den Scheidebrief nicht von sich aus ausstellen lassen. Das Gericht muß Mittel finden, um den Mann dazu zu zwingen. Diese Gewalt hat die Jurisprudenz jedoch kaum noch irgendwo außerhalb des Staates Israel, und auch dort ist sie begrenzt. Der Ehevertrag der Konservativen hat einen Zusatz, daß bei böswilliger Weigerung einer der Seiten nach der Zivilscheidung das Rabbinat als Beauftragter gilt, der den Get ausstellt. Im Reformjudentum sieht man die Zivilscheidung als genügend an. Juden außerhalb Israels, die keiner religiösen Richtung gehören, begnügen sich ohnehin mit der Zivilscheidung.

Im Zusammenhang mit neuen oder wiederentdeckten Riten, besonders in Frauengruppen, ist jedoch der psychologische Sinn der Get-Zeremonie als kathartisches Moment zu überlegen. Die Rekonstruktionisten führten 1980 einen egalitären Get ein: Die Frau forderte und erhielt ihn vom Rabbinatsgericht der Bewegung und übergab ihn dem Mann. Die orthodoxe Wortführerin Blu Greenberg schlug als einfache Lösung für die Orthodoxie vor, eine rabbinische Verordnung einzuführen, die das ebenfalls ermöglicht (beides bei S. Weidman Schneider 1984, 363). Das ist jedoch trotz zahlreicher rabbinischer Stimmen noch nicht durchführbar.

Folgerungen im traditionellen Recht.
Ein Priesterstämmling, Kohen, darf keine Geschiedene heiraten. Eine neue Ehe einer nur standesamtlich Geschiedenen ist in der Orthodoxie nicht möglich, da sie religiös weiterhin als verheiratet gilt. Ihre neuen Kinder gehören der biblisch definierten Kaste der *Mamserim* an – Sprößlinge aus einer verbotenen Verbindung. Falls dies bekannt wird (obwohl Rabbiner sich stets bemühten, keine Kenntnis davon zu haben), dürfen sie nur andere Mamserim oder Proselyten heiraten

(Schereschewsky 1974). Das Reformjudentum setzte im 19. Jh. beide Kasten außer Kraft, sowohl »Priester« mit ihren Nach- und Vorteilen als auch Mamserim. Diese sind im übrigen in jeder anderen Hinsicht vollberechtigte Juden (siehe unten).

Im *Staat Israel* protestieren Menschenrechtsgruppen gegen die Beibehaltung solcher Gesetze, die der modernen Auffassung von Menschenwürde widersprechen. Zwei weitere Probleme im Familienrecht sind die Verlassene und die kinderlose Witwe. Dabei handelt es sich um tausende von Fällen.

Die Verlassene (Aguna, die »Verankerte«)

Eine Frau, deren Mann verschwunden ist, ohne daß es Zeugen für seinen Tod gibt oder dieser aus den Umständen angenommen werden kann, bleibt verheiratet. Eine orthodoxe Wiederheirat ist ausgeschlossen, da sie als Bigamie gilt. So bleibt sie »verankert«. Seit Jahrtausenden bemühen sich die Rabbinen bzw. die heutigen Rabbiner, humane Lösungen zu finden. Dies gilt besonders dort, wo anzunehmen ist, daß es sich um böswilliges Verlassen handelt. Sie wollen das Gesetz nicht ändern, weil es Fälle gab, in denen ein Vermißter zurückkam und eine neue Ehe dann geschieden werden mußte, keiner der beiden die Frau heiraten darf und die Kinder Mamserim sind.

In solchen Fällen würde auch der konditionelle Get oder ein entsprechender Absatz in der Ketubba wenig nützen. Jedoch wäre abzuwägen, wieviel Leid vermieden werden könnte, wie selten ein Wiederauftauchen ist, dem keine vorangegangene Bösartigkeit vorausging. Es wäre der Grundsatz anzuwenden, der die Leitlinie des jüdischen Rechts ist: »Tue das, was recht und gut ist in den Augen des Ewigen« (Dtn 6,18). Das Reformjudentum und die Konservativen haben entweder ganz darauf verzichtet oder Auswege für ihre Mitglieder gefunden. Das nützt jedoch nicht den israelischen jüdischen Bürgern, für die das orthodoxe Recht gilt – ob sie es wollen oder nicht.

Die Schwagerehe
(Leviratsehe von lat. *levir*, Schwager)

Eine andere biblische Einrichtung ist die Bestimmung für eine kinderlose Witwe: Ein Bruder des Verstorbenen soll sie heiraten und ein
Kind auf den Namen des Toten benennen, damit sein Name Bestand
habe (Dtn 25,5–6). Tut er dies nicht, wendet sie sich an das Gericht,
um jemand anderen heiraten zu können. Die damit verbundene Zeremonie ist das Schuhausziehen als Zeichen der Verachtung, wobei vor
ihm ausgespien wird (25,7–10). Der Vorgang heißt *Chaliza*, Schuh-
lösen. Dafür wird ein besonderer Schuh benutzt, der sich in jüdischen
Museen und orthodoxen Rabbinaten befindet. Spätere Bestimmungen sagen, daß dies nicht notwendig ist, wenn der Tote keinen Bruder
von Vaters Seite hat, wenn er ein Kind aus einer anderen Ehe hat oder
ein Kind von ihm nach seinem Tod geboren wurde (Bab. Talmud,
Jewamot, Mischna 2,5, und 22b; Nidda, Mischna 5,3). Jedoch muß
die Witwe auf die Mündigkeit eines Bruders warten, der sogar noch
einen Tag vor dem Tod des Mannes geboren wurde, damit er sie heiratet oder befreit (vgl. Ruth 1,11).

Die Diskussion über Schwagerehe oder *Chaliza* – was zu bevorzugen
sei – füllte im Laufe der Jahrtausende zahlreiche Bände des jüdischen
Rechts. Bei Juden, die keine Bigamie kennen, wird die Befreiung vor-
gezogen, im islamischen Kulturkreis jedoch oft die Heirat. Der Staat
Israel untersagt letzteres (Schereschewsky 1974). Das Gesetz ist eine
schwere Belastung für tausende von jungen Witwen. Theologische
Gründe werden gegen Änderungen angeführt. Dies wird nicht nur von
Frauenrechtlerinnen bekämpft. Säkulare Israelis werden sich nicht um
solche Auflagen kümmern, da ihnen andere Lösungen offenstehen:
ein privater Ehevertrag, der vom Staat registriert wird, oder eine Ehe
im Ausland, die ebenfalls anerkannt wird. Wer jedoch als Israelin eine
neue Ehe in den eigenen Institutionen eingehen möchte, bedarf der
Freisetzung durch einen Schwager. Auch wenn er dazu bereit ist, bleibt
die langjährige Warteliste bei Gericht. Und für die kinderlosen Frauen
tickt die biologische Uhr.

Witwen und
Töchter im Erbrecht

In der Bibel und dem Talmud gibt es kein Erbrecht der Witwe. Statt dessen wurden ihr folgende Rechte zugestanden: Anteile am Besitz des Mannes, Mittel für ihren Verbrauch und Wohnrecht in seinem Haus bis zu Neuverheiratung oder Tod. Aus dem Nachlaß erhält sie ihre Ketubba (Eheverschreibung), die vereinbarten Zusätze zu ihrer Mitgift und ihr eingebrachtes Vermögen.

Im Mittelalter wurden Gesetze zum Wohl seiner Söhne geschaffen, damit diese ebenfalls zu ihrem Recht kamen, wenn sie die Wohlhabendere war. Töchter erben nur, wenn keine Söhne vorhanden sind (Num 27). Daher wurden nachbiblische Gesetze für sie geschaffen: »Stirbt ein Mann und hinterläßt Söhne und Töchter und das Erbe ist groß, so erben die Söhne und die Töchter erhalten ihren Bedarf. Ist der Besitz gering, so erhalten die Töchter ihren Bedarf und die Söhne gehen betteln« (Mischna Ketubbot 4,6; 13,3). Die Söhne müssen den Töchtern ihres Vaters die Mitgift geben, die mindestens ein Zehntel des väterlichen Erbes beträgt. In Deutschland wurde im Mittelalter die Schenkung eingeführt, die der Tochter die Hälfte eines Sohnesanteils überschrieb.

Im *Staat Israel* gilt das Erbfolgegesetz, 1965. Mann und Frau beerben einander. Das betrifft auch Rentenansprüche u. ä. in langjährigen Ehen ohne Trauschein (common law wife) und wurde nach der Einführung für Frauen auch auf Männer angewandt. Es gibt keinen doppelten Anteil des Erstgeborenen wie im traditionellen Recht. Söhne und Töchter erben gleiche Teile (S. Shilo 1974).

Ehehindernisse von Priesterstämmlingen

Ein Blick in Telefonbücher jüdischer Wohngegenden auch außerhalb Israels zeigt, wie viele Familien den Namen Kohen (Kohn, Cohn, Kahn, Kohnstamm) tragen. Sie leiten sich laut Familientradition von den biblischen Priestern ab. Andere solche Namen sind Katz (Abkürzung für Kohen-Zedek) u. ä. Viele führen jedoch auch völlig andere Familiennamen, und Kohen bleibt als Ehrenbezeichnung für bestimmte Rechte und Pflichten in der traditionellen Gemeinde.

Die Söhne dieser Familien unterliegen den biblischen und rabbinischen Ehebeschränkungen: Sie dürfen »keine Hure, keine Geschändete, keine Geschiedene heiraten« (Lev 21,7) und auch keine Frau, die ab drei Jahren in das Judentum aufgenommen wurde (Bab. Talmud, Jewamot 61 a; Schulchan Aruch 3,6,8). Für viele gilt heute die einstige Sanktion als Ausweg: Fand eine solche Heirat dennoch statt, geht der Kohen seiner Rechte verlustig (Aufruf als erster zur Schriftlesung, Segnen der Gemeinde, Mitwirken bei der Zeremonie des Auslösens des Erstgeborenen). Bei Nicht-Orthodoxen wurden diese Hindernisse abgeschafft, weil nach rabbinischer Aussage keine Gewähr für die wirkliche Abstammung dieser Menschen besteht und kein neuer Opfertempel mit Priesterdienst gewünscht oder erwartet wird.

Ehehindernisse von »Bastarden«

Nach biblischem Gebot darf kein *Mamser* eine Ehe mit einem »legitimen« Juden eingehen, und das gilt auch für seine / ihre Nachkommen (Dtn 23,3). Das schränkt jedoch nicht die anderen Rechte oder Pflichten als Juden ein: als Erben des Vaters, beim Aufruf zur Toralesung, usf. Die Mischna legt fest: »Ein Tora-gelehrter Mamser hat Vorrang vor einem unwissenden Hohepriester« (Horajot 3,5). Im jüdischen Volksmund heißt ein besonders gescheiter Mensch »Mamser« oder »Mamserkopf«. Das ist anerkennend und weit entfernt von der Übersetzung »Hurenkind« (Luther). Buber und andere übersetzen: »Bastard«. Das bedeutet: das Kind aus einer biblisch unerlaubten Verbindung wie Inzest oder Ehebruch. Heute geht es meist um Fälle, in denen eine religiös geschlossene Ehe zwar zivil geschieden wurde, nicht aber durch den religiösen Scheidebrief.

Für unser ethisches Verständnis findet hier etwas statt, das der prophetischen Ethik widerspricht: Kinder werden für Vergehen ihrer Eltern bestraft. Daher wurde diese »Kaste« ebenso wie die der Priester im Reformjudentum abgeschafft. Die Konservativen verzichten auf erschwerende Befragungen von Ehekandidaten. In der Orthodoxie bemüht man sich meist in ähnlicher Richtung. Aber wo es bekannt ist, dürfen Mamserim / ot nur innerhalb ihrer Kaste oder Proselyten heiraten. (Vgl. Jüdisches Lexikon 1928, 3, Art. Mamser; Schereschewsky 1974; EJ 1989, 361; 488.)

Gewalt in der Familie

Wer seinen Angehörigen Schaden durch Gewalttätigkeit zufügt, hat nach jüdischem Recht Wiedergutmachung zu zahlen. Diese wird seit der Mischna sehr ausführlich behandelt. Die Grundlage für dieses besonders fortschrittliche Rechtsgebiet sind die biblischen Verse über »Auge um Auge«, die die Schädigung von Schwächeren durch die Stärkeren beinhalten (Ex 21,22–27; Lev 24,17–22; Dtn 19,15–21). Der Grundsatz lautet: »Auge um Auge – das ist Entschädigung«. Sie bezieht sich auf fünf Bereiche: Wertverlust (durch Behinderung), Schmerz, Heilung, Verdienstausfall, Beschämung (Mischna Nesikin, »Schädigungen«, 8,1. – P. Navè Levinson 1976). – Das ständige Zitieren dieser Verse als Zeichen für den jüdischen Mangel an Nächstenliebe ist ein krasses Beispiel für Verleumdung. Hier liegt eine der vielen geschwisterlichen Aufgaben im Abbau von Vorurteilen.

Aufgrund der talmudischen Erörterungen lautet das Recht betreffs Angehörigen wie folgt (auszugsweise), im Kodex des Maimonides, »Schädigungen«, Kap. 4, »Gewalttäter«:

- Wer seine Frau beim Beischlaf verletzt, ist für ihre Schäden haftbar (4,17).
- Die Frau, die ihren Mann verletzt, zahlt ihm dafür aus ihrem Guthaben. Er kann sich auch scheiden lassen (4,18).
- Wer seine erwachsenen Söhne verletzt, die er nicht mehr verpflegt, zahlt ihnen sofort; minderjährige Söhne erhalten als Entschädigung Grundbesitz (4,19).
- Wer seine Tochter verletzt, zahlt für Schmerz, Heilung und Beschämung (4,14).

Auf Körperverletzung der Eltern stand biblisch die Todesstrafe (Ex 21,15). Sie wurde später wie alle Todesstrafen abgemildert (siehe *EJ* 1989, 152–3).

Der Begriff »Vergewaltigung in der Ehe« ist im Judentum Teil der Vorstellungen von der Würde der Person, die besonders im Intimbereich gewahrt werden muß: »Er soll sie nicht vergewaltigen und gegen ihren Willen den Verkehr ausüben, sondern mit ihrer Zustimmung und mit Gespräch und Freude« (Ch. Halevi 1976, 177).

Das Familienrecht: Kritik und Fragen

Für viele Männer und Frauen ist es von vornherein fraglich geworden, ob sie ihren Lebenssinn in überlieferten Formen finden. Ist ein unverheirateter Mensch wirklich unvollständig? Haben wir nicht erlebt, daß ledige, kinderlose Frauen Bedeutendes für die jüdische Erziehung getan haben? Dazu gehören Bertha Pappenheim (1859–1936) und Henrietta Szold (1860–1945), Denkerinnen und Retterinnen in schwerster Zeit (ST 146–153). Gegenwärtig gibt es einen hohen Prozentsatz jüdischer Singles. Wer die Autonomie der Menschen voraussetzt, wird den Lebensstil der eigenen Entscheidung überlassen, ohne zu werten.

Soziologische Umstände waren stets ein Faktor der Halacha, und es ist im einzelnen leicht nachweisbar, daß Änderungen für viele Lebensbereiche eingeführt wurden, besonders seit der industriellen Revolution. Geradezu angsterstarrt verhalten sich aber orthodoxe Rabbiner in Fällen von Frauen, denen keine Scheidung möglich ist. Das werfen orthodoxe Kritiker dem eigenen religiösen Establishment vor (E. Rackman 1983, Sh. Riskin 1989, E. Berkovits 1990). Dieses hält noch immer an der alten Regel fest, daß Frauen lieber schlecht verheiratet bleiben als geschieden zu sein. Das mag in manchen Fällen stimmen, in vielen anderen aber eben nicht. Die Halachisten haben niemals den biblischen Grundsatz uminterpretiert, daß *der Mann* den Scheidebrief »schreibt« (d. h. vom Gericht schreiben läßt). Das gleiche sollte für die Frau gelten. Das kann bereits im Ehevertrag festgelegt werden, wie es die Konservativen seit 1954 tun (Th. Friedman 1971). Es geht darum, nach einer Zivilscheidung den jüdischen Scheidebrief zu erhalten, um eine neue religionsgesetzliche Ehe eingehen zu können.

In Israel ist der Mangel einer solchen Klausel besonders gravierend, weil das orthodoxe Rabbinat die zuständige Behörde für jüdische Bürger ist.

Anlässe für Proteste von Menschenrechtlern und Feministinnen bieten auftauchende akute Fälle von Ehehindernissen für kinderlose Witwen und Priesterstämmlinge. Rabbinische Autoritäten bemühen sich seit Generationen um eine Lösung für die ersteren, ohne sich einigen zu können (M. Elon 1974, 407: Levirate Marriage). Auch deshalb wird in Israel die Einführung der Zivilehe gefordert. Vorkämpfer sind der emeritierte Oberrichter Haim Hermann Cohn und die Anwältin und Abgeordnete Shulamit Aloni. Für die meisten ist dies ein Gebiet, in welchem archaisches Denken und moderne Befindlichkeit am stärksten aufeinanderprallen. Denn es geht nicht darum, daß es prozentuell wenige sind, sondern um das Recht jeder Person auf die sinnvolle Gestaltung des eigenen Lebens im Rahmen der Gesellschaft. Oft sind Frauen betroffen, die Jüdinnen geworden sind und das Pech haben, einen Kohen heiraten zu wollen. Eine religiöse Trauung bei dem als Standesamt beauftragten Rabbinat in Israel ist nicht möglich. Orthodoxe Juristen weisen darauf hin, daß *jedes* Gesetz die Beschränkung des als illegal Definierten zur Folge hat. Aber das scheint uns nicht gut genug zu sein.

Feministinnen treten auch sonst für *benachteiligte Männer* ein. In Israel stehen Beratungsstellen für mißhandelte Frauen auch Männern offen, die von Frauen mißhandelt oder von Männern vergewaltigt wurden. Und viele sind gegen das traditionelle Gesetz, das die Religionszugehörigkeit matrilinear bestimmt. In Übereinstimmung mit den religiös-liberalen Richtungen meinen sie, daß auch Väter dieses Recht haben sollten.

Fragen zur Homosexualität

Die Bibel sieht die männliche Homosexualität als todeswürdiges Verbrechen an, ebenso den Sexualverkehr von Mann oder Frau mit Tieren. Diese Gebräuche zählen wie Inzest zu den ägyptischen und kanaanäischen heidnischen Kulten (Lev 18,2–5; 18,22–23). Weibliche Homosexualität wird nicht erwähnt, wurde jedoch im späteren jüdischen Recht als Teil jener Kulturen ebenfalls abgelehnt (Maimonides, Kodex, Ischut, »Ehebeziehungen«, Issuré Bi'a, »Verbotener Verkehr« 21,8; Halevi 1976, 145). Nach Abschaffung der meisten Todesstrafen seit der Zerstörung des Zweiten Tempels bestand stattdessen die bis in die Neuzeit übliche gerichtliche Prügelstrafe.

Homosexualität war bei Juden anscheinend wenig verbreitet. Daher wird sie im Kodex Schulchan Aruch nicht mehr genannt. Spätere Halachisten befaßten sich jedoch wieder mit ihr. Im orthodoxen Denken betrachtet man die Homosexualität noch immer als eine oft freiwillig gewählte Perversion oder Modeerscheinung und befürchtet daher einen schädlichen, die Familie und die Würde der Person bedrohenden Einfluß in der Gesellschaft (N. Lamm 1974). Allmählich beginnt hier und da in den nicht-orthodoxen Richtungen eine Sicht als nicht freiwillig gewähltes So-Sein eines bestimmten Prozentsatzes der Frauen und Männer in jeder Gesellschaft. Daher wird von verschiedenen Seiten die Anerkennung als Minderheit mit gleichen Rechten gefordert. Da diese meist verweigert werden, gründeten Homosexuelle und Lesbierinnen in den USA seit 1972 eigene Reform-Synagogen und führen private Trauungen gleichgeschlechtlicher Paare durch. Eine weitere Diskussion entstand, weil infolge der Änderung in amerikanischen Strafgesetzbüchern Homosexuelle sich nicht mehr aus Angst verstecken müssen und an den nicht-orthodoxen Rabbinerseminaren studieren. Die Reformrabbiner setzten 1986 eine Fachkommission ein. In dieser war eine Minderheit gegen die Ordination – die Betreffenden sollten sich möglichst erst nachher öffentlich zu ihrer Lebensform bekennen (Borowitz; in: S. Salkowitz 1989). Jedoch wurde im Sommer 1990 beschlossen, daß Homosexuelle und Lesbierinnen ordiniert werden, bei gleichzeitiger Betonung der Bedeutung von heterosexueller Familie und Erziehung (Presseberichte; CCAR Yearbook 1990). Aus der Reformbewegung in England war zu hören, daß homosexuelle RabbinatsstudentInnen des Leo Baeck College, London, bereits vor Jahren ungeachtet ihrer sexuellen Einstellung ordiniert wurden.

In den fortschrittlichen jüdischen Zeitschriften findet heute häufig eine offene und faire Diskussion zu diesem kontroversen und schwierigen Thema statt. Eine lesbische Anthologie ist ebenfalls erschienen (Evelyn Torton Beck 1982). Einen Überblick bringt S. Weidman Schneider (1984, 314–17) in dem Kapitel »Choosing Women«. Aufsätze von Homo- und Heterosexuellen enthält der Band von Christie Balka und Andy Rose (1989). Vermutlich ist die jüdische Haltung ebenso wie die der nichtjüdischen Mehrheit in westlichen Ländern vor allem davon abhängig, ob eine menschliche Offenheit mehr an Raum gewinnt. Insgesamt ist zu sagen, daß außerhalb Israels die Zugehörigkeit zu einer religiösen Richtung Sache der Wahl ist. Es muß selten jemand gegen den eigenen Willen orthodox, konservativ oder liberal denken, leben und Beiträge zahlen. Das mag manches erleichtern.

6. Lernprozesse

Ängste, Bewußtmachung, Umdenken

Menschliches Grundverhalten ist überall gleich. Das betrifft auch die Verunsicherung, wenn liebgewordene Gewohnheiten und Rollenspiele in Frage gestellt werden, in besonderem Maße betrifft dies alle Bereiche, in denen Frauen »plötzlich« gleiche Rechte und Pflichten fordern. Und wenn es bereits in Wirtschaft, Politik, Medizin, dem Rechtswesen und teilweise im Verteidigungsbereich dazu kommt, daß Frauen ebenso wie Männer studieren und ihnen Berufe mit Aufstiegsmöglichkeiten offenstehen, so bleiben Religionsbelange ein letztes männliches Vorrecht. Hier heißt es nun zweierlei tun: Einmal die Dinge beim Namen nennen, auch wenn das unbeliebt und unbequem ist, und zum zweiten, die theoretische Unhaltbarkeit innerhalb des Systems nachweisen und MitkämpferInnen für Änderungen dieser Theorien gewinnen. Das kann noch angsterregender sein als die vage Vorstellung, daß andere Wege überhaupt möglich sind.

Oft mögen Männer an sich zweifeln, wenn ihre Rollen sich als nicht ausschließlich erweisen. Ebenso geht es vermutlich Frauen. Dann wird ausgelacht, gehöhnt, gewitzelt. Es dauert manchmal lange, bis die dahinterstehenden Selbstzweifel und Unsicherheiten sich ändern. Hier ist ein Wort von Erich Kästner hilfreich: »Es gibt nichts Gutes außer man tut es!« Für Menschen, die historisch denken, ist es vor allem wichtig, die Vorbilder unserer Geschichte zu kennen. Ein solcher Lernprozeß kann das Wirken für die jüdische Gegenwart und Zukunft in vielen Belangen nachhaltig vertiefen.

Das Aufbrechen der Rollenspiele läßt sich in Werken jüdischer Autoren verfolgen. Bekannt wurde vor allem Isaak Baschewis Singers Erzählung »Jentl, der Jeschiwa-Bocher«, besonders infolge der von Barbra Streisand verfilmten und gespielten Fassung. »Jentl« ist ein Gegenstück zu Bashevis Singers älterer Schwester, Hinde Esther Kreitman (1891–1954), die bereits vor ihren berühmten jüngeren Brüdern Autorin war, aber sich teilweise dem Familienzwang beugen mußte. Ihr autobiographischer Roman »Deborah« erschien 1982 in London, übersetzt von ihrem in Tel Aviv lebenden Sohn Maurice Carr. Das gleiche Milieu der rebellierenden jungen Frauen in Osteuropa schilderte bereits 1860 Aron Bernstein in seiner Novelle »Vögele der Maggid« (Neuauflage 1934). Bernstein (1812–84) war ein Reformer und Vorkämpfer der Gleichberechtigung, sowie Begründer der *Berliner Volkszeitung*. Seine Vögele ist bereits mit 13 Jahren ein »Weiber-Maggid«, eine Predigerin: »Sie kämpfte ... mit allen Mitteln der Dialektik und ihrer reichen Gelehrsamkeit aus allen Werken der jüdisch-deutschen Literatur gegen die Argumente des Rabbi und ließ in ihrer Rede Streiflichter des Geistes über den Beruf der Frauen hören, die einer George Sand würdig waren« (S. 6).[*] Meine Eltern schenkten es mir, als ich so alt wie Vögele war, und drückten damit auch ihre Freude an meinen Interessen aus.

Sexismus und Sprache

Biblische und nachbiblische Autoren betonten die Verletzung und Heilung durch die Zunge, d. h. die Sprache. »Liebende Lehre ist auf ihrer Zunge«, heißt es vom Frauenvorbild (Spr 31,26) und von Männern: »Die Zunge der Weisen ist Heilung« (Spr 12,18). Sprache kann aber auch eine »Peitsche« sein (Hiob 5,21), ein »geschliffenes Schwert« (Ps 64,4) oder ein weitreichender »Pfeil der Lüge« (Jer 9,2). Verantwortliches Reden ist eine Voraussetzung für Harmonie und Frieden des Selbst, und Weisheit hat nichts zu tun mit manipulierendem, elitärem Aneignen von Wissen und damit *Herrschaft durch Sprache*. Oft sind es die Klügsten, die andere durch ihre Rede töten: »Er wohnt in Rom und mordet in Syrien, in Syrien und mordet in Rom« (Midrasch Lev Rabba 26,2). Wer Übles redet, verletzt auch die Schechina: »Er und ich können nicht zusammen wohnen« (Midrasch Dtn Rabba 6,14. – Navè Levinson 1986).

Oft schreiben wir in inklusiver Absicht »der Jude« – früher war das allgemein üblich, wenn wir »die Juden« meinen, Frauen und Männer. Dann sollen wir nicht »der« sagen. Umgekehrt wird häufig ausgegrenzt. So schildern viele Darstellungen des Judentums fast ausschließlich männliche, möglichst noch dazu orthodoxe Bräuche und machen die LeserInnen glauben, daß Frauen das gleiche tun oder alle

---

[*] George Sand, Autorenname der Chopin-Freundin Baronin Aurora Dudevant (1804–76).

Juden orthodox seien. Daher sollten wir uns um begriffliche Genauigkeit bemühen. Das betrifft natürlich auch andere Wörter wie »der Mensch«; für viele bedeutet das in erster Linie »der Mann«. Wir sollten zumindest die Mehrzahl anwenden, um inklusiv zu sein. Das betrifft auch Bibelverse, in denen wir besser »die Menschen« übersetzen sollten, um dem inhaltlichen Sachverhalt gerecht zu werden, selbst wenn das Original die Einzahl benutzt. Damit folgen wir im übrigen einem frühen rabbinischen Brauch: Die wortwörtliche Übersetzung wurde stets abgelehnt, denn wer das tue, könne zum Lügner werden (vgl. Bab. Talmud, Kidduschin 49a). Es ist also irrig, wenn heute manchmal ein verantwortlicher und nachdenklicher Umgang mit dem Übersetzen des Schriftwortes angeblich Anstoß erregen soll.

Bei einer Tagung mit Benediktinerinnen diskutierten wir einmal Bibelverse, mit denen wir solche Probleme haben. In den Psalmen fleht der Beter Gott an: »Hilf deinem Knecht, dem Sohn deiner Magd« (Ps 86,16; 116,16). Einige sagten: Wenn wir das singen, bete ich es für meine Brüder. Andere meinten: Ich bete Magd statt Knecht. – *So* tue auch ich es, wobei ich im Ohr die deutsch-jüdische Frauentradition habe, bei der es so üblich war. Zur Vorstellung, Gott als »Knecht« oder »Magd« gegenüberzustehen, habe ich verinnerlicht, daß das ein Ausdruck ist, der Überheblichkeit eindämmt, uns daran erinnert, wie wenig Einfluß wir haben und gerade aus dieser realistischen Sicht heraus um so mehr gerufen sind, unsere Verantwortung in freier Entscheidung einzusetzen. Im genannten Fall kommt es nicht auf die jeweilige Sprache an. Bei vielen anderen Beispielen gibt es jedoch Unterschiede.

Im Englischen ist keine Sprachbildung wie die neue Form *GeistIn* möglich. Das Deutsche hielt sich normativ an das lat. *spiritus* (männl.) und kann auf das hebr. *Ruach* (weibl.) zurückgehen. Im Englischen gibt es keinen männlichen oder weiblichen bestimmten Artikel. Jedoch klingt hier *mankind* für sensible Ohren sexistisch, so daß das früher wenig gebräuchliche *humankind* für Menschheit zu neuen Ehren kam und heute in redaktionellen Anweisungen üblich ist. Auf jüdischer wie christlicher Seite besteht mittlerweile auch eine Abneigung gegen das Wort *sex* als Bezeichnung für die Geschlechtszugehörigkeit von Personen. Anders als im Deutschen wird im Englischen ein anderes Wort benutzt, nämlich *gender*, das früher nur für das grammatikalische Geschlecht, das Genus, gebräuchlich war. Das

inklusive Sprechen ist »gender inclusive«, wobei entweder die Wort-
wahl als solche gemeint ist oder die Ausdrucksweise he / she, = er /
sie. Es ist ein Weg der nicht-sexistischen Sprach- und Denkerzie-
hung.

Über neue Wortformen, insbesondere im Kontext feministischer
Sprachkritik, wird oft gehöhnt. Darüber können wir Frauen hinweg-
hören, falls eine sachliche Diskussion nicht möglich ist. Andernfalls
ist darauf zu verweisen, daß uns doch mindestens das gleiche zusteht
wie den technischen Bereichen. Es ist sogar viel wichtiger, eine
humane Sprache zu schaffen, als beliebige andere Bereiche zu erwei-
tern. Vielleicht bedarf es guter, offener Gruppengespräche, um
herauszufinden, was von den TeilnehmerInnen als sprachliche Ent-
würdigung ihrer Person empfunden wird.

Psychologische Betonungen entstammen oft den verschiedenen
Kulturen. Das betrifft etwa auch die Art, Männer und Frauen zu betiteln. So hatte ich in der Redaktion der Encyclopaedia Hebraica einen
Kollegen aus dem einstigen Österreich-Ungarn, der mich stets als
Magistra bzw. Doctora ansprach – denn »Frau Doktor« bedeutete
ihm: die Frau des Herrn Doktor, und so bin ich für höfliche Gemeindemitglieder »Frau Rabbiner«. Hebräisch lautet das *Rabbanit*. Daher
können sich Rabbinerinnen nicht als solche betiteln lassen, und es
wurde beschlossen: englisch *Rabbi*, hebr. *Raw* ohne Geschlechtsun-
terschied. Wie aber ist der Ehemann eines weiblichen Rabbi zu betiteln? Der amerikanische Historiker Prof. Meyer nennt sich seit der
Ordination seiner Frau *the Rebbitz* – abgeleitet von der jiddisch-ame-
rikanischen *Rebbetzin* (= Rabbanit). Schwierigkeiten hatten
Frauenrechtlerinnen schon immer mit dem Titel für Golda Me'ir als
Regierungschef(in), denn für *Rosch* (= Haupt) *Memschala* gibt es
keine weibliche Form im Gegensatz zu fast allen hebräischen Titeln
und Berufsbezeichnungen. Andere hingegen fanden, daß eine weibliche Form ohnehin Sexismus wäre. Eine französische Hybridform ist
Madame le Président, z. B. für Simone Veil während ihrer Amtszeit
im Europäischen Parlament. Ähnlich unterschiedlich ist das Gefühl
betreffs der Bezeichnungen für vorsitzführende Personen. Deutsch
gibt es den und die Vorsitzende / n, hebräisch als Lehnübersetzung das
Gleiche. Englisch ist ein Vorsitzender ein *Chairman*. Viele egalitäre
Amerikanerinnen und Engländerinnen sträuben sich dagegen, eine
weibliche Form davon zu bilden, sie sind für diesen Zweck »man«,

ebenso wie in manchen Schulen die Lehrerin ebenfalls »Sir« ange-sprochen wird. Englisch läßt sich auch nur schlecht *Chairwoman* sa-gen, es erinnert zu sehr an Putzfrau (charwoman, aber höflicher: cleaning lady). Nun gibt es seit Jahren: *Chairperson*, denn Person ist nicht weiblich wie im Deutschen, sondern inklusiv. Da jedoch alle anderen Mitglieder ebenfalls »Personen« sind, ziehen viele jetzt schlicht und einfach vor: *Chair*, in der neuen Bedeutung »Vorsitz«. Da es sonst immer »Stuhl« bedeutet, ist es manchen noch schwierig. Aber Sprachneuerungen werden meist nach kurzer Zeit zur Gewohn-heit.

Ist es sexistisch, daß viele Sprachen unterschiedliche Wortformen für männlich und weiblich haben? Dann wäre das Englische beson-ders egalitär, die romanischen Sprachen und das Deutsche voller »Diskriminierung« und noch verstärkt das Hebräische und Ara-bische. Wir können es freilich auch umgekehrt interpretieren: näm-lich als Ernstnehmen der Menschen in ihrer Geschlechtszugehörig-keit. Das ist das Gegenteil von Unisex-Ideologien. Was bekämpft wird, ist die Unter- oder Überwertung des einen oder anderen Ge-schlechts, die Verbauung beruflicher Chancen aus alten Rollenbildern heraus. Heute gibt es männliche Hebammen bzw. Geburtshelfer, Kindergärtner und Hausmänner. Das ist vielen allein schon als Be-zeichnung ebenso bizarr wie Neurochirurgin, Oberrichterin oder Of-fizierin. Aber erinnern wir uns, daß es früher nur männliche Studen-ten, Professoren, Wirtschaftsprüfer und Regierende gab. Wo neue Bedingungen erkämpft werden, wandelt sich mit dem Bewußtsein auch die Sprache: in den Stellungsausschreibungen, Verträgen, Zei-tungen und – als unterster Grenze – schließlich in der Definition des Lächerlichen.

Teilen von Macht

Wo die überlieferten Rollenspiele gelten, empfinden Männer es als Ich-Kränkung, wenn Frauen ranggleich oder gar Vorgesetzte sind, anstatt Diktat aufzunehmen (und damit die fehlerhafte Rechtschrei-bung und Syntax des Chefs zu verdecken) und Kaffee zu kochen. Die Erfahrungen kann jede/r nur selbst machen. Wo umgelernt wird, entstehen neue Rollenmodelle, die die Lernprozesse beschleunigen helfen. In den Medien läßt sich von Zeit zu Zeit feststellen, was sich hier ändert. Es ist keinesfalls die Stimmungslage der Gesellschaft, sondern Frauen nehmen in ihren Berufen an der Ausübung von punktueller oder weiterreichender Macht teil. Das wird durch die Gesetzgebung unterstützt. Es macht die Welt nicht besser, als sie eben ist: Wir leben in der Wirklichkeit, nicht im Raumlosen, in der U-Topie. Wir brauchen Träume, sollen aber darüber nicht ihre weltverändernden Möglichkeiten vergessen.

Wo Frauen in allen Gremien mitbestimmen, und zwar aus Verantwortung für andere heraus, ist jedoch schon ein großer Schritt vorwärts getan. Daher müssen die Frauen, denen es bedeutsam ist, weiterhin mithelfen, die Vorwände aufzudecken und sie individuell wie über allgemeingültige Gesetzesvorschläge abzubauen. Ein Musterbeispiel in England, der sog. »Mutter der Demokratien«, war der Zutritt zu zwei geheiligten Einrichtungen der Nation: Club und Pub. In den Clubs werden – ähnlich wie in deutschen Alte-Herren-Verbindungen – Wirtschaft und Politik beeinflußt. Im Pub, der Kneipe, tauschen Berufstätige ihre Erfahrungen und Meinungen aus. Beides war den Frauen verschlossen, bis sie vor das Gericht gingen. Ein gewichtiger Vorwand war: Es gibt keine Damentoiletten. Der Abbau dieser oralen und analen Phasen war schnell möglich, wo ernsthaft um Gleichberechtigung gekämpft wurde und damit das englische Wertesystem sich änderte.

Ähnlich verlief die Aufnahme von Frauen in jüdischen säkularen und religiösen Gremien. Dabei gibt es Zickzackbewegungen im israelischen Parlamentarismus. Ein Fortschritt ist, daß es Beauftragte für Frauenfragen an Stellen gibt, die sich vorher dagegen sperrten, z. B. seit 1986 im Religionsministerium. Bei den säkularen Parteien ist das ohnehin geboten. Ein Rückschlag im orthodoxen Lager erfolgte bei den Parlamentswahlen 1988 und den Jerusalemer Stadtratswahlen 1989: Die Frauen der gemäßigten Orthodoxie hatten keine Aussicht auf eine Frau als Kandidatin in ihrer Parteiliste und rebellierten daraufhin mit einer eigenen Frauenliste. Kandidatin Nr. 1 war Judith Huebner, Botschafterin i. R. Doch sie mußten bald massiver Drohung nachgeben: Die Partei wollte ihre Finanzierung für das Kindergartennetzwerk streichen. – Dominante Frauen in der israelischen Politik stammen aus Ost und West. So ist die Leiterin im Büro des ultra-orthodoxen Innenministers seit 1984 Jaffa Cohen: geschiedene Großmutter und eines der 11 Kinder des früheren sefardischen Oberrabiners Ovadja Josef (Ma'ariv, 14. 9. 90).

Gemeindeämter einst und jetzt

Eine jüdische Gemeinde brauchte stets bestimmte Fachleute, um
funktionieren zu können. Dazu gehörten Lehrer für Kinder und Erwachsene, Vorbeter, Rabbiner als Experten des jüdischen Rechts, Beschneider für die neugeborenen Knaben, Schächter für die rituelle
Schlachtung von Geflügel und Vieh. Heutige Traditionalisten tun oft
so, als seien alle diese Bereiche stets von Männern ausgeübt worden.
Dazu wird gern als Motto ein Bibelvers zitiert – »Voller Herrlichkeit
ist die Königstochter drinnen« (Ps 45,14), um Frauen in die häusliche
Rolle zu verweisen. Das ist heute besonders grotesk, wo strikt orthodoxe Frauen und Mütter in öffentlichen Berufen tätig sind: an Bankschaltern, im israelischen diplomatischen Dienst, in den Vorzimmern
des Oberrabinats, in den traditionellen Sozialberufen und als Schul-
und Hochschullehrerinnen.

Anders ist es noch immer weitgehend mit der Wahl in Vorstände.
Hier hängt vieles vom Klima der Umgebung ab. Wo die christliche
Umwelt der Forderung nach Gleichberechtigung nachgeben muß, ändern sich auch die jüdischen Einstellungen. Ein Beispiel dafür ist die
Wahl von Charlotte Knobloch 1985 als Gemeindepräsidentin der betont orthodoxen Israelitischen Kultusgemeinde in München. Auch in
liberalen Gemeinden hatte es lange gedauert, bis Frauen in Vorständen saßen, dazu war ja erst einmal der Schritt zur politischen Wählbarkeit von Frauen erforderlich. Und wie wir wissen, gelangen Frauen
erst langsam in Führungsgremien. Es ist unrealistisch, den zweiten
Schritt zu erwarten, ehe der erste schon selbstverständlich ist. Aber
auch wo Frauen nicht in Vorständen saßen, konnten Jüdinnen die
meisten Gemeindeämter stets ausführen. Es ist halachisch möglich
und war in der Praxis üblich. Frauen setzten ihre Fähigkeiten und
Fertigkeiten ein, weil sie oft mit ihren Kindern und Alten allein waren.

Die Beschneidung wird vom *Mohél* ausgeführt. Gibt es keinen, ist eine *Mohèlet* einem Nichtjuden vorzuziehen (Schulchan Aruch, 2, 264,1). Das wurde besonders im Orient befolgt. Das rituelle Schächten ist Aufgabe des *Schochét* oder der *Schochètet*. Frauen erhielten die Ausbildung und wurden geprüft, wie Dokumente aus dem Jemen und Italien zeigen. Sie konnten dann für sich und andere schlachten (Beispiele im Israel-Museum). Sonst wäre der Fleischgenuß oft unmöglich gewesen.

Der Unterricht lag häufig in der Hand von Frauen: nicht nur für Kinder, denen sie hebräisch (die Gebete usf.) beibrachten, sondern auch an Talmud-Hochschulen. In Bagdad unterrichtete die Tochter des Akademiedirektors Samuel Ben Ali (12. Jhd.) die Studenten in Bibel und Talmud. In Osteuropa war im 16. Jhd. die Rabbinersfrau Mirjam, Tochter des Rabbiners Salomon Spira, berühmt, die nach zeitgenössischen Aussagen besonders begabte Talmudstudenten jahrelang unterrichtete. Nach Familienlegenden war sie eine Nachfahrin von Raschi (alle Quellen bei S. Aschkenasi 1953, 1, 131). Gleichzeitig wirkte in Kurdistan Osnat Misrachi nach dem Tode ihres Mannes als Leiterin der Talmudakademie (ST 118). Solche Frauen setzten fort, was in der Spätantike begonnen hatte. Zwar sind uns nur wenige Frauen als Talmudmeisterinnen namentlich bekannt, doch reichte ihr Vorbild aus, um in Ost und West eine juristische Legitimation zu bilden, vor allem Imma Schalom und Berurja (ST 91 f.). Im übrigen waren die meisten mit Respekt betrachteten Rabbiner keine Amtspersonen. Daher trifft das auch für die vielen talmudgelehrten Frauen zu. Von ihnen ist z. B. bekannt, daß sie mündliche und schriftliche Gutachten (Responsen) ausstellten. Das tat etwa Zertl Schwarz geb. Horwitz in Russland und Gitl Schwerdscharf in Polen (19. Jhd. – S. Aschkenasi 1953, 1, 133).

Es ist schwierig, sich Geschichte als Konstruktion vorzustellen – etwa als eine verfolgungsfreie und angstlose jüdische Entwicklung. Vielleicht wären Frauen in ganz anderer Weise sichtbar geblieben, hätten sie nicht (a) so viel Energie in das Überleben ihrer Familien einsetzen müssen, und wäre (b) die jeweilige Staatsmacht frauenfreundlich gewesen. Noch längst sind nicht ausreichend jüdische Quellen auf die Mitwirkung von Frauen in Gemeindeämtern hin untersucht worden. Dennoch würde eine Darstellung des Bekannten dicke Bände füllen (wie z. B. schon M. Kayserling 1879). Eine wichtige Quelle sind für mich die Widmungen von Verfassern jüdischer

Werke für ihre gelehrten Mütter, Großmütter, Frauen und Mäzeninnen, in Büchern vieler Sprachen: etwa von Samuel Usque für Gracia Nassi (Ferrara 1553, portugiesisch; ST 112), von Ch. Ja'ir Bacharach für seine Großmutter Eva (Chawa; hebr., Frankfurt 1699; ST 37), von heutigen orthodoxen Forschern und Rabbinern in englisch und hebräisch.

Um zu verstehen, wie stark die Angst vor Verfolgung wirkte, brauchen wir nur die Dokumente zu betrachten, die in freieren Zeiten entstanden waren. Von besonderem Wert sind Gedenkinschriften, die die Gemeindetätigkeit von Frauen rings um das Mittelmeer durch 500 Jahre der Spätantike bezeugen. Hier finden wir die Mutter der Synagoge, auch Pateressa genannt; die Vorsteherin, Archesynagogissa; die Älteste, Presbytera; die Leiterin, Archegissa; sowie die Gründerin, Spenderin, Verdienstvolle – in griechischen, aramäischen, lateinischen Grabsteinen und Synagogenmosaiken. Von manchen Forschern als inhaltsleere Ehrentitel gedeutet, weil es für ihr Denken nicht anders sein konnte, gibt es auch realistische Untersuchungen. Wichtig ist vor allem das Buch der amerikanischen christlichen Judaistin und Frauenforscherin B. J. Brooten (1982). Bei den Obengenannten handelt es sich kaum um »Assimilationserscheinungen«, die gegen das Keuschheitsideal verstießen. Die amtliche Mitwirkung von Frauen ist zur Genüge in der rabbinischen Literatur bezeugt.

Wegen der großen finanziellen und menschlichen Erfahrung wurden Frauen gern mit der Verwaltung von Gemeindegeldern beauftragt. Ihr Amtszeichen war der »Siegelring der Schatzmeisterin«, mit welchem sie den männlichen Beauftragten die Summen für die Betroffenen überwies (Bab. Talmud, Schabbat 62a, vgl. Raschi). Das Wort der »Großen Frau aus Sunem« (2 Kön 4,13) überträgt der aramäische Pseudo-Jonathan so: »Ich befasse mich mit den Geschäften meines Volkes«, und ein Renaissance-Autor zieht daraus die Lehre: »Das zeigt uns, daß man sich nicht nur um die eigenen Angelegenheiten kümmern soll« (Zitat bei S. Aschkenasi 1953, 1, 51). Finanzierinnen wie Gracia Nassi (St 108) waren Häupter der Gesamtgemeinschaft (H. Graetz 1853, Bd. 9, Register; I. Abrahams 1896, 54), und hätte es die »Schicklichkeit« erlaubt, wäre Flora Sassoon auch offiziell in der Leitung der Londoner Gemeinde all das gewesen, was sie konkret ausübte (ST 115). Noch heute haben Frauen es schwer, in der westlich-orthodoxen englischen Gemeinschaft volle Gleichberechtigung zu erlangen. Seit 1894 kämpfen sie um die Beteiligung an den Vorständen. Viele sind bereit, auf religiöse Änderungen zu verzichten, aber vermutlich wird sie nur wenig in einer Richtung halten, in denen sie als »Bürger zweiter Klasse« behandelt werden. Die Vorsitzende der orthodoxen Frauenverbände, die Rabbinersfrau Ann Harris, trat mit Unterstützung ihres Mannes für die gerechten Forderungen ihrer Schwestern ein (Hyam Corney 1986).

Besonders interessant ist es, die Stellung leitender Frauen im Chassidismus zu beobachten. Die Frau war *Chassida*, wie der Mann *Chassid*. Bis in die Gegenwart nehmen die Frauen der chassidischen »Rebbes« (Gurus) betont öffentliche Stellungen ein und werden durch Institutionen geehrt, die nach ihnen benannt sind. Diese Betonung empfahl der Gründer seinen Gläubigen. Rabbi Israel Ba'al Schem-Tow (Polen, 1700–60), »der Meister des Gottesnamens«, wurde von seiner Frau Hanna gegen Familieneinspruch geheiratet, als er arm und noch unwissend war. Nach ihrem Tode heiratete er nicht mehr. Er trauerte: »Mit ihr ist der Himmel entschwunden!« Sein Sohn war nicht fähig, das Werk des Vaters mitzutragen. So begleitete ihn auf seinen Predigtreisen seine einzige Tochter, Edel. Er sah sie als Verkörperung der Worte »*Esch Dat Lamo*«, d. h. Feuer des Glaubens habend (Dtn 33,2). In einer Gemeinde nahm er in einer Vision ein großes Licht war, daß von einer Beterin ausging. Ein anderes Mal öffnete das Wort einer schlichten Mutter die Tore des Himmels für die Gemeinde, was weder dem Rabbiner noch anderen Männern gelang. – Das Werk setzte sich nach seinem Tod in Schülern fort sowie in Edels Tochter Feige (Vögelchen), die mit der Heiligen Geistin begabt war und diese charismatischen Gaben ihrem Sohn, Rabbi Nachman von Brazlaw, vererbte. – Merisch, die Tochter des Rabbi Elimelech, hielt Lehrvorträge und segnete die Anhänger. Freida (Freude), die Tochter des Rabbi Schnëur Salman von Lady, trug das kabbalistisch-literarische Werk ihres Vaters mit. Als chassidische Meisterin wirkte Perel, Tochter und Frau von Meistern. Sie trug stets die Schaufäden und fastete montags und donnerstags. Mit »heiligen Funken« der Gottheit begabt war Rachel, die Tochter des Rabbi Abraham Joschua Heschel von Opatow (Vorfahre unseres zeitgenössischen gleichnamigen Lehrers) und hielt Hof für Beratungen. Rebekka, die Frau des Rabbi

Simcha Bunam, setzte nach seinem Tod sein Werk fort. Malka, die Frau des Rabbi Schalom von Belz, wurde ebenso verehrt wie er. – Auch weitere chassidische Frauen leiteten und belehrten ihre Gemeinden. Besonders berühmt war Channa Rachel Werbermacher, »die Jungrau von Ludomir« (1805–92). Sie wirkte als Zaddik, Haupt einer Sekte, in der Ukraine. Unter den Hörern ihrer Lehrvorträge waren Gelehrte und Rabbiner. Als sie 40jährig heiratete, verlor sie ihren Einfluß und wanderte in das Heilige Land aus. Hier widmete sie sich weiterhin mystischen Studien (hebr. Roman von J. Twersky 1949). Sie trug den kleinen und den großen Tallit und legte Tefillin. – Auch andere Frauen waren Förderinnen wie z. B. Tamarel Bergson, die Ahnin des französischen Philosophen Henri Bergson. Sara Schnirer war Gründerin und Leiterin des Erziehungsnetzwerks Beth-Jakob (ST 16. – Quellen bei H. Rabinowicz 1970, Kap. 21: »Lady Rabbis and Rabbinic Daughters«).

Vieles aus dieser ausgeprägten und historisch gewachsenen Frauenkultur ist im Holocaust dahingerafft worden. Das Gedenken der Nachfahren bringt uns jedoch die Botschaft dieser den Gemeinden gewidmeten Leben. So ist Bd. 1 von S. Aschkenasis Buch (1953) ein Denkmal für seine Großmutter, die in Treblinka ermordet wurde: Bracha-Reisl Aschkenasi, die Tochter eines chassidischen Meisters und Frau eines weiteren, der im Getto Warschau umkam, war »bekannt für ihre große Weisheit und Gelehrsamkeit. Sie führte ihr Leben in allen Einzelheiten wie ein chassidischer Meister«.

Als nach der Zerstörung Gemeinden neu aufgebaut wurden, nahmen Frauen oft kurz entschlossen die Leitung in die Hand, dem Wort Hillels folgend: »Wo Männer fehlen, bemühe dich, ein Mann zu sein!« (Sprüche der Väter 2,6). Eines von mehreren Beispielen ist Rosita Oppenheimer in Heidelberg, die die Gemeinde versorgte und leitete – einschließlich des Wirkens als Predigerin bei Beerdigungen. – Auch in den USA fragten Frauen nicht danach, ob es bereits entsprechende Gemeindestatuten für solche Entscheidungen gab. Rabbinerswitwen führten die Arbeit ihrer Männer weiter, die sie jahrzehntelang mitgetragen hatten, wie Paula Ackerman in Meridian, Mississippi, in den 50er Jahren. Und da Rabbiner Mangelware sind, hatten diese Frauen die Verantwortung der religiösen Leitung entsprechend lange Zeit.

Lebensgeschichten führten ebenso zum neuen Nachdenken der

letzten Jahrzehnte wie in anderen Bewegungen der Gleichberechtigung. Daß jede ihr eigenes Profil hat, zeigt sich deutlich am Fall des Judentums in seinen orthodoxen und liberalen Richtungen.

Vertretung in Religionsgremien

In Israel gibt es lokale Religionsausschüsse, die Teil der Ortsverwaltung sind. Ihre Aufgabe umfaßt etwa den Bau ritueller Tauchbäder, Zuteilung von Grundstücken für Synagogen und Friedhöfe, Zuschüsse für religiöse Institutionen, Zusammenarbeit mit dem Ortsrabbinat. In den Ausschüssen sitzen hauptsächlich Stadträte und Rabbiner. Das mißfiel seit 1986 einigen Stadträtinnen; auch sie bewarben sich um die offizielle Ernennung. Zunächst geschah das in der Wüstenkleinstadt Jerocham. Die junge orthodoxe Lehrerin Lea Schakdiel ging daraufhin durch die jüdische Presse in vielen Ländern. Die meisten Einwohner von Jerocham stammen aus Marokko, jedoch sind sie in Israel mit den Gesetzen der Chancengleichheit aufgewachsen und fanden, daß es davon keine Ausnahmen geben sollte. Männer, die nicht bereit waren, Macht zu teilen, waren empört. Ein Rabbiner erklärte, daß er nicht mit einer anderen als seiner eigenen Frau an einem Tisch sitzen wolle, weil es unkeusch sei. Er wurde daran erinnert, daß auch in der Knesset, dem Parlament, orthodoxe Abgeordnete mit Frauen in Ausschüssen zu sitzen haben. Frau Schakdiel rief das Oberste Gericht an mit einer sogenannten Order-Nisi-Klage, die stets angewandt wird, wenn es kein einschlägiges Gesetz gibt; sie besagt, daß der Angeklagte schriftlich den eindeutigen Nachweis zu bringen hat, weshalb ein Vorgang unterbleiben soll. Daraufhin erstellt das Gericht seinerseits ein ausführliches Gutachten und fällt das Urteil. In diesem Fall wurde eine Präzedenz geschaffen: Niemand könne gegen sein Gewissen verpflichtet werden, an einem Tisch mit fremden Frauen zu sitzen. Als Ausweg bliebe der Rücktritt. Die Aufgaben des Ausschusses betreffen alle BürgerInnen, sie sind keine rabbinischen Funktionen, auch Frauen sollten vertreten sein. Nach diesem Erfolg stand die Tür auch in anderen Orten offen, darunter in Jerusalem 1989.

Ein weiteres Gremium, in welchem Frauen vertreten sein wollten, ist die Ortsrabbinerwahlbehörde. In Tel Aviv starb 1987 der aschkenasische Oberrabiner. Der Oberbürgermeister stand auf der Seite der Stadträtin, die an der Wahlbehörde teilnehmen wollte. Es gab zwei Kandidaten, von denen einer zurücktrat, um so eine Ernennung ohne Wahl zu erreichen. Der Stadtrat war damit nicht einverstanden. Nun fanden einige Rabbiner, daß es sich schließlich nicht um eine ständige Einrichtung handele, und das sei weniger gravierend und verstoße weniger gegen die »Schicklichkeit«. Das Hin und Her dauerte einein- halb Jahre mit viel Aufregung in der Öffentlichkeit. Orthodoxe Frauen aus mehreren Ortschaften holten aus der Vergessenheit, daß bereits vor Jahrzehnten Orts- und Bezirksrabbiner von Frauen mitge- wählt wurden. Schließlich wurde der allseits beliebte Rabbiner Israel Lau gewählt. So war auch hier eine wichtige Bresche geschlagen. Ein anderes Beispiel: Anfang 1989 wurde in Safed ein dringend benötig- ter neuer sefardischer Rabbiner gewählt. Im Ausschuß saß auch hier eine Frau. Der neue Mann ist ein Sohn des sefardischen Oberrabbi- ners M. Elijahu. Dieser und seine Angehörigen hatten sich früher strikt gegen die Beteiligung von Frauen gesträubt. Jetzt ging es ihnen jedoch darum, langwierige öffentliche Diskussionen und Verhand- lungen beim Obersten Gericht wie im Fall Tel Aviv zu vermeiden.

Diese Vorgänge zeigen, wie schnell es geht, wenn Frauen gewillt sind, sich solchen Aufgaben zu stellen. Noch vor einigen Jahren wäre das unmöglich gewesen. Allmählich müssen auch ultra-orthodoxe Kreise einsehen, daß sie sich dem säkularen Staatsgesetz zu unterwer- fen haben, wenn sie Gehälter aus Steuergeldern empfangen. Dann kann nicht mehr mit dem beliebten Argument gekämpft werden, daß »die Halacha nicht demokratisch« ist und nur die Betreffenden selbst entscheiden könnten, was in jüdischer Sicht rechtens ist.

An der Schnittstelle von staatlicher und religiöser Zuständigkeit befinden sich Rabbiner, die vor ein Zivilgericht zitiert werden. Dazu gehört ein Fall von Amtsmißbrauch, der im Herbst 1990 für Aufregung sorgte. Der Vorsitzende Richter des Tel Aviver Rabbinatsgerichts wurde von Frauen angeschuldigt, sich ihnen unsittlich genähert zu haben. Nach seinem Rücktritt stand er vor drei Bezirksrichtern, zwei davon waren Frauen. Er mußte trotz Sträuben außer dem schrift- lichen Eingeständnis auch ein mündliches öffentlich ablegen. Das Urteil im Dezember 1990 lautete auf 24 Monate Gefängnis zur Be- währung mit sechsmonatlichem Sozialdienst. – Gegen Sexismus und Ausnützung Abhängiger hilft nur die verstärkte Sichtbarkeit von

Frauen in öffentlichen Ämtern. Während sie hier Richterinnen sind, können sie im orthodoxen Rabbinatsgericht nur beschränkt als Zeuginnen auftreten. Wir Frauen hoffen auf weitere strukturelle Änderungen in diesen Bereichen. Und in der Tat gibt es solche ganz unvermutet.

Rechtsvertreterinnen im Rabbinatsgericht

Auf Forderung orthodoxer Fachfrauen entschloß sich das israelische Oberrabbinat, eine bisher ausschließlich männliche Einrichtung auch Frauen zugänglich zu machen: bei den für den Personenstand zuständigen religiösen Gerichtshöfen als Rechtsvertreterinnen zu wirken. Dazu wurde 1990 das Gesetz von 1968 betreffs der Prüfungsordnung geändert. Entsprechende Studiengänge wurden erst in Jerusalem, dann in Haifa eingerichtet. Angenommen werden orthodox lebende Frauen über 24, die verheiratet sind oder waren, einen pädagogischen oder sozialen Ersatzdienst geleistet haben und ein entsprechendes Fach, darunter z. B. Jüdisches Recht, studiert haben. Die Ausbildung dauert zwei Jahre und beinhaltet ein einschlägiges Praktikum (Prospekt, Lindenbaum College, Jerusalem). Über die Aufnahme in den Kurs entscheidet vor allem die Persönlichkeit. Eine wichtige Aufgabe ist die Beratung zerstrittener Ehepaare. Ein »Gruppenbild mit Damen« aus Haifa zeigt zehn strahlende Studentinnen dieses neuen Fachs: handfeste Frauen mittleren Alters, junge Schönheiten wie Bilder zum Hohelied (Ma'ariv, Juli 91). Ihr Weg wird nicht leicht sein – aber immerhin ist dieser Anfang möglich, wo die Halacha nicht als Machtmittel mißbraucht wird. (Vgl. auch: P. Navè Levinson. *AJW*, September 1991.)

7. Konsens und Streit um Gebete und Symbole

Regeln, Ausnahmen, Bräuche

Das Sch'ma-Gebet

Das Glaubenswort des Judentums heißt: »Höre Israel, der Ewige ist unser Gott, der Ewige ist Einer!« Hebräisch beginnt es mit *Sch'ma, Jisrael!* und befindet sich in Dtn 6,4. Zusammen mit den Versen 5–9 und weiteren Stücken ist es Teil des Morgen- und Abendgebets für Einzelne und Gemeinde. In jeder Darstellung des Judentums ist zu lesen, daß es auch das Wort der Sterbenden ist, die Märtyrer es sprachen und Juden sich oft an diesem Wort erkannten. Vielen blieb es als einziges jüdisches Wissen: der erste Vers oder zwei Worte in hebräisch oder einer anderen Sprache. Und dennoch gibt es seit 2000 Jahren gelehrte männliche Diskussionen darüber, ob Frauen es sprechen sollen oder nicht sprechen sollten oder es trotzdem tun könnten, da sie es ja ohnehin tun. Es ist ein Musterbeispiel dafür, was dem Denken geschieht, wenn die Logik eines Systems zum Zwang wird.

Haben etwa die Märtyrerinnen auf dem Scheiterhaufen danach gefragt, ob sie »dürfen«? Wurde es nicht mit Foltern der Inquisition aus den heimlichen Jüdinnen herausgepreßt, um sie zu verurteilen? Haben wir Mädchen es nicht genauso als kleine Kinder gelernt wie unsere Brüder? Wer die Diskussionstexte der letzten 2000 Jahre liest und sieht, wie sie immer wieder aufgegriffen werden, versteht um so besser, weshalb eine Reformbewegung aus Gleichberechtigungsvorstellungen heraus nötig war. Aber auch Traditionalisten können sich erleichtert fühlen, daß sie gestatten dürfen, was ohnehin geschieht. Das zeigt eine kleine Auswahl aus solchen Texten:

1. Mischna Berachot 3,3: Frauen sind vom Sch'ma befreit.
2. Babylonischer Talmud, Berachot 20a–b: Dies mußte eigens gesagt werden, weil man sonst annimmt, daß es eine Ausnahme von der Regel der zeitgebundenen Mizwot ist (von denen Frauen befreit

sind), weil es den Gottesglauben ausdrückt. Es ist aber keine Ausnahme.

3. Kodizes und Dezisoren des Mittelalters: Frauen sind befreit.
4. Schulchan Aruch: Stimmt, aber sie sollen es lernen und wenigstens den ersten Vers sagen.
5. Ein Kommentar dazu: Den ganzen ersten Abschnitt!
6. Ein anderer Kommentar dazu: Frauen sollen das Ganze lernen und sprechen!
7. Ein russischer Kommentar des vorigen Jahrhunderts: »Unsere Frauen sprechen das Sch'ma, sie seien dafür gesegnet!«
8. Ein zeitgenössischer Rabbiner: »Der Brauch hat sich bereits eingebürgert, daß Frauen alle drei Abschnitte des Sch'ma sprechen!« – d. h. Dtn 6,4–9; Dtn 11,13–21; Num 15,37–21. (Alle Quellen bis hier in Weiss 1990, 22–24.)
9. Der sefardische Tel Aviver Oberrabbiner erläutert: Aschkenasische Frauen sprechen diesen gesamten Teil des Morgengebets einschließlich der Psalmen usf. Sie dürfen also, wenn sie wollen. Aber auch sefardische Frauen sprechen das gesamte Morgengebet wie Männer: Es wäre schädlich, das Beten zu verbieten, und Frauen sind es seit Generationen so gewohnt! (Halevi 1977, 23–24.)

Die Frauen hatten schon längst entschieden, wie sie es halten. Aber vielleicht gibt es auch heute noch einige Männer, die es anders wünschen und lehren. Die Literatur schweigt dazu. Dieses Beispiel verdeutlicht, weshalb es nicht ausreicht, die älteren rabbinischen Texte anzusehen. Und in unserer Zeit, wo so viele Sekten Seelen fangen, ist es gut, daß die eigenen Gebetstraditionen neu verfügbar sind.

Das Kaddisch

Im traditionellen Gemeindegebet bildet das aramäische Gotteslob den Abschluß jeder liturgischen Einheit. Es beginnt »Jitgaddal we-jitkaddasch schmeh rabba« (»Erhöht und geheiligt werde Sein großer Name«). *Kaddisch* heißt »Heiligung«. Für alle Stücke dieser Art ist ein *Minjan* nötig. Das gilt auch für das Kaddisch der Trauernden, das nach dem Tode naher Angehöriger und an Jahrzeittagen gesprochen wird.

Viele traditionelle Männer gehen im Trauerjahr zweimal täglich in eine Synagoge, um Kaddisch zu sagen. Manche entdecken erst bei solcher Gelegenheit ihre orthodoxen Bedürfnisse, die so gut auf menschliche Nöte antworten. Das zeigen bewegende Beiträge eines Buches über Sterben und Tod (J. Riemer 1974). Die tägliche Betergemeinschaft und die damit bekundete Anteilnahme sind eine ganz besondere jüdische Form des Heilens. Ähnliche Erfahrungen machten die Pädagogen in einem säkularen israelischen Jugenddorf in den sechziger Jahren: Nach dem Tod seines Vaters in Nordafrika wurde ein Schüler depressiv. Ein Lehrer meinte, man solle ein Morgengebet einrichten und Kaddisch mit ihm sagen. Es wirkte Wunder. Daraus entstand eine feste Gebetseinrichtung. Eine Synagoge wurde gebaut, und zwar ohne Gelder oder Aufsicht staatlicher Religionsbehörden, denn die meist nordafrikanischen Schülerinnen entdeckten für sich selbst die Gleichberechtigung und wirkten in der Gebetsleitung mit: Ein pädagogisches Women's Lib ohne plakative Aufmachung, mit Hilfe der Frauen, die die Synagoge stifteten, von der amerikanischen Hadassah-Organisation.

Aber diese wunderbare heilende Kraft der Gemeinschaft bleibt orthodoxen Frauen verschlossen. Sie dürfen weder am Grab noch in der Gemeinde Kaddisch sagen. Es erregte einige Empörung bei orthodoxen Bekannten, als ich am Grabe meines Vaters in Tel Aviv zusammen mit meinem Bruder hörbar Kaddisch sagte. Bei dem Begräbnis meiner Mutter nahm ich Rücksicht auf diese modernen Akademiker und sagte das Kaddisch leise: Es war für sie immer noch etwas Ungehöriges, obwohl sie ständig ohne irgendwelche Schwierigkeiten mit Frauen im Berufsleben zusammenarbeiten. Anders kann es unter Umständen bei Konservativen sein. So war es in der Familie von Henrietta Szold (ST 151). Sie schrieb, daß ihr Vater niemals bedauerte, daß alle fünf Kinder Töchter waren. Nach seinem Tod 1902 lehnte die Mutter den Vorschlag eines Freundes ab, anstelle eines Sohnes Kaddisch zu sagen, denn das täten ja ihre Töchter. Ebenso war es nach dem Tod der Mutter 1916 (Brief; nach Weidman Schneider 147). 1977 schrieb Rachel Adler, daß sie nach dem Tod ihrer Großmutter Feministin wurde, weil man ihr verweigerte, täglich Kaddisch zu sagen, sie könne für $ 350 einen Mann dafür engagieren. Sie meinte, daß das in Gottes Augen sicher sinnloser sei, als wenn sie es selbst täte, die die Großmutter liebte, ihre Ethik gelernt hatte und sie bis zum Tode pflegte (zitiert dort). Einer weiteren Feministin wurde in solcher Situation beschieden, nicht noch den letzten Teil der traditionellen Bräuche ihrer Synagoge zu stören (dort, 148).

Allmählich haben jedoch hier und dort immer mehr Männer verstanden, daß es sich ändern kann und ändern muß. 1983 machten Teilnehmerinnen einer Frauen-Konsultation des American Jewish Committee eine Eingabe mit der Forderung nach voller Gleichstellung in allen rituellen Belangen, insbesondere aber in den Trauerbräuchen. Dabei geht es auch um die Tatsache, daß in vielen Synagogen verkrampft und oft erfolglos auf einen beliebigen zehnten Mann gewartet wird. Einige Frauen berichteten, daß sie es in orthodoxen Gemeinden erreichten, in solchen Fällen nach langem täglichen Kommen gezählt zu werden, z. B. in Jerusalem (Sara Reguer 1983) und New York (Deborah Lipstadt 1983). Frauen können gewiß ihre eigenen Gebetsgruppen für Kaddischsagen einrichten. Aber welches Unrecht, wenn das schwierig ist, während es überall orthodoxe Synagogen gibt! Expertinnen meinen, daß von allen Richtungen die Orthodoxie am meisten vom Feminismus zu gewinnen hat (B. Greenberg 1981, 96, 98).

Aus religiös-liberaler Sicht ist zu sagen: Es sollte keineswegs um »Alles oder Nichts« gehen. Auch Männer führen diese Aufgaben nicht immer regelmäßig durch. Es ist unredlich, wenn immer wieder so getan wird, als seien allein Frauen diejenigen, die ohnehin nicht ständig diese religiösen Pflichten durchführen würden, falls man sie ließe. Es geht vielmehr um die Änderung des Bewußtseins vor allem in den mehrheitlich nur quasi-orthodoxen Synagogen, die oft die einzig verfügbaren sind, was z. B. besonders für Deutschland gilt.

Das Tischgebet

Nach einer gemeinsamen Mahlzeit von drei oder mehr Männern findet seit alten Zeiten eine ausführliche Tischliturgie mit gesprochenen und gesungenen Worten des Danks statt. Der Hausherr oder ein Gast fordert die anderen zum Gebet auf. Die Frauen beteiligen sich an Responsen. Wenn drei oder mehr Frauen gemeinsam essen, fordert eine von ihnen die anderen auf (Babylon. Talmud, Berachot 45b). Aus Gründen der Keuschheit werden sie in orthodoxen Kreisen noch immer nicht in die gemeinsame Aufforderung »Meine Herren ...« eingeschlossen. Andere sagen jetzt: »Meine Damen und Herren« (hebräisch). Auch sollen nach antiken Anstandsregeln Frauen und Kinder nicht das Gebet vorsprechen, weil das ein schlechtes Licht auf den Mann werfen könnte. Rücksichtsvoll, wie Frauen sind, halten sie sich in der Orthodoxie bis heute daran. Sie werden auch in diesem *Minjan*, der Dreierschaft für das Auffordern, nicht mitgezählt. Wenn jedoch bereits drei oder mehr Männer da sind, dürfen sie die Responsen mitbeten, denn ihre Anwesenheit ändert nichts am Text der Gebete (die je nach Teilnehmern verschieden sind). Manche machen eine feine Unterscheidung, daß die Männer biblisch verpflichtet sind und die Frauen nur rabbinisch (Quellen bei A. Weiss 1990, 70–71).

Ab und zu gibt es Erfahrungen, daß sogar Nicht-Orthodoxe die Frauen nicht auffordern. Andererseits wundern sich Ältere in der Reformbewegung, daß oft das volle traditionelle Gebet in hebräisch eingeführt wird, das sie so nicht kannten. Um so größer ist der Bedarf nach liturgischen Änderungen auch in diesem Gebet, besonders bei dem neuen Interesse an schönen Bräuchen.

Das Dankgebet

Wer eine gefährliche Situation überstanden hat – Reisegefährdung, Krankheit, Gefangenschaft – soll, so sagt es die Überlieferung, öffentlich danken (Babyl. Talmud, Berachot 54b). Das bedeutet: Nach der Toralesung wird Gott gedankt, »der Schuldigen Gutes vergilt«, und die Anwesenden sprechen als Response ebenfalls einen Segenswunsch. »*Der vergilt*« hebr. ha-Gomel, führte zur jüdisch-deutschen Bezeichnung für den Vorgang *Gomel benschen* (von lat. benedicere, segnen). Für Frauen, die weder zum Minjan zählen noch zur Lesung aufgerufen werden, tritt stellvertretend ein Mann der Familie. Die anwesende Frau steht oft dazu auf und spricht es leise mit oder nicht. In nichtorthodoxen Gemeinden steht die Frau für sich selbst ein, wird aufgerufen usf., da sie zum Minjan zählt. In der Orthodoxie wird der Frauenbrauch oft vernachlässigt. Daher erschien im Jahrbuch des israelischen Oberrabbinats eine halachische Untersuchung (Ch. Goldberg 1988), die darlegt: Das Gebet tritt anstelle des biblischen Dankopfers. Bei einem Opfertier erfolgte eine Handauflegung durch den Dankenden. Frauen waren davon befreit, aber *um sie zu erfreuen*, führte man es dennoch durch (Babyl. Talmud, Chagiga 16b). Eine genesene Frau soll daher nach vielen Autoren von ihrem Platz aus den Segen gut hörbar in der Synagoge sprechen und ebenso eine Wöchnerin daheim in Anwesenheit von zehn Männern.

Ich schlug vor, dies auch in den hiesigen Gemeinden so einzuführen. Es könnte ein halachischer Ansatzpunkt sein, um Frauen endlich aus ihrer gewohnten und so gern gepflegten Zuschauerrolle zu holen. Das geht natürlich nur bei eigenem Interesse und durch Diskussion in Gruppen und / oder Familien. Ich zitierte einen führenden orthodoxen Rabbiner, der in seinen Responsen vor der unnötigen Angst der Männer warnte. Aber es ist nicht die einzige unzeitgemäße Angst jener, die stets die Halacha im Munde führen und sich so oft nicht nach ihr richten. Mehr noch als die vielseitige und oft flexible Halacha sind die Gründe solcher Ängste zu untersuchen, um ein sinnvolles Judentum vermitteln und leben zu können (Navè Levinson 1990). Das betrifft jene Menschen, die sich nicht mit einer nominellen Zugehörigkeit begnügen wollen, sondern unter vielem anderen auch die Gemeinschaft des Betens als für sich sinnstiftend annehmen.

Das Schofarhorn

Nach der strikten Halacha sind Frauen davon befreit, am Neujahrs- und Versöhnungstag den feierlich-urtümlichen Klang des Widderhorns zu hören, selbst auszuführen oder die Segenssprüche dafür zu sagen, weil es ein an feste Zeit geknüpftes Gebot ist. Das bedeutet technisch, daß sie nicht am Morgengottesdienst des Neujahr, einem Höhepunkt des Jahres, teilzunehmen verpflichtet sind und ebenso an einem anderen Höhepunkt, dem Ausgang des Versöhnungstages. Das klingt merkwürdig für Menschen, die besonders – oder nur! – an diesen heiligsten Tagen des jüdischen Jahres zur Synagoge gehen. Es ist ein Beispiel dafür, wie theoretisch die Halacha manchmal vorgeht, um sich wenigstens in diesem Falle zu korrigieren: Obwohl Frauen davon befreit sind, können sie das Horn blasen, oder ein Mann kann es für sie tun (Schulchan Aruch, 1, 589, 3: nein; dort, 6: ja). Jedoch sollen sie nicht die Segenssprüche sagen (dort), um sofort ergänzt zu werden: Es ist Brauch, daß die Frauen bei den zeitgebundenen Geboten segnen, deshalb sprechen sie es für sich selbst (Isserles, dort).

Hier befinden wir uns also in einer Tradition, die von Frauen das gleiche verlangt wie von Männern, was heute meist aus Bequemlichkeit vergessen wird. Die Frauen sollen sich ein Schofarhorn beschaffen – der Rat wird gegeben: Nimm in den Laden einen Mann zum Ausprobieren mit, sonst wirst du komisch angesehen! – und sollen lernen, dieses eigenwillige Instrument zu blasen, die Reihenfolge dieser Töne genau beherrschen (Naturtöne ohne Mundstück oder andere Hilfen!), und die genauen liturgischen Formen, die dazu gehören. Das trifft nicht nur für neue egalitäre Gruppen zu, sondern sollte schon immer so gewesen sein: Frauen waren oft völlig allein, sie konnten es nach Wunsch ausführen. Kann eine Frau aus Krankheitsgründen nicht zum Gottesdienst kommen, wird bei ihr zu Hause Schofar geblasen. Das war z. B. in orientalischen Gemeinden üblich (Halevi 1977, 112). Schofarblasen ist also keine ausschließlich männliche Angelegenheit, obwohl es gewöhnlich so gehandhabt wird. Frauen und Mädchen, die Freude am Ritual haben, finden hier ein weiteres Feld, um zum Gottesdienst in einer egalitären Gemeinde beizusteuern.

Im übrigen ist es interessant, folgendes zu erfahren: Ein griechischer Rabbiner des 17. Jhd. verfaßte Responsen, die ihm in Visionen vom Himmel diktiert wurden, und erfuhr bezüglich der Segenssprüche von Frauen bei freiwillig erfüllten Geboten wie Schofar: »›In allem, das Sara dir sagt, höre auf sie‹ (Gen 21,12). Sage ihnen: kehrt heim und tut das so, mit Gottes Segen!« (J. Roth 1988, in S. Greenberg, 133).

Laubhütte und Feststrauß

Das biblische Erntedankfest *Sukkot* (»[Laub]hütten«) findet eine Woche lang im Herbst statt. Es erinnert zugleich an die Wüstenwanderung Israels. Alle sollen in Hütten »sitzen« oder »wohnen« (das hebr. *jaschaw* hat beide Bedeutungen) und einen Strauß aus vier Pflanzenarten in die Hand nehmen: Palmzweig, Bachweide, Myrthe, Zitrusfrucht (Lev 23,39–43). Die Zweige heißen *Lulaw* (kommt davon etwa der deutsche »lange Lulatsch«?), die Frucht *Etrog* (citrus medica cedra). Die Hütten werden schön geschmückt. Eine typische Hütte aus Deutschland wurde gerettet und befindet sich im Israel-

Museum in Jerusalem. Sie sollen unter freiem Himmel sein: für Gemeinden oder Nachbarn im Hof oder auf dem Dach, für Familien auf Balkons oder im Garten. Orthodoxe Wohnviertel haben einen eigenen Baustil von Terrassenwohnungen für diese eine Woche im Jahr entwickelt, um die Mizwa schön auszuführen. Das »Sitzen« reicht von einer Kurzmahlzeit bis zum Essen aller Mahlzeiten und zum Übernachten. In der Hütte wird Tora gelernt. In der Reformbewegung gibt es oft nur eine kleine symbolische Darstellung, denn für viele ist das Fest mit Aberglauben verknüpft. Wir nennen es besser Volksglauben und altes Brauchtum.

Nach mystischer Tradition besuchen reihum täglich die »heiligen Gäste« (latein-aramäisch: *uschpisin kaddischin*) die Hütte, zusammen mit der Schechina. Es sind Abraham, Isaak, Jakob, Josef, Mose, Ahron und David. Irdische Gäste sollen jedenfalls dazugeladen werden, besonders Arme und Fremde. Feministinnen fehlt in der Tradition das Gedenken an die biblischen Frauen, die unsere Vorbilder sind, deren Leben wir einfühlsam ergründen wollen, um ganzheitliche Jüdinnen zu sein. Hier entwickelt sich eine neue kreative Spiritualität (ein Beispiel in P. V. Adelman 1986, 11–14). Orthodoxe fragen wie stets nach den Spielregeln der Halacha: Was sollen, können, möchten Frauen mit diesen zeitgebundenen Geboten? Sie müssen nicht in der Sukka essen, aber viele tun es dennoch. Sie vollziehen das Ritual des Feststraußes oder auch nicht. Viele betrachten es als eine rein private Angelegenheit, andere dagegen tun es in der Synagoge. Das Ritual ist eine Verbindung von alten magischen Vorstellungen mit mystischen Meditationen oder davon abstrahiert, schlicht das Schütteln in sechs Richtungen. Die Deutungen des Straußes beziehen sich auf Gott, auf die Befindlichkeit Einzelner, auf die Beziehung von Menschen und Gott und auf die verschiedenen Eigenarten der Menschen in der Gesellschaft. Männer kannten oft weniger gut die dazugehörigen Verse und sollten sie dann ihren gebildeteren Frauen, Kindern oder Sklaven nachsprechen, aber es galt als Schimpf und Schande, darauf angewiesen zu sein (Mischna Sukka 3,10).

Als besonders prächtig schilderten die Rabbinen die Sukka der Königin Helena in Jerusalem (ST 106). – Diskussionen gab es immer wieder wegen des hohen Kaufpreises der Frucht, die in Israel auch heute bis zu $ 100 kosten kann. Sollten Frauen sich daran beteiligen, wenn mehrere Familien oder eine Gemeinde sie gemeinsam kauften?

Frauen waren oft sehr wohlhabend. Jakob Moelln (Mainz, 1365–1427) lehnte es ab, weil sie nicht verpflichtet seien (Responsum Nr. 114). Dies übernahm Moses Isserles (Schulchan Aruch 1, 658,11). David Halevi (Lemberg, 1586–1677), (Kommentar Magen David z. St.) meinte jedoch: Da sie teilnehmen können, sollen sie auch mitbezahlen, besonders da sie einen Vorteil davon haben, denn im Talmud heißt es, daß das Schütteln »Dämonen und schädliche Niederschläge vertreibt« (Bab. Talmud, Sukka 37b). Der Kommentator Ch. M. Margoliuth schrieb in Polen um 1880: »Die Frau, die die Mizwa und den Segensspruch auf sich nimmt, ist *Teil der Gemeinde der Mizwa* und muß den gleichen Anteil geben, der den Familien zugeteilt wird« (Kommentar Scha'aré Teschuwa z. St.). So wurde zur Zeit, in der nebenan bereits die Aufklärung herrschte, aus dem jüdischen Recht das Prinzip abgeleitet: gleiche Rechte, gleiche Pflichten; als Gemeindemitglied, nicht als Ehefrau.

Der gemeinsame Feststrauß mehrerer Familien wurde in Osteuropa »zweimal täglich in drei verschiedene Bethäuser getragen sowie morgens in die Häuser, damit Frauen und Kinder vor dem Frühstück den Segen sagen konnten« (Schauss 1938, 191). Im Gottesdienst brachten die Männer den Strauß ihren Frauen auf die Empore. Dies verursachte besonders in großen Synagogen Verzögerungen. Um »modern« zu sein, sorgte man für »Ruhe und Ordnung« und schaffte den Brauch wie alles, was »störte«, 1843 in einer viel nachgeahmten deutschen Gemeindeordnung ab (J. J. Petuchowski 1968, 114). Das ist der Grund, weshalb ich es im Berlin meiner Kindheit nicht mehr erlebte. Erst als Großmutter in Jerusalem hatte ich die Freude, daß unsere Gemeinde beschloß, alle Frauen zu diesem Ritus zu verpflichten, vorher taten es nur Einzelne. Für viele ist dabei eine Hemmschwelle zu überwinden, weil die Erinnerung an »Geister und Dämonen« noch besteht und das nicht in unser Weltbild paßt. Wie so vieles muß es rekonstruiert und mit neuem Sinn erfüllt werden. – Siehe meinen Beitrag (1991a).

Männersymbole oder Zeichen des Judeseins?

Das Käppchen

In der Orthodoxie ist es üblich, daß Knaben und Männer ein Käppchen tragen. Maximalistisch wird es *stets* getragen, während andere, z. B. die einstige deutsche Orthodoxie, dies *auf Beschäftigung mit geheiligten Dingen eingeschränkt* handhaben: beim Beten und Torastudium sowie bei den Segenssprüchen vor jedem Trinken und Essen. In meiner Tel Aviver Schulzeit war es Gesetz der vorstaatlichen hebräischen Schulbehörden, daß die Knaben während des Unterrichts in Bibel und Talmud ebenso wie die Lehrer ein Käppchen trugen. Davon waren diejenigen befreit, die aus Überzeugung dagegen waren, z. B. unser kommunistischer Bibellehrer, ein großartiger Wissenschaftler, Ethiker und Pädagoge – und ein kommunistischer Mitschüler.

Die Ausführung der Käppchen beruht teils auf persönlichem Geschmack, teils bezeichnet sie eine Gruppenzugehörigkeit. In Israel sind heute kleine mehrfarbige »Häkelkäppchen« der Stil zionistischer Orthodoxer (von der Freundin gehäkelt, sind sie fast ein dort nicht üblicher Verlobungsring). Manche jüdischen Fundamentalisten tragen neuerdings ähnliche große weiße Häkelkäppchen wie moslemische Fundamentalisten. Viele tragen zum Zeichen ihrer Glaubenstreue einen schwarzen Hut darüber. Wie bei den Kopfbedeckungen der Mädchen und Frauen gibt es auch hier eine ganze Skala von Möglichkeiten. Dabei ist kennzeichnend, daß orientalische Juden sich an die westliche Orthodoxie angepaßt haben, seit diese »das Establishment« darstellt. Ältere Fotos zeigen die Turbane und Feze der einstigen Umgebung in Asien und Afrika.

Es gibt weder in der Bibel noch im rabbinischen Schrifttum ein Gebot der Kopfbedeckung. Diese entsprang oft den umweltlichen Rangordnungen – etwa der Würdenträger im Perserreich – oder christlichen Judenverordnungen, die das Tragen bestimmter Hüte zum Gesetz machte. Das galt für Männer und Frauen gleichermaßen. In manchen Ländern (z. B. in Frankreich) war es nicht üblich, den Kopf zu bedecken, und noch im 16. Jahrhundert schrieb ein angefragter Talmudist in Polen, daß es lediglich ein Brauch sei (Salomon Luria, Responsum Nr. 72). Die Begründung ist, daß die Allgegenwart Gottes stets bewußt bleiben soll. Außerdem wurde es ein Unterscheidungszeichen: Christen beten ohne Hut, Juden mit, aber die Frauen bei beiden tragen als Zeichen der Züchtigkeit oder Modesucht Hüte in Kirche und Synagoge. In der Reformbewegung war es durch Generationen verpönt, daß Männer in der Synagoge etwas aufhaben, in England mit Ausnahme zweier Toraschrein-Öffner im schwarzen Zylinder. Heute gibt es vielfach eine Rückkehr zur Tradition.

Konservative Frauen tragen oft anstelle eines Käppchens beim Gebet ein weißes Spitzendeckchen. Aus den USA stammend, wurde der Brauch z. B. in der mehrheitlich persischen Synagoge in Pforzheim eingeführt. In manchen egalitären Gemeinden tragen Frauen Käppchen. Ich sah es zuerst bei einer amerikanischen Rabbinerswitwe in Jerusalem. Das ist auch bei Rabbinerinnen gültig, wo ihre männlichen Kollegen es tun. In einer ständigen Frauen-Ausstellung des Israel-Museums, die sich seit 1990 in der Frauenempore der geretteten italienischen Synagoge befindet, ist ein solches speziell angefertigtes Rabbinerinnenkäppchen zu sehen. Das ist allerdings keine feministische Neuerung, wie wir meinen könnten. Ausgestellt sind wunderschöne Käppchen asiatischer Jüdinnen. Ironischerweise werden diese heute oft von westlichen Männern getragen, die sich sonst an das Verbot weiblicher Kleidung halten (Dtn 22,5). Aber sie wissen es nicht...

Der Tallit (Gebetsumhang)

Traditionelle jüdische Männer tragen beim Morgengebet allein oder in einer Gemeinschaft den *Tallit*, auch: *Talles*. In einigen Gemeinden trägt ihn nur der Vorbeter, der ihn auch beim Abendgebet anlegt, und der Rabbiner. Gemeindemitglieder tragen ihn abends bei Beginn des Versöhnungstages sowie den ganzen Tag hindurch. Wer zur Toralesung aufgerufen wird, legt ihn ebenfalls an. In manchen chassidischen Gemeinden tragen ihn nur verheiratete Männer.

Es gibt sehr unterschiedliche Stile für dieses rituelle Gewand: als schmaler Schal bei Liberalen und großes Umschlagtuch bei Orthodoxen, aus Wolle oder Seide, mit oder ohne eingewirkte Segenssprüche, gelegentlich auch mit prächtiger Silber- und Goldverzierung. Zur Aufbewahrung dient meist ein bestickter Samtbeutel. Um Anfeindungen der Umwelt zu vermeiden, tragen viele ihn in einer Tasche. Wo es keine Sabbatgrenze um Wohnviertel oder Stadt gibt und daher

Orthodoxe am Sabbat nichts tragen dürfen, wird er bereits zuhause angelegt, meist unter dem Mantel.

Das nachbiblische Wort bedeutet ursprünglich »schattenspendende Hülle, Baldachin«, dann auch den Mantel eines Würdenträgers. Wichtig ist an dem Tallit, daß er viereckig ist, denn es kommt zunächst nicht auf das Tuch an, sondern auf die Schaufäden oder Quasten, hebr. *Zizit*, die nach biblischer Vorschrift an den Ecken befestigt sind, um an die göttlichen Gebote zu denken und sich nicht hemmungslos allen Anreizen auszuliefern (Num 15,37–41; vgl. Mt 9,20). Das Anlegen beginnt mit Bibelversen, die von Gottes Lichtgewand handeln, und mystischen Deutungen. Viele tragen ihn »nach ismaelitischem Stil«, d. h. arabischem Brauch, um Kopf und Schultern geschlungen.

Außer diesem »großen Tallit« tragen Orthodoxe männlichen Geschlechts von früher Jugend an den ganzen Tag ein weißes Untergewand mit Schaufäden, die oft als Erinnerung an die Gebote sichtbar sind. Dies ist der »kleine Tallit« oder Viereck, hebr. *Arbakanfot, Arbakanfeß*. Heinrich Heine war von der christlichen Parallele fasziniert, dem ganz ähnlichen Skapular, und schrieb in seiner »Disputation« (in: Hebräische Melodien, 1851): »... Dieses Kampfes Ritter sind / Kapuziner und Rabbiner, / Statt des Helmes tragen sie / Schabbesdeckel und Kapuzen; / Skapulier und Arbakanfeß / Sind der Harnisch, drob sie trutzen.« Vermutlich als erster Forscher befaßte sich Th. Reik mit der tatsächlichen Parallele des Ablaßgewandes, des Skapulars, mit dem Tallit (Reik 1930, = 1964, 149; Anm. 97, 196–98).

Die Schaufäden sind eine Art heiliges Makramé. Eingeknüpft sind Erinnerungszeichen für den Gottesnamen und die Anzahl der Gebote, in Form von Knoten und Umwindungen. Der biblisch vorgeschriebene blaue Faden wurde bereits im Altertum abgeschafft, weil die Seeschnecke, die die Farbe liefert, selten und teuer wurde. Neuerdings gibt es manchmal das Tier und die Farbe, so im Jahre 1990. Davon wird Gebrauch gemacht. – Brauchen also Männer mehr Warnungen mittels Schaufäden vor Verführung als Frauen? Ja, sagt die Tradition. Sind Frauen deshalb vom Tragen befreit? Oder hat das mit »Würde« zu tun?

Seit Jahrzehnten befassen sich feministische Gruppen damit, um herauszufinden, ob sie es für sich als sinnvoll ansehen, ebenfalls den

Tallit zu tragen, und wenn, ob in der Form, die bei Männern üblich ist, z. B. hell mit einigen dunkelblauen Längsstreifen. Manchen ist das recht, andere haben einen eigenen Stil entwickelt. Das Tragen kann sowohl Frauen wie Männer zutiefst verstören. Als ich einige Male meinen schlichten Jerusalemer Umhang in unserer kleinen Heidelberger Gemeinde trug, rief der junge Vorsitzende entsetzt: »Jetzt will die Rebbetzin vorbeten!« Jeder hat seine Assoziationen. Wo andere beunruhigt sind, soll die Frau des Rabbiners zurückstecken, was ich denn auch gern tat. In Deutschland ist es bisher fast nur bei Tagungen möglich, als Frau den Tallit zu tragen und zur Toralesung aufgerufen zu werden.

Wie sehr hier alte Ängste mitspielen, zeigt eine Pentateuch-Paraphrase des 3.–4. Jhd. (Pseudo-Jonathan, Babylonien, aramäisch): Die biblische Warnung von Dtn 22,5 vor dem Tragen der »Geräte« des anderen Geschlechts wird hier auf weibliche und männliche Transvestiten gedeutet: »Eine Frau trage keinen Schaufädenumhang und keine Gebetskapseln, die Männergerät sind, und ein Mann rasiere weder Achseln noch Scham noch Bart, um wie eine Frau auszusehen.« (Über die Kapseln s. u.) Obwohl sich das biblische Gebot fraglos an alle richtet und die Quasten an jedem Gewand angebracht werden sollten, erfolgte eine geschlechtsspezifische Zuordnung mit solch extremem Vergleich. Ein Grund für diese Drastik könnte sein, daß Frauen ihrer eigenen, und nicht der Männer-Exegese, des Gebots folgten. Das könnte dann zu männlicher Verunsicherung geführt haben, wie sie sich in diesem Text äußert.

Frauen bestanden jedoch weiterhin auf dem Gebot. Nach alter Gepflogenheit wurde erklärt, daß es eine zeitgebundene Mizwa sei, sie also befreit seien. Das hieß jedoch nicht für jeden Rabbiner, daß sie es nicht dürften. Im Gegenteil! Maimonides formulierte das Gesetz: Wenn Frauen wollen, können sie Zizitgewänder tragen, sollen aber nicht den Segensspruch darüber sagen. Und so ist es bei allen Geboten, die Frauen freiwillig auf sich nehmen: Sie tun es ohne Segensspruch, und man hindere sie nicht daran (Kodex, Schaufäden 3,9). Nach anderen Meinungen aus Frankreich und Spanien konnten die Frauen durchaus den Segensspruch der Heiligung durch das Gebot sagen, weil sich dies auf ganz Israel bezieht und nicht auf die betreffende Person allein. Josef Karo nennt nur die Freistellung, sein Ergänzer Moses Isserles (Schulchan Aruch, 1, 17, 2) nennt die Möglichkeit des Anlegens mit Segensspruch, warnt aber mit Vorgängern vor dem Verdacht der »Überheblichkeit« und rät ab. Wieder setzten sich männliche Minderwertigkeitsgefühle durch. Frauen ließen sich nicht immer davon beeindrucken, vielleicht weil die Männer ihrer Umgebung freier davon waren. Vor allem war ihnen die religiöse Erfahrung des Eingehülltseins in die Gottesliebe wichtig. Es ist das körperlichste Schechina-Erleben. Vorbilder für heute sind Frauen, wie jene *Rabbanit* (= Rebbetzin) Frau Bruna im 15. Jahrhundert, die darauf bestand, immer einen kleinen Tallit zu tragen. Die Bemühungen des großen deutschen Rabbiners Jakob Mölln, sie davon abzubringen, waren fruchtlos, wie er schrieb (I. Epstein 1934, 148, Anm. 19).

Für viele reicht es nicht aus, wie vorgeschrieben ständig darauf zu achten, daß die Schaufäden des Mannes rituell vollkommen sind, oder das Material zu spinnen. Als Frauengruppen dies einübten, schufen sie zugleich neue männliche und weibliche Gestaltungen des Tallit. Die Anweisungen bzw. Bezugsquellen wurden gedruckt und erhielten weiteren Aufschwung mittels des Jewish Catalog (Siegel u. a. 1973). Es entstanden die Frauengebetsgruppen in der amerikanischen Orthodoxie und in Israel. Ein besorgter Rabbiner aus Boston fragte seinen berühmten Mentor Mosche Feinstein an. Dieser schrieb ein Responsum »Über die neue Bewegung vornehmer und wichtiger Frauen, genannt Women's Liberation« (Feinstein 1982, Responsum 49; hebr.). Er gibt darin keine eindeutige Antwort, sondern unterscheidet zwischen dem Aufsichnehmen einer Mizwa, das sei bekanntlich gestattet, und der falschen Motivation einer Rebellion gegen die Tora und ihre autoritativen Erklärer, und eine solche Kampfhaltung richte sich letztlich gegen Gott, denn wir kennen nicht seine Gründe für die verschiedenen Gebote. Frauen hätten es nicht nötig, sie seien in keiner Weise zurückgesetzt, sondern ebenso heilig im Sinne des heiligen Volkes wie die Männer. Außerdem gibt es einen ebenso zweideutigen, weit zirkulierten Brief von Feinstein, so daß die Diskussion zwischen den beiden orthodoxen Lagern nach wie vor weitergeht (Weiss 1990, 106–110).

Unterdessen führen feministische RabbinerInnen ihr Werk unverdrossen weiter, und Tausende von Frauen halten es immer mehr für selbstverständlich, den Tallit zu tragen. Das trifft für orthodoxe Frauenjeschiwot, Frauengebetsgruppen und -minjanim, ebenso zu wie für egalitäre Gemeinden der verschiedenen Richtungen. Die grundsätzliche Frage ist, ob Frauen sich von Vorstellungen der »Un-weiblichkeit« freimachen, um dann die nächsten emanzipatorischen Schritte zu gehen, die ihnen eine wichtige Erfahrung jüdischer Spiritualität ermöglichen.

Die Tefillin (Gebetkapseln)

Alle Vorbehalte, Bedenken und Ängste von Männern und Frauen, die das Tragen des Tallit durch Frauen betreffen, finden sich in noch verstärkterer Form bezüglich der *Tefillin*. Frauen sind davon befreit, weil das Gebot an eine Zeit gebunden ist. Offensichtlich bestanden sie immer wieder auf der freiwilligen Durchführung als Teil ihres Gebetslebens. Das spiegelt sich u. a. in der bei dem Tallit erwähnten Deutung von Dtn 22,5. Tefillin verkörpern mehr noch als der Tallit ein männliches Symbol. Zunächst stellt sich also die Frage: Um was handelt es sich hierbei? Welches biblische Gebot wird hier befolgt und wie?

Das Gebot im »Höre Israel« lautet, die Worte Gottes stets zu bedenken und ihnen zu folgen: »Binde sie zum Zeichen an deine Hand und sie seien ein Merkzeichen zwischen deinen Augen« (Dtn 6,8). Wie bei vielen religiösen Einrichtungen erfahren wir die Art der Durchführung in der mündlichen Lehre. Ursprünglich handelte es sich vielleicht um amulettartige Lederstreifen mit Bibelversen, die als Armband und Diadem getragen wurden. Dann mag man solche Verse zum Schutz vor Unheil in beliebige Kapseln getan haben. In frührabbinischer Zeit entstand die bis heute übliche Form der Tefillin. Der griechische Name, Phylakterien, findet sich im Neuen Testament (Mt 23,5). Nach der Beschreibung des Kirchenvaters Hieronymus z. St. befanden sich darin u. a. die Zehn Gebote. Das wurde später geändert, jedoch bezeugen es neuerdings die ältesten Funde von Tefillin-Fragmenten aus den Höhlen am Toten Meer (1. Jahrhundert n.). Die Kapseln sind klein und quadratisch, aus schwarzgefärbtem Leder und mit einer Riemenhalterung. Jede Kapsel heißt hebr. *Tefilla*, d. i. das »Gebet«. Sie enthalten die auf winzigen Pergamentröllchen geschriebenen Verse Ex 13,1–10; Ex 13,11–16; Dtn 6,4–9; Dtn 11,13–21. Leder, Pergament und Nähmaterial stammen von rituell reinen Tieren. Schreiben und Herstellung gehören zu den überlieferten jüdischen Männerhandfertigkeiten. Manchmal haben die Kapseln prächtige Hüllen aus Edelmetall. Sie werden in einem eigens dafür vorgesehenen Beutelchen bewahrt und mit großer Ehrfurcht behandelt.

Das Binden an die linke Hand beginnt am Oberarm gegenüber dem Herzen. Beim Umwickeln des Mittelfingers werden die Verlobungsworte Gottes mit Israel gesprochen (Hos 2,21–22). Mystiker führten eine Meditation ein, die die Verbindung von Denken und Tun betont. Das Tragen setzt Gemütsruhe und Sauberkeit voraus; diese ist von *kultischer* Reinheit zu unterscheiden. Bei Trauer, Unruhe oder großer Erwartungsangst werden sie nicht angelegt. Ihre Zeit ist der Morgengottesdienst der Wochentage. Dazu muß der linke Arm entblößt werden. Das führte zu Schwierigkeiten in manchen westlich-gesitteten Synagogen, die es auf den Vorraum beschränkten. Die Tefillin werden nach dem Tallit angelegt. Gelehrte der frühen Zeiten trugen sie den ganzen Tag (vgl. ST 98). In manchen Epochen wurde das Tragen weitgehend vernachlässigt. Die Reformbewegung schaffte es ab.

Und die Frauen? Dazu lesen wir eine Lehre der Mischna-Meister (Bab. Talmud, Eruwin 96a): »Michal, die Tochter des Kuschiten (= Saul), pflegte Tefillin anzulegen, und die Weisen protestierten nicht. Die Frau des (Propheten) Jona pflegte zum Fest nach Jerusalem zu pilgern, und die Weisen protestierten nicht.« Darauf folgt eine Diskussion des Textes (nachvollziehbar in der deutschen Talmud-Übersetzung von Goldschmidt). Dabei wird angeführt, daß Mann oder Frau, die am Sabbat gebrauchte Tefillin im Freien finden, sie nach Hause bringen (dazu müssen sie wegen des Trageverbots angelegt werden). Neue Tefillin läßt man liegen, denn sie könnten gewöhnliche Amulette sein; nur die Knotenzeichen in den Riemen sind Beweis für Tefillin (dort, 96b). Ausführlich wird diskutiert, wie das mit den freiwillig von Frauen ausgeführten Geboten ist. Es konnte später nicht untersagt werden, daher benutzte man den Verdacht der »Überheblichkeit« von Frauen, die es besser lassen sollten. Da für manche nicht sein kann, was nicht sein darf, gibt es eine Lesart, in der das Wort »nicht« der Frauentradition von Königin Michal gestrichen ist. Raschis Enkel, Jakob Tam (1100–1171) setzte sich ausführlich damit auseinander und unterstützte Frauen (Tossafot z. St.). Kein Wunder, denn eine Tradition berichtet: Seine Mutter legte ebenso wie ihre beiden Schwestern (Söhne hatte Raschi nicht) Tefillin an.

So ging der Streit weiter, ob Frauen – wie Maimonides kodifizierte – jede Mizwa freiwillig ausüben durften ohne männlichen Protest (siehe bei Tallit). – Eine Zusammenfassung der Quellen bringt Halevi (1977, 24), der gleichzeitig rät, es zu untersagen. Das ist ein Zeichen für das Interesse bei israelischen Frauen! Außerdem bringt er eine wichtige kabbalistische Aussage zu Königin Michal, um die Tefillin als männliches Symbol zu stützen: In der innergöttlichen Sefirot-Welt gehören die Tefillin dem »Bereich der Männlichkeit« an. Michal wußte in ihrer Weisheit, daß ihre Seele aus diesem Bereich stammte und sie deshalb kein Kind bekam (2. Sam 6,23), daher legte sie Tefillin an (Halevi, dort). Eine berühmte Frau, die im vorigen Jahrhundert Tefillin legte, war die »Jungfrau von Ludomir« (siehe bei Lernprozesse).

Infolge des neuen Interesses an Ritualen begannen orthodoxe Frauen besonders in der Chawura-Bewegung der siebziger Jahre, sich mit dem Studium der Texte zu befassen, und eine Reihe von ihnen akzeptierten das Gebot für sich, denn sie führen ja ohnehin täglich das Morgengebet im Tallit durch, und dazu gehören die Tefillin. Zur Kenntnis bei vielen führte auch hier der Jewish Catalog, besonders durch die einfachen Anweisungen in englisch (Siegel u. a. 1973). In der religionsgeschichtlichen und psychoanalytischen Literatur wurde über Tallit und Tefillin ausführlich spekuliert, einen Überblick gab Theodor Reik 1930, 1964. – Vgl. L. I. Rabinowitz 1971. Zu Michal siehe ST 132.

Ein sehr nützliches Bild der neuen Entwicklungen im Zugang zu diesen Ritualen bringen die einschlägigen Beiträge im Kapitel »Women and Judaism« in der Sh'ma-Anthologie 1986: Carolyn Toll Oppenheim (Hg.in): Listening to American Jews, Sh'ma 1970–1985.

8. Minjan (Zehnerschaft) und Schriftlesung

Der öffentliche Gottesdienst

In biblischer Zeit war der Tempelkult in Jerusalem eine Veranstaltung von Fachleuten für Zuschauer. Es gab Priester, Opferaltäre, Weihrauch, Levitenchöre. Männer und Frauen befanden sich in den jeweils für sie bestimmten offenen Vorhöfen. Der Raum der Frauen hieß *Esrat Naschim* (»Hof der Frauen«). Er war nicht für Männer verschlossen. Lediglich am ausgelassenen Fest des Wasserschöpfens wurden zeitweilig hölzerne Balustraden errichtet, um die Frauen vor Belästigungen zu schützen (Mischna Sukka 5,1; Bab. Talmud, Sukka 51b). Dies wurde erst später als Ursprung von Frauenemporen im Sinne einer festen baulichen Einrichtung verstanden (Sukka, dort). Zugleich gab es bereits seit langem auch lokale Versammlungs- und Bethäuser in allen jüdischen Wohnorten, griech. Synagoge, hebr. *Beth-Knesset* genannt. *Keine der ausgegrabenen antiken Synagogen hat einen getrennten Raum für Frauen.* Da man jedoch annahm, daß es solche Emporen mit getrenntem Eingang geben »mußte«, konstruierten Wissenschaftler ein Modell, das seitdem als »Beweis« dient. Bernadette J. Brooten (1982) untersuchte das Material antiker Synagogen im Land Israel–Palästina und der Diaspora und stellte fest, daß es *keine* getrennten Frauenräume gab. Auch neueste galiläische Funde bestätigen dieses Ergebnis. Dazu erklärte der Jerusalemer Historiker Sh. Safrai, daß getrennte Räume für Frauen vermutlich unter islamischem Einfluß entstanden; in Europa kam dies wohl erst nach dem 12. Jahrhundert auf (Abr. Rabinovich 1986; Ezrat Nashim EJ 1989,253).

Im Gegensatz zum Tempel war der Synagogengottesdienst keine Angelegenheit von Priestern, sondern aller Anwesenden. Im Mittelpunkt stand die Schriftlesung mit Vers-für-Vers-Übersetzung und Auslegung. Jede/r las selbst aus der Schrift vor, erst später gab es besondere Vorleser, um diejenigen nicht zu beschämen, die es nicht konnten. Noch später verzichtete man auf die Lesetätigkeit der Frauen, um die Männer nicht zu beschämen (Babyl. Talmud, Megilla 23a). Mit dem Lesen verknüpft war das Aufrufen mehrerer Anwesender, um Segenssprüche zu sagen. Auch das entfiel nun für Frauen bis auf Ausnahmefälle, um bis in die Gegenwart so zu bleiben. Es bedurfte jedoch nur des energischen Willens von Frauen und der Bejahung durch fortschrittliche und egalitäre Rabbiner, um dies radikal zu ändern. So wurden die stets als Förderinnen betrachteten und gelobten Frauen nun *fordernde Förderinnen*.

Doch zunächst das traditionelle Bild: Männer und Frauen sitzen getrennt.

Ich erinnere mich aus meiner Kindheit an die Synagoge in der Oranienburger Straße in Berlin, die jetzt wieder aufgebaut wird. Ich saß mit meiner Mutter auf der Empore und lernte im Laufe der Zeit mit ihrer Hilfe, der langen hebräischen Liturgie zu folgen. Wollte ich etwas genau verstehen, befand sich die deutsche Übersetzung daneben. Da ich von klein auf hebräisch lernte, ging das recht gut. Vor allem aber war es eine emotionale Erfahrung, ein Eingehülltsein in die Schönheit der Gesänge und Worte, das Gefühl, ganz inmitten einer Gemeinde zu stehen, die meine eigene Identität mitprägt. Mein Vater und Bruder waren unten bei allen Männern. – Wohl keine der Frauen, die dort andächtig beteten, fühlte sich »diskriminiert«. Das hätte nicht in das selbstbewußte Bild und die entgegengebrachte Achtung und Zärtlichkeit der Männer gegenüber den Frauen gepaßt. Es gab bestimmte Rollen für Frauen und für Männer. Die ganze Familie fühlte sich zur Toralesung gerufen, wenn ein Vater oder Bruder hervortrat, um die Segenssprüche zu singen.

So war es damals in der liberalen Synagoge mit Orgel und gemischtem Chor. In anderen Ländern gab es schon längst den Brauch des *gemeinsamen* Sitzens von Männern und Frauen. In Deutschland konnte es nach 1945 keine Weiterentwicklung in dieser Richtung geben, als sich nach der Vernichtung neue Gemeinden unter vielfältigen heterogenen Bedingtheiten und Prägungen zusammenfanden. Jeder brachte die Erinnerungen verlorener Gemeinden vor allem aus Osteuropa mit. In der Skala der religiösen Richtungen in den USA würde die getrennte Sitzordnung auf die moderne Orthodoxie hinweisen. Nicht alle Gebetsräume haben eine Empore, es kann auch eine Saalhälfte für Männer und die andere für Frauen bestimmt sein. Wichtig für Orthodoxe ist eine Abtrennung, hebr. *Mechiza*. Sie reicht von ultra-orthodoxen Milchglasscheiben, dichten oder durchsichtigen Vorhängen und Ziergittern bis hin zu symbolischen Kordeln als

Trennlinie. Über jeden Schritt einer Gemeinde zu einer dieser Formen kann es lange Diskussionen geben. Oft fühlen Männer, daß sie wenigstens beim Gottesdienst ihren dominanten Frauen entgehen können. Hier ist ihre letzte Bastion. Und oft fühlen Mädchen, daß sie wenigstens beim Beten nicht von Jungens geneckt oder am Zopf gezogen werden können.

Bei nicht-orthodoxen Gemeinden beteiligen sich Mädchen und Frauen laut an den gemeinsamen Responsen, die gesungen oder gesprochen werden. Für orthodoxe Frauen ist das wegen der »unkeuschen« Stimmen verpönt (siehe »Das Keuschheitsideal«), außer wenn sie mit anderen Frauen beten. Das geschieht z. B. in orthodoxen Mädchenschulen. In Einheitsgemeinden, wie sie in Deutschland üblich sind, beten Frauen mit oder ohne Gesang, viele summen leise ihr Gebet. Es gibt manche Männer und Frauen, die trotz aller Bitten von Vorständen die Synagoge wie ein Zuhause empfinden und sich unterhalten. Das ist auch deshalb so, weil die nicht-liberalen Gottesdienste viele Stunden dauern. Zudem findet die Schriftlesung auf hebräisch statt und ist ebenfalls lang und mit vielen Unterbrechungen gestaltet. Sie wird von einem Teil der Anwesenden in einer ihnen verständlichen Sprache mitgelesen. Aber es besteht kein Zwang dazu. Das befremdet oft nichtjüdische Gäste, die das von ihrer Kirche nicht so kennen. Andere fühlen sich wohl, weil es so familiär zugeht.

Das jüdische Gebetbuch enthält sämtliche Stücke, die von Einzelnen oder der Gemeinde gebetet werden. Aber bestimmte Gebete werden traditionellerweise nur bei der Anwesenheit eines *Minjan*, die Mindestgemeinde von zehn religionsmündigen Männern, gebetet. Die religiös-liberalen Richtungen zählten von Anfang an die Frauen mit. Auch viele Konservative tun das seit einigen Jahren. Orthodoxe Frauen richten sich nach der halachischen Bestimmung und sind daher auf zehn Männer angewiesen, um auch diese Stücke mitbeten zu können oder zu hören: die Aufforderung zum Gotteslob *(Barchu)*, das Kaddisch-Gebet und die *Keduscha* (Heiligung) mit dem dreimaligen Heilig (Jes 6,3). Die Leitung des Gebets obliegt den Vorbetern, die sich bei langen Gottesdiensten abwechseln. Männer, die »Jahrzeit« haben, d. h. den Todestag von Eltern oder anderen nahen Verwandten, werden dazu aufgefordert. Während des Trauerjahrs sollen Männer täglich mit einer Gemeinde das Kaddisch-Gebet sprechen. Es erinnert u. a. an die Toten, obwohl es eine Preisung Gottes ist und mehrfach während der Liturgie in diesem Sinn gesprochen wird, mit der Bitte um göttlichen Segen. Frauen waren durch Jahrtausende gewohnt, daß dies eine Aufgabe der Männer ist. Es gehörte zur Rollenverteilung. Wo Frauen ein Gebetbuch mit für sie bestimmten muttersprachlichen Varianten hatten, fand sich all dieses und war ihnen vertraut.

Es gab in früheren Zeiten auch liturgisch gebildete Frauen, z. B. die Frau des Rabbiners (hebr. : Rabbanit, jidd: Rebbetzin), die Sagerin (auch: Sogerin), Jiddisch auch: Woilkenefdike, »sich wohl (= gut) Auskennende«. Das geschah synchron mit dem hebräischen Gebet der Männer. In beiden Abteilungen der Synagoge wurde gemurmelt, weil jede/r flüsternd beten soll und nicht nur mit den Augen den Text lesen. Pauline Wengeroff schildert auch den »Soger«, der an kleinen Orten in Ermangelung einer »Sogerin« – »in der Mitte der Frauenabteilung in ein Faß kriechen und von diesem ›Schutzwall‹ aus – von den Weibern umgeben – die Gebete vorlesen mußte. Wie man sich denken kann, gab es dabei oft komische Szenen, und für die Anekdotenbildung war ein Faß ein unerschöpflicher Born« (Wengeroff 1908, 1, 110). Zum westlichen Stil gehört das würdige und stille Verhalten in der Synagoge. Das führt oft zu einer Art Zuschauerkult, wo niemand wagt, mit dem herrlichen Chor mitzusingen. Viele ändern das wieder in Richtung größerer Intimität des Betens.

Aus dem 12. Jahrhundert besitzen wir eine Schilderung des synagogalen Wirkens der jungen Dolza, Frau des berühmten Mystikers Eleasar Rokeach aus Mainz: »... Sie machte Dochte / für Synagoge und Lehrhaus und sprach die Psalmen. / Melodische Hymnen und Gebete sang sie, sprach Bittlitaneien, / beherrschte [die und die großen Gebete] / lehrte in allen Städten die Frauen und Sängerinnen. / Sie machte liturgische Ordnungen morgens und abends / und war als erste und letzte im Bethaus. / Oh, und an jedem Jom Kippur stand sie und sang...« So beweinte ihr Witwer sie, als sie 1196 mitsamt ihren Töchtern von Christen ermordet wurde (der hebräische Text in Haberman 1972; meine volle Übersetzung in ST 32–34).

Das Mitwirken von Frauen im Laufe der Geschichte ist noch längst nicht genügend erforscht. Das betrifft z. B. die Gebetstexte, vor allem in den verschiedenen Sprachen; manche wurden von Männern für Frauen aus dem Hebräischen übersetzt oder meditativ erweitert, andere stammen von Frauen. Manchmal gibt es dazu Angaben in Gebetbüchern.

Interessant ist die Geschichte der weitverbreiteten offiziellen Feiertags-Gebetbücher der Orthodoxie des Britischen Reiches (jetzt: Commonwealth), das auch in der amerikanischen modernen Orthodoxie seit Generationen verbreitet ist; die schönen Übersetzungen sind vor allem das Werk einer gelehrten und begabten Familie – Arthur Davis (1846–1906) und seiner Töchter Elsie und Nina, die die Hymnen nachdichteten. Nina Davis Salaman (1877–1925) war eine bekannte Dichterin. Die Namen der antiken und mittelalterlichen Autoren und ihrer Übersetzer befinden sich in jedem Einzelband: Die Frauen sind sichtbar (Service of the Synagogue, Hrsg. H. M. Adler, siehe Nachruf auf Arthur Davis, Bd. Pentecost). Eine ähnliche Initiative ist in Deutschland meines Wissens niemals erfolgt.

Halachische Regeln und Ausnahmen

Minjan heißt eigentlich »Zahl« und bezeichnet, wie gesagt, die Mindestzahl von zehn religionsmündigen männlichen Betern. Sie stellen die Öffentlichkeit dar, in welcher die volle Liturgie gebetet wird: »Öffentlichkeit beginnt mit Zehn« (Babyl. Talmud, Sanhedrin 74b). Eine Zehnerzahl wird biblisch als kleinste politische Einheit mit eigenem Leiter genannt: zehn Familien (Ex 18,21). Für liturgische Zwecke reichen zehn Personen aus. Die Mischna (Megilla 4,3) zählt die betreffenden Gebetstücke auf, dazu gehört auch eine bestimmte Form des Tischgebets. Manches ist nicht mehr üblich. So wurden einst die Trauernden nicht mitgezählt (Babylon. Talmud, Ketubbot 8a).

Offensichtlich bestehen Probleme in kleinen Gemeinschaften, die sich aus Familienmitgliedern oder Nachbarn zusammensetzen. Manche gestatten dann das Mitzählen eines Knaben, der noch nicht religionsmündig ist. Andere tun das höchstens im Notfall oder untersagen es gänzlich. Nach einer palästinensischen Tradition gab es Umstände, unter denen auch sieben Männer genügten (Traktat Sofrim 10,7). Danach richtete man sich zeitweilig im Jemen. Im 19. Jahrhundert gestattete es der russische Rabbiner N. Z. J. Berlin, »der Naziw«, eine strikt orthodoxe Autorität.

Da der traditionelle Minjan eine Verpflichtung der Männer ist, werden Frauen nicht mitgezählt. Sie sind freigestellt, weil es sich um Gebote handelt, die an eine feste Zeit gebunden sind. Die männliche Verpflichtung bedeutet häufig eine Unbequemlichkeit. Viele Frauen würden es daher unzumutbar finden, sie darauf zu verpflichten. Sie haben nicht zu Unrecht den Verdacht, daß so mancher Mann sich da gern drücken würde.

Die Schriftlesung

Der Pentateuch ist in Wochenabschnitte eingeteilt, deren Lesung im Mittelpunkt des Gottesdienstes an Sabbat und Feiertagen steht. Die Lesung erfolgt bei Anwesenheit eines Minjan. Gelesen wird aus einer nach biblischem Vorbild handgeschriebenen Pergamentrolle: Der Text besteht aus den hebräischen Konsonanten ohne die in gedruckten Bibeln üblichen Vokal- und Tonzeichen, ohne Einteilung der Sätze oder gar Versnummern und Kapitel, die alle erst im Mittelalter entstanden sind. Die Lesung wird meist nach alten Musiktraditionen durchgeführt. Es handelt sich also um eine religiöse Kunstform, die auf langer Erfahrung oder intensiver Vorbereitung beruht. Dabei kommt es mehr auf die Genauigkeit an als auf den sängerischen Vortrag. Zu jedem Wochenabschnitt gehört eine Prophetenlesung. Diese wird aus einer gedruckten hebräischen Bibel gesungen. Die Melodien sind anders als die der Tora-Lesung. Der Vortrag ist leichter, weil der Text die oben genannten Lesehilfen enthält. Dennoch dürfte sich wohl kaum ein christlicher Theologe finden, der ohne Ausbildung bei jüdischen Experten einen solchen Text flüssig singen könnte.

Die Schriftlesung macht deutlich, weshalb die Zehnerzahl wichtig ist: Einer liest vor. Der Zweite liest in einer gedruckten Bibel mit, um notfalls zu verbessern. Zugleich hält er seitlich die Tora-Rolle für den Vorleser offen. Sieben werden zur Vorlesung aufgerufen, um vor und nach einem Absatz die Segenssprüche zu sagen: als erster ein Kohen, als zweiter ein Levit, dann alle anderen. Der Zehnte liest den Prophetenabschnitt vor. Außerdem gibt es weitere Funktionen rund um die Lesung. Dafür sollten möglichst andere Teilnehmer aufgerufen werden. In Kleinstgemeinden teilen sich die genannten Zehn notgedrungen in diese Aufgaben. Die anwesenden Frauen beobachten gern, daß die Männer der Familie sich ihrer Aufgaben gut entledigen. Oft wird kritisch verglichen.

Wenn kein Minjan vorhanden ist – auch nicht mit Hilfe eines jungen Knaben –, kann die Schriftlesung nicht aus der Tora-Rolle erfolgen. In diesem Fall wird eventuell der Abschnitt aus einer gedruckten Bibel vorgelesen, und zwar ohne die einleitenden und abschließenden Segenssprüche. In manchen Gemeinden entfällt die Lesung ganz. Das geschieht z. B. oft in Kleingemeinden in Deutschland. Bestenfalls tritt an ihre Stelle eine Betrachtung zum Inhalt des Textes. Das kann etwa bei dem anschließenden Kiddusch, dem Weinsegen, rings um den Tisch stattfinden. – Für viele, die sich an die Traditionen ihrer orthodoxen Kindheit erinnern, kommt anderes nicht in Frage. Das ist sehr schade, denn es gibt die halachischen Ausnahmen zu diesen Regeln. Für fortschrittliche Traditionalisten ergibt sich hieraus eine Ansatzpunkt für egalitäre Forderungen. Wo sich genügend Druck aufbaut, kann das Wirkung haben. Es geht jedoch vor allem um den Willen, die Energie und die Beharrlichkeit von Frauen, wirklich dabeizusein und mitzumachen. Anders bleibt es bei theoretischen Überlegungen. Auch muß aufgedeckt und durchgearbeitet werden, worauf sich im halachischen Prozeß diejenigen stützen, die sich weigern, etwas zu ändern.

Eine frühe rabbinische Quelle zur Frage findet sich im Babylonischen Talmud, Megilla 23a: »Die Mischna-Meister lehrten: Alle rechnen im Minjan der Sieben mit (d. h. die zur Toralesung aufgerufen wurden), selbst Minderjährige und Frauen. Aber die Weisen sagten: Eine Frau soll nicht aus der Tora vorlesen wegen der Ehre der Gemeinde.« Hier findet sich ein Ansatzpunkt für eine Minderheitenmeinung, die für ein vom Brauch abweichendes Verständnis benutzt werden kann. Angelpunkt ist »die Ehre der Gemeinde«. Hängt sie vom jeweiligen gesellschaftlichen Konsens männlicher »Würde« ab? Hier ist keine Rede von irgendeiner sexuellen Provokation durch die »verbotene« Stimme der Frau. In ähnlicher Weise wird auch vor dem Vorbeten der Frau beim Tischgebet gewarnt: Ein Mann, der darauf angewiesen ist, weil er es selbst nicht kann, ist verächtlich (Bab. Talmud, Berachot 20b). Das Beschämen des Nächsten ist unethisch. Es ergibt sich also eine psychologische Frage, die mindestens den gleichen Rang hat wie eine legale Spielregel. Hier stellen orthodoxe Männer und Frauen neue Fragen, die sie je nach Temperament beantworten.

Nun kannte man jedoch schon seit Jahrhunderten Situationen, in welchen es notwendig war, Frauen zur Schriftlesung aufzurufen. So erhielt der führende deutsche Rabbiner des 13. Jhd., Me'ir von Rothenburg, von einem Kollegen folgende Anfrage: In einer Stadt befinden sich viele Priesterstämmlinge (Kohanim) und nur zwei oder drei Israeliten (d. h. die weder Priester noch Leviten sind). Wer soll zur Toralesung aufgerufen werden? Sein Gutachten lautete: Wenn es nur zwei oder drei Israeliten gibt, so soll zuerst ein Kohen die beiden ersten Absätze lesen, und danach sollen die Israeliten jeder mehrmals aufgerufen werden. Gibt es keine Israeliten, so werden die Frauen und Kinder an ihrer Stelle aufgerufen. Gibt es jedoch nur Kohanim und keine Frauen und Kinder, so darf man die Tora nicht lesen, weil kein Kohen zur dritten bis siebenten Lesung gerufen werden soll, um den Eindruck zu vermeiden, daß er kein Kohen sei. – Diese Auskunft beruht auf älteren Quellen und wurde ihrerseits im 17. Jhd. von Rabbiner Jakob Weil benutzt (I. A. Agus 1947, 171–72). Zwar besteht keine Schilderung der tatsächlichen Durchführung. Jedoch gilt die Responsenliteratur als der getreueste Spiegel des jüdischen Lebens, weil Fragen wie Antworten sich auf konkrete Situationen bezogen. – Es ist keine Frage, daß sich traditionalistische Männer durch eine solche liturgische Teilnahme von Frauen in ihrem Selbstverständnis bedroht fühlen. Wie gut ist es für sie und die Gesamtgemeinde, darauf weiterhin Rücksicht zu nehmen?

Zur Durchführung der Tora-Lesung ist festzuhalten: Bereits im Altertum beherrschten nur wenige diese Kunst. Daher führt sie jemand aus, der von der Gemeinde dafür eingesetzt wird. Die Aufgerufenen haben nur die Segenssprüche vorzutragen. Sie können sie ablesen, dafür befinden sich oft Tafeln am Pult. Es geht also mehrheitlich um eine Ritualisierung, die zu einem männlichen Kennzeichen rückentwickelt wurde. Viele Frauen fühlen sich damit einverstanden: weil es noch nie in ihrem Umkreis infragegestellt wurde, keine Anstöße sie zu Änderungen anregen oder sie »so viel anderes zu tun« haben – einschließlich hochqualifizierter Berufe –, daß sie sich durchaus keine weiteren Fertigkeiten und Verpflichtungen aufbürden mögen.

Es ist noch etwas über die *Beziehung zur Tora-Rolle* zu sagen. Einerseits ist sie der heiligste Gegenstand des Judentum, andererseits wird sie wie ein Kind getragen und wie eine Frau gekleidet, in Samt und Seide und schönem Schmuck. Wer sie noch nie geöffnet aus direkter Nähe sah, ist zutiefst angerührt von diesem Band mit allen jüdischen Generationen. Frauen, die erstmals aufgerufen werden, haben oft Tränen in den Augen. Später tritt der vertraute und respektvolle Umgang ein. Jedenfalls wird erfahren, daß es sich um kein Tabu-Objekt handelt, und damit werden Ängste und Befangenheiten ausgeräumt.

Die Schriftlesung des Purim-Festes

Im Frühjahr findet das ausgelassene »Fest der Lose«, *Purim*, statt. Es erinnert an den geplanten Genozid im Perserreich und die Errettung durch Königin Esther. Die *Megilla*, die Esther-Rolle, wird im Abend- und Morgengottesdienst unter allerlei Schabernack in der Synagoge vorgelesen. Auch diese Lesung ist eine schwierige Kunst, die gelernt, geübt und wiederholt sein will. Sind Frauen befreit, weil es eine zeitgebundene Mizwa ist? *Nein*, sagt ein Mischnameister: »Frauen sind verpflichtet, die Megilla zu lesen, denn das Wunder betraf *auch sie*« (Bab. Talmud, Megilla 4a). Ein französischer Erklärer des 12. Jahrhunderts radikalisiert diese Aussage: »Das Wunder geschah *wegen* der frommen Verdienste Esthers und der damaligen Frauen« (Raschbam z. St.; siehe A. Weiss 1990.)

Was aber ist mit »lesen« gemeint? Leise lesen, sich selbst laut vorlesen, anderen vorlesen oder das Lesen anderer hören? Darüber geht die Diskussion durch die Generationen. Sie nachzuverfolgen – in hebräisch und aramäisch oder mit Übersetzungshilfe und Zusammenfassungen – ist ein typisches Stück jüdischen Lernens. Den einen macht es Vergnügen, andere wollen nur die Ergebnisse wissen, und so ist für die verschiedenen Temperamente gut gesorgt. Bereits in der Mischna-Zeit bestand diese Meinungsverschiedenheit.

1. Eine Quelle sagt: Hören genügt! (Tossefta, Megilla 2,4). Danach richten sich die einen.

2. Die anderen fragen: Wie ist das mit dem Minjan? Wenn Frauen lesen sollen, sind sie Teil des Minjan! Sie können oder sollen daher aufgrund der gegenseitigen Minjan-Verpflichtungen das Esther-Buch liturgisch Männern vorlesen! So deuteten es der provenza-

lische Erklärer Me'iri (13. Jhd.) und der spanische Talmudist Nissim Gerondi (14. Jhd.). Dieser schreibt: »Gewiß werden die Frauen im Minjan gezählt, wenn sie Männern die Megilla vorlesen«!

A. Weiss (1990, 51) schließt seinen Überblick über viele Quellen mit den Worten: »Das Einbeziehen von Frauen in diesen Minjan hat nichts mit sensationellen feministischen Forderungen zu tun. Es ist eine Folge des Status der Frau in der Halacha. Wenn Frauen die gleichen Verpflichtungen wie Männer betreffs der öffentlichen Verlesung der Megilla haben, ist es ihr Recht, im Megilla-Minjan mitgezählt zu werden.« Das bedeutet: Möglichst viele Frauen und Männer haben sich auf die schwierige Kunst wenigstens für einige Verse vorzubereiten. Es sollte nicht einem einzigen Experten überlassen bleiben, wie es meist geschieht. Halevi (1977, 140) lehrt: Nur falls kein Mann es kann, soll eine Frau ihnen vorlesen; einfacher ist es, daß eine Frau einer Gruppe von Frauen vorliest. – Jüdische feministische Theologie beinhaltet das Mitwirken in der liturgischen Gemeinschaft: Sei es ein Studentenkreis, seien es mehrere Familien, seien es Jugendliche, die es für ihre Großeltern lernen usf. – die ganze Spielbreite von Gemeinschaft ist angesprochen. Noch sind wir sehr weit davon entfernt, daß viele Männer und Frauen die Megilla vorlesen können.

Und auch weiteres gehört dazu: Jüdische und christliche Frauen denken neu über die verstoßene Vorgängerin Esthers nach, Königin Waschti. In radikalen Auffassungen erscheint sie zusammen mit Lilith als Inbegriff der selbstbestimmten Frau. Oft wird allerdings vergessen, daß die Schilderung der Angst heidnischer persischer Würdenträger vor einem Aufstand ihrer Frauen (Est 1,9–22) ein literarisches Stilmittel ist, nämlich eine Parodie auf Heiden, wie sie sich z. B. häufig bei den Propheten findet. Es geht dabei nicht um eine jüdische Phobie. (ST 81–84). Dennoch können diese Aspekte ihren heutigen Ausdruck finden, wenn wir Bibliodrama spielen. Tauchen dabei unhistorisch *die Juden* als die Unterdrücker der Frauen auf, sollte es durchgesprochen werden.

Purim ist die Zeit der Masken, die wir vorbereiten und tragen. Wie sieht es aus um Esther-in-uns, Waschti-in-uns, Hamans Frau Seresch-in-uns? Purim war stets die Zeit, in der sich Talmudstudenten trotz biblischem Verbots (Dtn 22,5) als Frauen verkleiden durften, um Purimspiele aufzuführen. Wie gehen wir mit den männlichen und weiblichen Anteilen unseres Ichs um? Legen wir manchmal unsere Masken ab? Purim, ein Fest der jüdischen Befreiung von drohendem Völkermord, sollte auch uns Frauen die Befreiung bringen, die im Lachen und Rollenspiel stattfindet oder aber ausbleibt und zu neuem Verstecken führt. (Zu Purim auch P. V. Adelman 56–59)

Traditionskritik der Reform und ihre Rezeption

Für das religiös-liberale Judentum und besonders für seinen radikalen Reformflügel ist die Gleichheit der Geschlechter im öffentlichen Gottesdienst ein geheiligter Grundsatz. Nicht alles konnte sofort durchgeführt werden, und wo es verschiedene Meinungen gibt, hängt es von den Kräfteverhältnissen der jeweiligen »Fraktionen« ab. Die Vorstellung eines nur-männlichen Minjan wird abgelehnt. Es heißt grundsätzlich für die Gemeinden (Freehof 1944, 1, 49): »Frauen haben im Reformgottesdienst volle religiöse Gleichberechtigung mit Männern. Sie zählen im Mindestquorum der Zehn, dem Minjan, und nehmen bei besonderen Anlässen an der Leitung des Gottesdienstes teil.« Auch die Sitzordnung ist gemeinsam: »In Reformtempeln gibt es keine Frauenempore. Männer und Frauen sitzen zusammen, und viele Tempel haben Familienbänke, wo Eltern und Kinder zusammen beten« (dort, 52). Als besondere Anlässe galten damals (Freehof 1952, 2, 67): »Die meisten Reformgemeinden begehen einen Sabbat der Schwesternschaft, an welchem Frauen sich an der Durchführung des Gottesdienstes beteiligen. In manchen Gemeinden gibt es jeden Freitagabend ein Ritual des Kerzenzündens, das meist von Frauen ausgeführt wird.« Beispiele dafür finden sich in einer Gebetsanthologie (J. Bosniak 1958): Unter Hunderten von veröffentlichten neuen Gebeten befanden sich gerade zwölf, die von sieben Frauen stammen, davon fünf Ehefrauen von Rabbinern. Zehn Gebete wurden bei Frauentagungen gesprochen, eines bei einer Gedenkfeier und eines vor einem gemeinsamen Tora-Studium. Auch dieses sind eher schüchterne Traditionen, wenn sie von der seitherigen Entwicklung her betrachtet werden.

Noch zurückhaltender ist die liberale Tradition deutschen Stils: Sie ist eher mit dem verwandt, was in den USA »konservativ« heißt.

Wegen der Gleichheit werden Frauen zur Schriftlesung aufgerufen. Das betraf zunächst durch Generationen in den USA die Bat-Mizwa-Feier oder Konfirmation der Mädchen. Gemeinden haben dabei ziemliche Freiheiten, sie können mehr oder weniger tun, als die zentralen Ratgeber ihrer Bewegung empfehlen. Wo Kritik fruchtbar wird, folgen andere nach. Daß es dafür traditionelle Vorbilder gibt, freut die einen, während andere sich eher von ihrer Verantwortung leiten lassen. – 1980 formulierte das Responsa Committee der Reformrabbinerkonferenz: »1. Wir betrachten es als ungehörig, wenn Knaben und Mädchen vor dem Bar/Bat/Mizwa-Alter die Tora bei einem Gottesdienst für Erwachsene vorlesen. Das betrifft auch die Segenssprüche. – 2. Wir machen keinen Unterschied zwischen Männern und Frauen als Toraleser oder bei den Segenssprüchen« (W. Jacobs 1983, 100). Hier spiegeln sich die konkreten Schritte der Entwicklung wider: Zunächst lasen Knaben und Mädchen die Schrift bei Jugendgottesdiensten, dann wurden sie vorzeitig zur Mitwirkung bei Gemeindegottesdiensten aufgerufen, um schließlich erst mit der Religionsmündigkeit solche Funktionen zu erfüllen. Das betraf unterdessen auch die Aufgabe des Lesens selbst. Auch in Israel gingen diese Schritte in den Reformgemeinden vor sich. 1958 entstand die erste progressive Gemeinde in Jerusalem. Meine Tochter Mirjam fand es als selbstverständlich, bei ihrer Bat-Mizwa aufgerufen zu werden. So wurde sie die erste in Israel, der darauf bald viele andere folgten, auch in anderen Gemeinden.

Heute sind sowohl in Israel wie in England und den Niederlanden Mädchen schon längst voll in diese Aufgaben integriert. Ende 1990 entschloß sich die Liberale Gemeinde in Zürich ebenfalls dazu.

Vorbilder regen zum Wetteifer an. Auch die Konservativen ermöglichten ihren Gemeinden in den USA und Großbritannien die gleichen Schritte. Jedoch ist auch hier der Brauch unterschiedlich. So können Frauen seit 1955 zur Tora-Lesung aufgerufen werden, 1973 kam die Zählung im Minjan dazu, wenn die Gemeinde es so abstimmt. Beides bedeutet mehr Verpflichtung als in der Reform, weil es tägliche Gottesdienste gibt. Die Kritik bezieht sich hier auf die Notwendigkeiten des Lebens, die sich grundlegend gegenüber einer früheren Zeit geändert haben. Damit steigt das Bedürfnis nach Menschen, die die Verantwortung gleichberechtigt mittragen.

Weitaus schwieriger ist es angesichts des zentralen Halacha-

Begriffs in den Orthodoxien. Erwartungsgemäß werden hier die schärfsten Vorwürfe an die Tradition angemeldet. Berufstätige Expertinnen auf verschiedensten Fachgebieten widersetzten sich der auferlegten Zuschauerrolle. Besonders verletzend ist dies, wo auf einen zuspätkommenden, gleichgültigen oder unwissenden »Zehnten Mann« gewartet wird, während qualifizierte Frauen anwesend sind. Das ist Kolleginnen und mir häufig in quasi-orthodoxen Gemeinden passiert. Denn nicht überall gibt es die gewünschte Auswahl an Gemeinden und Richtungen, und daher ergeben sich bei aller Zuneigung zu den Mitgliedern oft tragikomische Situationen. Etwa wenn beim Torafreudenfest »alle Anwesenden« nacheinander aufgerufen werden und das so verkündet wird – und keiner merkt, daß damit *nur die Männer* gemeint sind. Manchmal bleibt nichts anderes als das Hinausgehen aus dem Gottesdienst übrig.

Aus solchen bedrückenden Erfahrungen heraus kann ich gut den Zorn von Frauen verstehen, die aus persönlichen Gründen keine andere Gemeinde wünschen. Sie wollen aus der Halacha heraus Dinge verändern. Die Ausnahmen erhalten hierbei besonders großes Gewicht. Manche betonen mehr die soziologischen Änderungen, andere fordern die theologische Rückbesinnung auf die Ethik der Tora. Sie werden von Denkern wie E. Berkovits unterstützt, der seit Jahrzehnten lehrt, daß es eine halachische Ethik gibt, die von den offiziellen Rabbinaten verraten wird (1990).

Feministische Kritik

Orthodoxe Frauen benutzen gern Vorwände (wie z. B. »zu große Entfernungen«), um selten zum Gottesdienst zu gehen, denn sie fahren nicht an Sabbat und Feiertagen. Der Verdacht liegt nahe, daß darin auch ein unterdrückter Protest liegt, den sie aus Ängsten, Loyalität oder Partnerschaft nicht äußern wollen. Andere finden sehr beredte Worte wie die Autorin Cynthia Ozick (1979): Der nette orthodoxe Rabbiner ihrer Synagoge meinte mit »Juden« Männer, während er Frauen jeden Alters liebevoll als »jüdische Töchter« bezeichnete. Dies ist der einzige Ort in der Welt, wo sie, als Frau älteren Jahrgangs, nicht als selbständige Person und nicht als Jude bezeichnet wird. Die

Befreiung von der Teilnahme um der Kleinkinder willen führte zur Benachteiligung. Es schockierte sie – und anderen geht es ähnlich –, daß der Ausdruck »wegen der Ehre der Gemeinde« ungeprüft von jüdischen Gelehrten einfach hingenommen wird. Und ebenso schokkierend fand sie – mit anderen – die These, daß es angeblich an der christlichen Gesellschaft liege, wenn auch Juden den öffentlichen Gottesdienst für wichtiger hielten als er ist, während doch die Religion des Hauses vorrangig sei. Hinter solchen Ausflüchten als Antwort auf die Forderung nach dem Mitgezähltwerden könne man nichts anderes sehen als »Eifersucht wegen Prestige, das verlorengeht, wenn eine niedere Kaste Zutritt dazu erhält.«

In ähnlicher Weise haben viele, vor allem orthodoxe, Feministinnen der letzten 20 Jahre argumentiert. Manche schufen als friedlichen Ausweg ihre eigenen Gebetsgruppen, denn anders als Nicht-Orthodoxe sehen sie keine Möglichkeit für egalitäre Gemeinden. Blu Greenberg (1981, 93) nennt das Kind beim Namen: Die Orthodoxie ist besonders deshalb gehemmt, weil diese Schritte zuerst von Reformern, Rekonstruktionisten und Konservativen verwirklicht wurden und es daher »unmöglich ist, das Problem unabhängig von seinen politischen Obertönen auch nur zu durchdenken«.

Egalitäre Gemeinden

Seit den 60er Jahren gibt es in verschiedenen Ländern Gemeinden der nicht-orthodoxen Bewegungen, die nicht mehr mit einem vorrangigen Mitwirken von Männern belastet sind und zugleich die Kinder stärker als früher mit einbeziehen. Vorstände werden z. B. grundsätzlich paritätisch gewählt. Es gibt Männer, Frauen, Mädchen und Knaben, die vorbeten und die hebräische Schriftlesung singen. Für viele, die anders aufgewachsen sind, ergab sich dadurch eine Befreiung ihrer Person. Solche Gemeinden haben Rabbiner oder teilen sich in die Aufgaben. Anstelle der Predigt oder Schriftdeutung durch immer die gleiche Person ist es ein Turnus von Jugendlichen bis Senioren, die ihre Gedanken vorlegen. Statt dessen kann auch ein Zwiegespräch oder eine Lernrunde zum Wochenabschnitt während des Gottesdienstes stattfinden.

In Jerusalem gründeten wir vor vielen Jahren eine solche Gemeinde, ohne erst ein großes Programm zu entwerfen. Einige von uns waren Rekonstruktionisten, andere waren konservativ oder reformiert. Manche waren und sind vor allem an den Diskussionsrunden oder anderen Programmen interessiert. Angeblich ist es die Gemeinde mit dem höchsten Prozentsatz an Rabbinern im Ruhestand in der Welt. Mittlerweile gibt es auch ein Gebäude, das zugleich ein Erinnerungsmal an gefallene Söhne von Mitgliedern ist, und ein Begegnungszentrum des Viertels, vor allem für Jugendliche. Die Gemeinde heißt *Mewaksche Derech*, d. h. »Sucher des Wegs«. Wenn bestimmte Formen zu starr und stereotyp werden, melden sich mit Sicherheit Kritiker mit neuen Vorschlägen. Zu den Studenten, die gern teilnehmen, gehören auch solche aus Deutschland während ihres Israel-Studienjahrs.

Die Gemeinde hat keinen bestallten Rabbiner. Eine ordinierte Rabbinerin arbeitet ehrenamtlich mit. Der Vorbeter wird gelegentlich durch andere, etwa seine junge Tochter, abgelöst. Auch die Schriftlesung wird egalitär durchgeführt. Bei vielen Gelegenheiten werden Paare gemeinsam aufgerufen. Es werden viele traditionelle Formen bewahrt, aber in flexibler Weise. Ein wichtiges Motiv ist die Verbindung von Menschen, die aus verschiedenen Ländern stammen, mit gebürtigen Israelis, ohne daß eine Tradition die andere überstimmt. Die Liturgie enthält auch kurdisch-jüdische und jemenitische Melodien. Wie in den meisten israelischen Synagogen kommen Familien aus dem Ausland, besonders aus den USA, um die Bar oder Bat Mizwa ihrer Kinder zu begehen. Vorausgesetzt wird eine längerfristige Anleitung durch den Vorbeter und Lehrer Esri Uval. Dieser führt im übrigen ein Vorbereitungsseminar in hebräisch für das EKD-Programm »Studium in Israel« durch.

Die andere egalitäre Gemeinde, der ich angehöre, heißt seit langem *Har-El*, d. h. »Berg Gottes«. Sie ist der Weltvereinigung für religiösliberales Judentum angeschlossen, ihr Rabbiner ist Dr. Tovia Ben-Chorin. Er hat jeweils auch AssistenzrabbinerInnen. Hier entwickelte sich eine israelische Art der Reform, die, wie ich meine, richtungweisend für ähnliche Gemeinden in Israel geworden ist. Seit der Bat-Mizwa meiner Tochter sind hier ganze Generationen von Mädchen in ein aktives liturgisches Judentum eingeführt worden. Im gleichen Gebäude befindet sich die israelische Jugendbewegung der Reform.

Zu den Programmen gehört jetzt vorrangig die Arbeit mit Jugendlichen und Erwachsenen, die aus der UdSSR einwandern. Die Gemeinde ist ein Ort der Begegnung mit Theologen aus Deutschland. Zeitweilig ermöglicht ein christlicher Freundeskreis in Nordelbien die ökumenische Arbeit einer Vikarin.

Dies sind nur zwei zukunftsweisende Beispiele aus den vielen heutigen Gemeinden dieser Art in der Welt. Es sind keine Orte für autoritäre Frauen und Männer, sondern für Menschen, die sich freuen, ihr Wissen ständig im Austausch mit anderen zu bereichern, vor allem aber ihr Personsein in gegenseitiger Achtung und Neugier (mit)zuteilen.

Frauengebetsgruppen

Seit einigen Jahrzehnten gibt es eine neue Bewegung von Frauen, die sich zum gemeinsamen Gottesdienst treffen. Damit schließen sie an alte Traditionen an, die sie aus unterschiedlichen Gründen wieder aufnehmen. Zur Geschichte ist zu sagen, daß wir ein gemeinsames Beten von Frauen ganz nebenbei und fast indirekt, also als Selbstverständlichkeit, in biblischen Texten finden: die »Heerscharen-Frauen«, ha-naschim ha-zow'ot, befanden sich unmittelbar vor dem Stiftszelt, das nur Mose und später die Priester betraten (Ex 38,8; 1 Sam 2,22). S. Schechter (1896, 314) meint, sie seien vielleicht »eine Art besondere religiöse Amazonen gewesen, die eine Ehrenwache um das Heiligtum bildeten«, andere sehen in ihnen eine von Musikinstrumenten begleitete kultische Tanzgruppe, während die meisten jüdischen Erklärer einschließlich dem aramäischen Onkelos-Targum sie als Beterinnen verstanden.

Hanna fiel an diesem Ort durch ihre besondere Art des Betens auf (1 Sam 1), wodurch sie das halachische Vorbild jüdischer Männer und Frauen für das stehend verrichtete stille Hauptgebet wurde (ST 75). Zum Heiligtum brachten Frauen persönlich ihre Opfer und übergaben sie dem Priester (Lev 12,6). – Orientalische Jüdinnen verrichteten ihr tägliches Gebet im Kreis der Freundinnen. Nachbarschaftsgruppen fanden sich ebenso natürlich zusammen wie der männliche Minjan. An solche Traditionen anknüpfend, sind manche Gruppen eine

Art Fortsetzung der »Frauenschul« oder Empore. Sie richten sich nach den halachischen Bestimmungen und bezeichnen sich nicht als Minjan, sondern lassen die von Männern abhängigen Gebetstücke aus. Andere sehen das als sinnentleert an und sind Minjan mit allen dazugehörigen Einzelheiten. Das betrifft sowohl die als »männliche Symbole« bezeichneten Gegenstände wie die Schriftlesung. Hier besteht eine Diskussion, ob diese auch als Studium zu bezeichnen ist und wieweit ein solches Frauen gestattet ist oder ob es sich um das Hören der Tora handelt, das bereits in biblischer Zeit für alle Männer, Frauen und Kinder bestimmt war (Dtn 31,9–13). Wenn dies jedoch eine an eine feste Zeit geknüpfte Mizwa ist – gehört sie dann zu den Ausnahmen von der Regel der Freistellung? Und bedeutet denn diese Regel, daß es Frauen insgesamt untersagt sei? Dagegen spricht z. B. der sefardische Brauch, einen Vorhang zwischen Männer- und Frauenraum während Tora-Rollen-Prozession und Schriftlesung zu öffnen. Aber gilt für aschkenasische Jüdinnen das gleiche wie für Sefardinnen?

Die Belegtexte für und wider würden hier zu weit führen. Wichtig ist, daß Frauen sich mit den Quellen und der laufenden rabbinischen Literatur dazu befassen. Ein führender feministischer Rabbiner vom Stern College der Yeshiva University, Prof. A. Weiss, ist einer der Streiter für diese Frauen und lehrt sie den Umgang mit Texten und Fragestellungen (Weiss 1990). Nachdem die Frauen und ihre herangewachsenen Töchter bereits seit langem diese Bräuche durchführen, sahen 1985 einige rigide Kollegen von Prof. Weiss darin eine Gefahr für ihre Richtung des Judentums und versuchten es zu verbieten. Es erfolgten hitzige Diskussionen in der jüdichen Presse, aber dies machte kaum Eindruck. Andere gestatten es, einschließlich dem früheren israelischen Oberrabiner Goren (alle Quellen bei Weiss 1990).

Die israelische Öffentlichkeit erfuhr mehrheitlich erst durch Presseberichte von diesen Entwicklungen: orthodoxe Gruppenleiterinnen wie Pnina Peli gaben in den achtziger Jahren Interviews, durch die eine erstaunte Leserschaft erstmals erfuhr, daß Frauen regelmäßig daheim Gottesdienste mit Tora-Lesung aus einer handgeschriebenen Rolle halten.

Manchmal laden Frauengruppen auch ihre männlichen Angehörigen als Gäste ein, etwa bei einer Bat-Mizwa-Feier. Dafür stellen sie dann die symbolische Schnur als trennende Mechiza auf. Die Männer dürfen nicht zu liturgischen Funktionen aufgerufen werden. So gab es erstmals Schilderungen von *Männern* über das Trauma einer ihnen noch nie begegneten nur-passiven Teilnahme, als »gleich, aber getrennt«, und sie konnten nun besser verstehen, was das für ihre Frauen und Töchter bedeutet, die sich anderes wünschen, dafür ebenso lernen und es durchführen wie ihre Schwestern in den nicht-orthodoxen Richtungen, die dazu nicht auf eigene Gruppen ausweichen müssen, und wo in solchem Falle keine / r mehr sich als »gleich, aber getrennt« erfahren muß, der / die es nicht selbst so wünscht. Es ist zu hoffen, daß Teile der westlichen Orthodoxie ihre Modernisierung eines Tages ohne die bisherige Politisierung voranbringen werden. Allerdings sagte Blu Greenbergs Mann, Rabbiner Prof. Irving »Yitz« Greenberg, schon vor vielen Jahren: Das Schlimme an der Orthodoxie sei, daß jeder über seine rechte Schulter blicke, und die letzte Entscheidung liege »bei Amram Blaus Rebbetzin« – der Frau des damaligen Hauptes der ultra-orthodoxesten Splittergruppe Neturé Karta (= »Wächter der Stadt«).

Für viele kämpferische Feministinnen bedeutet das freundliche Abschieben ihrer Forderungen eine Zumutung, als gäbe es eine separate jüdische Frauenreligion, wo ihnen Narrenfreiheit gestattet ist. Sie durchschauen diese Tricks und können kaum etwas dagegen tun außer sich einer anderen Richtung anzuschließen. Es gibt jedoch auch andere Begründungen für Frauengebetsgruppen, vor allem die Durchführung eigener Rituale. Da zu diesen der Neumondstag gehört, wird er oder der ihm nächste Sabbat gern als Gruppentag gewählt.

Die Jerusalemer »Frauen der Mauer«

Im Dezember 1988 fand in Jerusalem die »1. Internationale Jüdisch-Feministische Konferenz« statt. Dabei wurde eine Gruppe aktiv, die das Recht der Frauen auf völlig gleichen religiösen Ausdruck in das öffentliche Bewußtsein brachte: ihre neue Form des Betens – auf der Frauenseite der größten Gebetsstätte unter freiem Himmel, dem Platz vor der Westmauer (»Klagemauer«). Dieser Ort ist aus (kultur)-historischen und emotionalen Gründen ein Zentrum des jüdischen

Selbstverständnisses: der einzige Überrest des einstigen Tempels (und zwar die äußere Stützmauer, die bei der römischen Zerstörung stehenblieb). Immer beteten dort schon Frauen. Doch damals kam eine geschlossene Gruppe von Feministinnen, die ihr Recht durchsetzen wollten, als selbständige Gemeinde laut singend zu beten und aus der Tora-Rolle vorzulesen. Der Versuch führte zu öffentlichen Skandalen, Tränengasangriffen der Polizei, manche wurden von anderen orthodoxen Frauen mit Stühlen verletzt. Die Feministinnen ließen sich jedoch nicht abschrecken und kamen immer wieder. Das Oberste Gericht wurde angerufen – kurz, es fand ein häufiges religiöses Happening statt, um dramatisch zu zeigen, was die Konfliktsituation dieser Frauen ist. Der zuständige Rabbiner führte Gespräche mit ihren Vertreterinnen. Er mußte zugeben, daß keinerlei halachische Einwände gegen ihre Aktionen sprechen. Jedoch sei es, so wurde eingewandt, gegen den üblichen Brauch und würde die anderen Teilnehmer stören. Das Oberste Gericht konnte auch nichts anderes sagen. Die Frauen gaben nicht nach. Anders wäre das Thema von der Bildfläche verschwunden. Sie mußten sich bereit erklären, sich »keusch« im Sinne der Orthodoxie zu verhalten: entsprechende Kleidung, Kopfbedeckung, kein Singen, kein Tragen des Tallit. Für ihre halachisch einwandfreie Tora-Lesung erhielten sie einen naheliegenden geschlossenen Raum. Ihre Gebete vollziehen sie nach orthodoxem Ritus.

Erwartungsgemäß brachte die jüdische Presse im In- und Ausland zahlreiche Berichte. Dabei werden die Feministinnen oft als »Reformer« bezeichnet, obwohl sie mehrheitlich orthodox sind. Männer und Frauen solidarisierten sich mit den Beterinnen. Besonders häufig schrieben religiöse wie säkulare Juden in Artikeln und Leserbriefen darüber, daß dies keineswegs eine ultra-orthodoxe Synagoge sei, sondern ein Platz des *ganzen* jüdischen Volkes. Auch fänden dort nicht nur religiöse Akte statt, sondern auch staatliche Feiern, bei denen Musik gespielt wird, die in einer orthodoxen Synagoge nicht üblich ist. Es ist ein weiterer Anlaß für die Empörung über die zwangsmäßige Belegung israelischer Einrichtungen durch ultra-orthodoxe politische Gruppen.

Die orthodoxe Vereinnahmung dieses Platzes erfolgte 1968 nach der Befreiung Ost-Jerusalems von der jordanischen Eroberung, während welcher dieser heilige Pilgerort trotz international abgelegter

Versprechungen für Juden unzugänglich war. Nun schrieben viele von ihren Erinnerungen aus der Zeit vor 1948: Männer und Frauen beteten ohne Trennwand, es gab keine politisierte orthodoxe Herrschaft. Auch ich selbst kenne das noch aus meiner damaligen Studienzeit. Fromme Männer wie mein Großvater hüllten sich in ihren Tallit, um sich ganz auf das Beten zu konzentrieren, und nahmen nichts anderes wahr. – Säkulare Israelis zucken die Achseln und fragen, ob es denn keine anderen Sorgen gibt. Ja, können wir sagen, freilich gibt es die, aber auch *dies* ist eine *unserer* Sorgen!

Die »Mauer im Herzen der Stadt« heißt es in Naomi Schemers Hymne vom Goldenen Jerusalem. Und am Herzen der Mauer, von der nach der Legende sich niemals die Schechina entfernt hat, sind die Frauen. Nicht nur als einzelne, sondern auch als Gemeinde. Nicht nur als nette Töchter oder Partner ihrer Männer, sondern als sie selbst (Berichte, u. a. Sh'ma 1989 ff.; Jerusalem Post).

9. Frauen als Rabbinerinnen und Kantorinnen

Die Ordination von Frauen als Rabbinerinnen

Die Verflechtung von gesellschaftlichen und religiösen Gewohnheiten betrifft auch die Frage, ob Frauen ordiniert werden können, um als Rabbiner die geistige Leitung von jüdischen Gemeinden und Institutionen zu übernehmen. Es bedurfte der Integration von Frauen in vielen anderen Berufen und leitenden Stellungen, bis diese Frage unverkrampft behandelt und anschließend bejaht werden konnte. Und auch hier gilt, »wie es sich christelt, so jüdelt es sich«. Es sind also zweierlei Hürden zu nehmen: die interne jüdische einerseits und die umweltliche der Mehrheit im jeweiligen Staat andererseits. Dabei gibt es bekanntlich unterschiedliche jüdische Einstellungen zur Wertigkeit von angeblich unverrückbaren geheiligten Traditionen.

Als Vorbild der Rabbiner gilt Mose, sein üblicher Titel ist *Rabbenu*, unser Meister. Frauen fragen: Weshalb nicht neben ihm auch Debora, die Richterin? Ein Rabbiner ist Experte des jüdischen Rechts. Und hier wurde vorgesorgt, daß dieses Amt fest in männlicher Hand bleibt: Wer Zeuge sein kann, ist als Richter geeignet und umgekehrt. Das ist Frauen bis auf bestimmte Fälle verschlossen (Mischna, Nidda 6,4; Bab. Talmud, Nidda 49 b). Bereits im 13. Jhd. stießen sich daran die Tossafisten, Erklärer des Talmud in Frankreich, und gaben Gründe für Deboras Tätigkeit an: 1. Vielleicht bezieht sich die Mischna nur auf Männer und nicht auf Frauen. 2. Das Volk könnte sich über die technische Disqualifikation hinweggesetzt haben. 3. Vielleicht richtete sie nicht direkt, sondern bildete »nur« die Männer aus (Quellen bei J. Roth 1984, 77; P. Navè Levinson 1986).

Eine weitere Frage ist hierbei, wie sich das Berufsbild der Rabbiner im Laufe der Zeit veränderte. Manche waren stets Privatgelehrte und übten einen völlig anderen Brotberuf aus. Das geschah auch, um nicht von der Ehefrau finanziell abhängig zu sein, wie das im Falle des Rabbi Me'ir von Rothenburg (13. Jhd.) war. Andere wirkten in Gemeinden. Heute gibt es viele Mischformen. Nur wenige amtieren als Richter. Vor allem scheuen Männer oft davor zurück, als Gemeinderabbiner auf Privatleben und Freizeit zu verzichten. Da ständig neue Studiengänge der Judaistik eingerichtet werden, wirken sie lieber als Dozenten. Das trifft auch für die USA zu, die heute das größte Ausbildungspotenzial von und für Juden besitzen. Hinzu kommt die kaum überbrückbare Kluft zwischen alt-orthodoxen und modernen Studieninhalten. So wird kaum eine westeuropäische Gemeinde glücklich mit einem Rabbiner ohne Allgemeinbildung sein, der in anderen Vorstellungen lebt, als die Eltern und Jugendlichen es gewohnt sind. Als Folge dieser Entwicklungen besteht in allen Richtungen ein großer Mangel an akademisch ausgebildeten Rabbinern. Soziologisch ist zudem die gleiche Lage da wie immer, wenn Männer vor einer Tätigkeit zurückscheuen: dann ergibt sich die Chance für motivierte, zielstrebige, ausgebildete Frauen. Wichtig ist dabei ein gutes Stück Idealismus, um auf diese Weise zur Gestaltung und Weiterführung jüdischen Lebens beizutragen.

Zunächst war also das Recht auf die Ausbildung zu erkämpfen. Wo es diese nicht gab, wirkten Frauen als Laienpredigerinnen. Die berühmteste war Lily Montagu (1874–1963), die 1902 die Londoner Liberale Synagoge mitbegründete und dort bis zu ihrem Tode neben den Rabbinern wirkte. 1928 sprach sie als erste Frau auf einer Berliner Synagogenkanzel und wurde so auch in Deutschland zum Vorbild (ST 154). Die erste Frau, die in Amerika in einer jüdischen Gemeinde jahrzehntelang predigte, war seit 1938 Tehilla Lichtenstein, die Witwe des Gründers der Randsekte Jewish Science. Wohl wegen des »Bürgerschrecks« Lily Montagu in London mußte Henrietta Szold 1903 unterschreiben, daß sie bei ihrer Studienzulassung im New Yorker Jewish Theological Seminary (Konservativ) nicht die Ordination anstrebte (S. Dworkin 1973. – ST 151).

Nach dem Ersten Weltkrieg wandten sich mehrfach Studentinnen der Reformer und der Konservativen in den Vereinigten Staaten an die Fachgremien wegen der Zulassung zum Rabbinatsstudium. Jedoch war ein Teil des Lehrkörpers dagegen. Bei der Reform wurde u. a. die Furcht geäußert, daß dadurch die Gemeinsamkeit mit der Orthodoxie gestört werden könnte. Das war mit Sicherheit nur vorgeschützt, denn Orthodoxe erkennen auch die ordinierten Männer nur ausnahmsweise an. Mittlerweile studierte Regina Jonas in Berlin an der liberalen Hochschule für die Wissenschaft des Judentums mit dem Ziel der Ordination. Andere Studentinnen der 30er Jahre beabsichtigten es ebenfalls. Als Frau Jonas 1934–1935 sämtliche Prüfungen bestanden hatte, weigerten sich der damalige Rektor, Dr. Leo Baeck und ein Teil des Lehrkörpers strikt, Regina Jonas zu ordinieren. Daher berief der Offenbacher liberale Rabbiner Dr. Max Dienemann ein privates Gremium und ordinierte sie. Das ist in anderen Richtungen des Judentums gebräuchlich. Mit der Schließung der Hochschule 1942 und dem Tod von Rabbinerin Jonas im KZ brach diese Entwicklung abrupt ab. Nach 1945 geschah nichts zur Rabbinerausbildung im deutschsprachigen Raum. Das hat sich bisher auch nicht geändert.

Aber auch in den USA bedurfte es eines verstärkten Selbstbewußtseins von Jüdinnen, um einen neuen reformistischen und emanzipatorischen Ansatz zu wagen. Das geschah mit der Zulassung von Sally Priesand zum Rabbinatsstudium am Hebrew Union College (Reform) in den 60er Jahren. Sie wurde dort als erste Frau für dieses Amt 1972 ordiniert. Seitdem folgen Jahr für Jahr weitere Ordinationen für Frauen. In der *Reconstructionism*-Bewegung wurden Frauen seit der Gründung der eigenen Hochschule 1974 zugelassen und ordiniert. Auch am Londoner Leo-Baeck-College findet diese Entwicklung statt. Unter den Stipendiaten aus Deutschland befand sich die Berlinerin Daniela Thau. An ihrer Anstellung bestand kein Interesse, denn die jüdische Gemeinschaft in Deutschland lebt fast wie auf einer Insel, unberührt von fortschrittlichen religiösen Entwicklungen in anderen Ländern (Navè Levinson 1986). Der gravierende Mangel an deutschsprachigen Rabbinern ändert daran nichts.

In den USA sperrten sich die Konservativen mittlerweile, ebenfalls Frauen zuzulassen. Schließlich genehmigten sie das Studium ohne Ordination. Daraufhin machten die Kandidatinnen ihren Abschluß an den beiden anderen Hochschulen. Sie wurden von Gemeinden unterstützt, die keinerlei Grund sahen, Frauen in welchem Beruf auch immer zu diskriminieren. Und da die Zugehörigkeit eine Angelegenheit der freien Wahl ist, bestand für die Konservative Bewegung die Gefahr, daß der Unmut über ihre wirklichkeitsfremde Rigidität zum Übergang zu Reformgemeinden führen würde. Die Drohung bestand eindeutig. Gleichzeitig war die Hochschule in einer Krise: Es kamen weniger begabte Männer, während hochbegabte und motivierte Frauen studierten. Der Abgang von Mitgliedern hätte auch die Finanzierung der Hochschule gefährdet, die infolge der Trennung von Kirche und Staat auf private Sponsoren angewiesen ist. Im Lehrkörper standen sich Gewissensfragen gegenüber. Es gab besonders bei den

Talmudprofessoren schärfste Gegner, die, selbst orthodox, hier eine eindeutige Linie durchziehen mußten. Andere sahen ihr Gewissen in umgekehrter Weise gefordert. Es wurden Gutachten und Stellungnahmen erstellt, in denen Ethik, Halacha, Erfordernisse der Gegenwart und die veränderte Stellung der Frau in Gesellschaft und Beruf überprüft wurden (Position Papers, Privatdruck 1979; S. Greenberg 1988). Der Kanzler der Hochschule war ursprünglich gegen die Ordination gewesen, schloß sich jedoch seinen Kollegen an, die feststellten: »Es gibt keinen direkten halachischen Einwand gegen die Ausbildung und Ordination von Frauen als Rabbiner, Prediger und Lehrer der Tradition im Volk Israel.« Im anschließenden Kampf um die öffentliche Meinung analysierte Prof. Robert Gordis (1980) in einem vielgelesenen Aufsatz die halachischen Texte, die angeblich damit zu tun hatten und wies nach, daß sie »entweder irrelevant, an den Haaren herbeigezogen oder imaginär« waren. Seitdem verschwanden die bis dahin gebrauchten »Argumente aus den Quellen« aus der Diskussion. Nach einem zweijährigen Hickhack stimmte 1983 die Mehrheit der konservativen Rabbinerkonferenz für die Aufnahme von Frauen in das Rabbinat. Auch die Mehrheit des Lehrkörpers schloß sich nunmehr an. Richtungweisend für fortschrittliche Halachisten war wiederum eine Zusammenfassung von Gordis (1984): »Ein wichtiges Nebenprodukt der Ordination von Frauen wird sein, daß sie den Anfang vom Ende der *psychischen Terrorherrschaft* bildet, welche die gegenwärtige Orthodoxie über manche Rabbiner und Laien in der Konservativen Bewegung ausübt.* Ein wichtiger Schritt wird vollzogen werden, um das Erbe der Ungleichheit zu besiegen, welches vergangene Generationen durch die Auffassung von männlicher Überlegenheit und weiblicher Inferiorität weitergaben. Durch diesen Akt wird das Konservative Judentum demonstrieren, daß die jüdische Tradition wirklich lebensfähig ist und in der Gegenwart ebenso sensibel für menschliche Anforderungen und Bestrebungen ist, wie sie in der Vergangenheit war. Vor allem wird die Ordination von Frauen im Konservativen Judentum die Entschlossenheit bezeugen, die Erfüllung des großen Gebots der Tora voranzubringen: ›Tue, was gut und gerecht ist in den Augen Gottes‹ (Dtn 6,18).«

Seit 1985 besteht die Frauenordination der Konservativen. Die seit-

---

* von mir kursiv gesetzt. P.N.L.

dem Ausgebildeten wirken in den Gremien ihres Fachverbandes mit. Ultra-Traditionalisten schlossen sich dort, ohne auszutreten, in einer eigenen Gruppe zusammen und bestätigten so ein weiteres Mal meine These vom Zusammenhang zwischen Gruppenkonflikten und der Vitalität des Judentums (ERT 16). Wie zu erwarten, waren diese Vorgänge von großer orthodoxer Aufgeregtheit begleitet, denn anders als bei der Reform vollzog man hier eine umfassende halachische Ableitung. Auch in Deutschland wollte man es genau wissen, und auf Anfrage erklärte unser Freund Rabbiner Hans I. Grünewald (München, jetzt London) das entschiedene orthodoxe *Nein* und ich die konservativen Standpunkte (AJW, 29. 3. 85). Dabei wurde für die Orthodoxie lediglich die Bedeutung der weiblichen Zurückgezogenheit auf das Haus und die geheiligte Tradition beschworen – ohne allerdings einen einzigen halachischen Beweispunkt; denn alle diese waren ja bereits als nicht stichhaltig bloßgestellt. Das hatten die orthodoxen Feministinnen auch schon längst überlegt. Ihre Sprecherin Blu Greenberg erklärte mehrfach (z. B. Interview, Jerusalem Post, 12. 8. 1984), daß der Weg zur Ordination für ausgebildete Frauen auch in der modernen Orthodoxie in absehbarer Zeit möglich sein wird.

Diese Vorgänge, die Zeitschriften, Wochenzeitungen und Bücher füllen, zeigen uns eines ganz deutlich: Heute wie einst ist es eine Hauptaufgabe verantwortlicher Rabbiner, die Halacha im Lichte der eigenen Zeit zum Wohl der Gemeinschaft auszulegen. Das Beharren auf dem Bestehenden, wo es die Gegenwart behindert, statt sie zu fördern, wurde längst als das erkannt, was es hinter allen vorgebrachten Einwänden ist: Angst um die eigene Macht als Person, als Gruppe und als jüdische Denomination (P. Navè Levinson 1986).

Seit 1972 wurden über 200 Frauen ordiniert. Jugendliche in ihren Gemeinden wissen als Selbstverständlichkeit, daß Männer und Frauen RabbinerInnen sind, daß sie ihre Identität nicht verleugnen müssen, und wenn die Rabbinerin schwanger ist, arbeitet sie bis zum Baby-Urlaub ebenso wie Frauen in anderen Berufen: in den USA, Australien, England, Israel. Auf dem europäischen Kontinent arbeitet erstmals seit 1944 wieder eine Rabbinerin: Madame le Rabbin Pauline Bébe begann am 1. September 1990 ihr Amt im Rabbinerteam der liberalen Gemeinde ihrer Heimatstadt Paris. An allen Hochschulen, die ihnen offenstehen, nimmt die Zahl der Rabbinatsstudentinnen von Jahr zu Jahr zu und bildet bereits mehr als die Hälfte jener, die an diesem für Juden dringend nötigen Beruf interessiert sind. Rabbinerinnen arbeiten in Orts- und Studentengemeinden, in beratenden Funktionen ihrer Bewegungen, in jüdischen Verlagen, dem Sozialnetz, der Gefängnisseelsorge und als amerikanische Militärkaplane (d. h. Geistliche, die außer für die eigene Religionsgemeinschaft auch für seelsorgerische Belange anderer Glaubensangehöriger Dienste leisten). Und endlich werden rabbinische Gutachten unter Mitwirkung von Rabbinerinnen veröffentlicht. Den Vorsitz des Rekonstruktionisten-Rabbinerverbands führt eine Frau.

Frauen als Kantorinnen

Jüdische Kantoren sind weder Organisten noch Chormeister, sondern sie sind – wie das Wort sagt – Sänger, hebräisch: *Chasan*. Ein weiterer Titel ist *scheliach zibbur*, »Gesandter der Gemeinde«, der vor der Verbreitung des Buchdrucks, im Namen aller die Gebete vortrug. Abgekürzt ist das: *Schatz* und von daher dieser verbreitete jüdische Name. Für die Durchführung eines Gottesdienstes ist ein Vorbeter notwendig, das können Gemeindemitglieder sein, jedoch besteht seit alten Zeiten der Wunsch nach einem ausgebildeten Sänger. Die Melodien sind je nach Zeit und Ort recht verschieden und bilden Teil der jüdischen Musik und ihrer Erforschung. Entsprechend den Rollenbildern war dies auch in den liberalen Richtungen bis in die letzte Generation eine männliche Aufgabe. Mit der Öffnung von jüdischen theologischen Hochschulen für Frauen galt dies auch für die Abteilung für sakrale Musik. Vier Fakultäten verleihen in den USA die akademischen Grade des Bachelor, Magister bzw. Doktor der jüdischen Liturgik auch an Frauen. Dies ist eine wesentliche Ergänzung zur früheren Einschränkung auf das Mitwirken in einem Synagogenchor, der außerhalb der Orthodoxien Frauen willkommen heißt. Berichte von Frauen sehen oft so aus, daß eine ausgebildete Sängerin, deren Kinder bereits größer sind, sich zu einem solchen Studium entscheidet und später in einer Gemeinde mitwirkt. Da die Studierenden der Reform ein Jahr in Jerusalem absolvieren, kommen israelische Reformgemeinden in den Genuß von Kandidatinnen als Chasaniot. Diese geben auch öffentliche Konzerte. Die Konservativen brauchten ebenso wie

bei der Ordination auch hier längere Lern- und Entscheidungs-
prozesse, bis sie den Weg zur vollen Ausbildung für Frauen öffneten.
Manchen war es eine noch schwierigere Entscheidung als die Ordination, weil zur Durchführung des Gottesdienstes jedenfalls ein
Vorbeter nötig ist, ein Rabbiner hingegen nicht unbedingt anwesend
sein muß. Die Analyse der halachischen Quellen führte jedoch Gut-
willige zum Ergebnis, daß es im Laufe der Zeit Änderungen in der
Aufgabe des Vorbeters gab; und wo die veränderte Rolle der heutigen
Frauen als halachisch legitim beschrieben wird, wie es die Historische
Schule tut, bleiben lediglich die altbekannten Emotionen, die es wie in
hundert anderen Belangen auszuräumen gilt. (Für die einschlägigen
Stellen siehe S. Greenberg 1988, Register.)

Mit der Einführung konservativer Kantorinnen weigerte sich der
Fachverband mehrere Jahre lang, sie aufzunehmen. 1990 stimmten
sie dann mehrheitlich zu.

Auch hier zeigt sich, daß die angeblich unmöglichen Ziele erreicht
werden können, wenn es genügend feministische Männer gibt, die als
Experten daran mitarbeiten und sich in Verantwortung dem halachischen Prozeß stellen, ihre Texte nicht ausschließlich lesen und mehr
und mehr einen neuen, partnerschaftlichen Weg an andere vermitteln. Daß orthodoxe Frauen stets in Frauengruppen vorbeteten und
andere ausbildeten, ist bekannt. Ebenso treten Sängerinnen jüdischer
Liturgik bei Konzerten und Feiern in orthodoxen Kreisen auf. Eine
solche Gruppe sind z. B. die »Shechina Soul Sisters«. So mag es im
21. Jahrhundert durchaus dazu kommen, daß es auch in regulären
Gottesdiensten mit aller Selbstverständlichkeit Vorbeterinnen geben
wird.

10. Frauenrituale

Zenna-Renna, die Frauenbibel

In meiner Tel-Aviver Schulzeit hatten meine Mutter und ich ein Ritual der Sabbatlektüre: Sie holte die alte Zenna-Renna ihrer Mutter Perel hervor, und ich las etwas zum Wochenabschnitt vor. So lernte ich jüdisch-deutsch lesen und stellte mich in die Kette der Generationen, die das gleiche mit diesem Buch seit über 300 Jahren getan hatten. Die Großmutter, die vor der Heirat meiner Eltern gestorben war, hätte sich darüber zweifellos gefreut. Wir nahmen die Erinnerung an sie mit in unser Lesen, Lachen und Freuen hinein.

Dieses Buch bildete eine Ergänzung zum Pentateuch aus Midrasch und Talmud, mittelalterlicher Religionsphilosophie und Kodizes des jüdischen Rechts. Zusammen mit dem »Buch der Geschichten«, dem *Maasse-Buch*, vermittelte es an die sogenannten »einfachen Leute« und »Ungebildeten« eine Fülle des Wissens. Die Ausgabe, die ich jetzt vor mir habe, enthält weitere »hundertundzehn Peruschim (= Kommentare) auf iwri-teitsch« und wurde 1976 in Jerusalem nachgedruckt.

Ich bringe daraus einige Auszüge zu Gen 23,1–2, und modernisiere nur leicht: »Warum schreibt die Tora früher, wie Riwka (Rebekka) ist geboren worden und darnach, wie Sara ist gestorben? Zu weisen uns, daß ehe ein Zaddik (= Gerechter) stirbt, kommt ein anderer Zaddik auf die Welt. Der Hiskuni (= Kommentar) schreibt: Sara hat sich nit bedarft zu zieren mit Farben und andere Zierung so wie andere Weiber zieren sich mit zwanzig Jahr, denn sie ist schön gewesen ohn' Zierung so wie ein Maidel von sieben Jahr. Der Bechaje und der Hiskuni schreiben: (…) die Jahre, die sie hat gelebt bevor Isaak ist geboren worden, das hat kein Leben nit geheißen, denn wer ohn' Kinder ist, der ist gleich wie er ist tot. Der Ba'al Turim schreibt auch so. – Sara ist gestorben in Kirjat Arba (= Stadt der Vier): und die Stadt hat drum so geheißen, weil vier Paar Mann und Weib sind dort worden begraben – Adam und Eva, Abraham und Sara, Isaak und Rebekka, Jakob und Lea. Noch ein Pschat (= Erklärung) ist: drum hat sie geheißen Kirjat Arba, weil vier große starke Riesen sind dort gewesen.« –

Einer der Kommentatoren dazu, der Mystiker Jesaja Horowitz, betont:
»Ihre letzten Jahre waren die wichtigsten und größten Jahre von ihrem
Leben, denn je älter sie wurde, ist ihre Chochma (= Weisheit) größer
geworden.« – Leider besitze ich nicht die Bearbeitung von Bertha Pappenheim zur Genesis: Die Frauenbibel, Frankfurt a. M. 1930. Daher
bringe ich meine eigene.

Die heutigen Ausgaben sind gewissermaßen kastriert, denn im
19. Jahrhundert galten die offenherzigen, unbefangenen Darstellungen von Körperlichkeit und Sexualität als peinlich, anstößig, ja geradezu obszön und sowohl für junge Mädchen wie für zartbesaitete Ehefrauen ungeeignet. Wieder einmal machte sich die Anpassung an die
Umwelt bemerkbar: In Deutschland erschienen »zeitgemäßere« deutsche Werke mit dem gleichen Titel. In Osteuropa wurde abgeschwächt
oder ausgemerzt, anstelle des Jüdisch-Deutschen trat das Jiddische, die
wunderschöne »Weiberschrift« des »Weiber-Taitsch« wurde durch
vokalisierte Quadratschrift ersetzt. Auf diese Vorgänge verweist mit
Bedauern der Soziologe Julius Carlebach (1981, 165) hin, dessen weiteren Forschungsergebnissen wir Frauen mit Spannung entgegensehen.

Der gelehrte und didaktisch interessierte Autor, Jakob Aschkenasi
aus Janow, nannte sein um 1590 erschienenes Buch nach dem Vers Hld.
3,11 Zenna-u-Renna »Kommet und schauet«. Es ist eher zufällig, daß
dieser Vers sich an Frauen wendet, denn in seinem Vorwort betonte er,
daß er Gottes Wort in einfacher Sprache Männern und Frauen nahe-
bringen wollte. Außer den Wochenabschnitten erklärte er auch die
Prophetenlesungen und die fünf Rollen (Hohelied, Ruth, Klagelieder,
Kohelet, Esther). Seine Methode richtet sich vor allem nach dem Ethiker Bechaje (Bachja) Ibn Pakuda (Spanien, 11.–12. Jhd.) Wie bei vielen
Büchern waren es wieder die Frauen, die das Erzählgut pflegten und
weitergaben. Aufklärerische Gegner des Buches schrieben weitere Er-
bauungsbücher, manchmal mit dem gleichen Titel.

Die früheste erhaltene Ausgabe, Basel 1622, war anscheinend bereits die vierte Auflage. Auf ihr beruhten alle weiteren bis 1877. Insgesamt gibt es über 210 Auflagen in Europa, Amerika und Israel. Es gibt
noch viel daran zu erforschen.

Eine lateinische Übersetzung der ersten Kapitel erschien 1660 in
Helmstedt. Teile wurden mehrfach ins Englische, Deutsche u. a. m.
übersetzt (Chawa Turniansky 1971).

Frauen sind oft enttäuscht, wenn sie erfahren, daß die *Frauenbibel* etwas gänzlich anderes ist, als sie erwartet haben. Es ist keine Vorwegnahme einer Bibelauslegung aus feministischer Sicht. Und sie ist auch von keiner Frau geschrieben. Dennoch ist sie ein wichtiges Instrument zur Vermittlung zentraler Inhalte an aschkenasische Jüdinnen.

Rituale

Gläubige Juden geben ihrer religiösen Erfahrung in privaten und gemeinsamen Riten Ausdruck. Vieles davon ist durch Männer und Frauen vollziehbar und wird neuerdings auch abwechselnd durchgeführt wie z. B. der Kiddusch zu Beginn von Sabbat und Feiertagen, die Hawdala, Unterscheidungssegen sowie das Entzünden der Chanukka-Lichter am achttägigen winterlichen Lichterfest der Makkabäer. Im Gegensatz zum Sabbatlicht sind diese Handlungen in erster Linie Aufgaben der Männer, jedoch sind Frauen ebenso dazu verpflichtet.

Alle diese »Pflichten« sind weit entfernt von einer grimmigen Gesetzeserfüllung im Sinne einer bei Nichtjuden immer noch verbreiteten karikierenden Fehldarstellung. Es handelt sich um Freude im Kreis von Angehörigen oder Freunden. Das muß auch deshalb betont werden, weil Christen Rituale fast immer als Kirchenfeiern, geleitet von ordinierten Geistlichen samt wenigen HelferInnen, erleben. Was Juden an Tradition aufnehmen und ausführen, ist zumeist eine Sache der persönlichen Entscheidung: Viele *wollen* orthodox sein, obwohl sie es nicht von Haus aus waren, andere *wollen* einer anderen Richtung angehören und wählen diese. Eine große Mehrheit findet Sinn für ihr Leben in einigen Bräuchen und Riten, ohne damit ein ganzes Netz weiterer Lebensformen anzunehmen.

Das betrifft auch die *Frauenrituale*. Jüdinnen sind unbefangen genug, um manches voneinander zu lernen, auszuprobieren und weiterzugeben. Dabei handelt es sich vor allem um das Nachdenken darüber: Was fangen wir als Frauen mit vorhandenen Formen an? Können wir ihnen einen betont weiblichen Schwerpunkt geben? Und wie schaffen wir Ergänzungen, die uns notwendig erscheinen? Dieses Not-Wenden ergibt sich oft aus dem Gefühl und der Erfahrung der Bevorzugung von Söhnen von ihrer Geburt an. Wir wollen, daß Mädchen sich ebenso gefeiert fühlen und sehen wie ihre Brüder oder Vettern. Das beschränkt sich keineswegs auf die religiös-liberalen Richtungen, sondern gerade in der Orthodoxie finden sich Überlieferungen von und für Frauen, die infolge der Modernisierung und Verdünnung jüdischer Kultur oft in Vergessenheit geraten sind.

Frauenrituale sind einerseits Teil des jüdischen Festjahrs und drücken andererseits das weibliche Leben von der Geburt bis zum Sterben aus. Zu ihrem Stil ist zu bemerken: Tanz und Gesang sind Teil *unserer* Frömmigkeit. Beim Gebet wiegen wir uns gern, das hängt auch mit dem Bibelwort zusammen: »Alle meine Knochen sprechen: Gott, wer ist wie du« (Ps 35,10). Beim Torastudium, vor allem dem Talmud, benutzen wir einen Sprechgesang. Männer und Frauen tanzen in Reihen oder Kreisen, Orthodoxe achten dabei auf Trennung. Wichtig sind rhythmische und getragene Melodien aus Osteuropa und Nordafrika. Oft sogar noch wichtiger sind die wortlosen, gesungenen oder gesummten Melodien, die vor allem aus dem Chassidismus stammen. Ein weltweit bekannter Meister dafür ist »der singende Rabbi« Shlomo Carlebach (USA und Israel, gebürtig aus Berlin). Viele verbinden sie heute auch mit Atemübungen und anderen »Wegen nach innen«, die aus dem Zen-Buddhismus kommen. Diesen kulturellen und spirituellen Brückenschlag lehrt vor allem der neo-chassidische und egalitäre »Großvater der Chawura-Bewegung«, Rabbiner Prof. Zalman Schachter-Shalomi (USA und Israel, in Wien geboren).

Traditionelle Frauengebete

Das intensive Gebetsleben der Frauen drückt sich sowohl in den Standardgebeten aus, als auch in einer umfangreichen weiteren Gebetsliteratur, vor allem in der Form des Bittgebets, hebr. *Techinna*, Mz. *Techinnot* (jüd.-deutsch Techinnaus, jiddisch Techinnes). Diese wurden in vielerlei Ausgaben gedruckt. Sie enthalten die hebräischen Gebete und daneben umgangssprachliche Varianten und Ergänzungen. Eine interessante Form jüdischer Gebrauchskunst sind kleinformatige handgeschriebene und gemalte Bücher als Geschenke für Bräute und Hausmütter, also ein persönlicheres Gebetbuch neben den gedruckten Ausgaben. Sie enthalten auch Gebete, von denen Frauen nach der Meinung der Halachisten »befreit« sind, die sie aber als Selbstverständlichkeit ausübten wie z. B. das *Omer*-Zählen der Tage zwischen Pessach und Wochenfest.

Beispiele aus einer jüdischen Sammlung von Frauengebeten bringt M. Schmelzer (1988). Sie sind bezeichnend für die jüdische Geschichte im deutschen Sprachraum, von denen einige in Wien entstanden sind (etwa 1724 für Hanna Oppenheim in Frankfurt, andere in Mannheim, 1736 für Freidche, 1736 für Bella aus Frankfurt und mehrere in Fürth). Ein solches von 1771 gehörte nacheinander Brentelche aus Mainz, (...?) in Karlsruhe, Taube Gunzenhausen in Bonn. Ein anderes von 1775 war für die Braut Gittele und zeigt eine Dame mit Geige (sie selbst?). Aus gedruckten Techinnot stammen einige Gebete, die ich in mein Buch »Du unser Vater« (1975) aufnahm. Demnächst erscheint meine Sammlung jüdischer Frauengebete aus alter und neuer Zeit.

Rituale im Festjahr

Der Neumond, ein Feiertag der Frauen

In den Synagogen wird der Beginn des jüdischen Monats am Sabbat vor dem Neumond feierlich mit Bitten um Segen verkündet (Sidur Sefat Emet, 1956, 122–3). Biblisch war er einst ein Feiertag, der wie der Sabbat und Feste mit Hornstößen und Zusatzopfern begangen wurde (Num 10,10; 28,11–15). Es gab Festmahle (1 Sam 20,18), die Arbeit ruhte (Am 8,5) und Frauen berieten sich mit Propheten (2 Kön 4,22–23).

Dieser Charakter des Tages verlor sich später, und Männer behandeln ihn als gewöhnlichen Werktag.

Für Frauen – besonders in orientalischen Gemeinden – blieb er jedoch eine Art»Halbfeiertag«. Sie begehen an ihm keinerlei schwere oder schmutzige Arbeit, es ist kein Waschtag und frau zieht sich schön an. In Israel brachten uns das unsere Haushilfen bei, die aus arabischen Ländern eingewandert waren. Wir wahrten natürlich ihre Rechte. Diese sind halachisch festgelegt: Stricken galt als leicht, Weben als schwer. Nähen für sich selbst war üblich, als Lohnarbeit nicht (I. Sperling 1891, 194). In den Folianten der von Männern formulierten Traditionen sind umfangreiche Überlegungen zu den Vorrechten von Frauen zu finden, besonders über Hygiene und Arbeitsbedingungen.

Weshalb aber ist dies ein Ehrentag für Frauen? Weil sie sich einst weigerten, bei dem Götzendienst des Goldenen Kalbes mitzumachen (Ex 32). Als die Männer einen Gott zum Anfassen verlangten, mußten sie das *ohne* ihre Frauen tun. »Aber das steht doch nicht in der Bibel!« könnte mit Recht eingewandt werden. Nein, sondern die Rabbiner ermittelten es oder lasen es hinein, als weiteres Detail im großen Mosaik der Frauenehrung. Sie fanden es grammatikalisch: Die gespendeten Goldringe kamen aus *männlichen* Ohren! (Ex 32,3) Wie bereits in Ägypten (ST 9,53) zeigten die Frauen stets die größere Charakter- und Glaubensstärke und übten Widerstand. Eine Quelle dieser Auslegung ist die aramäische Bibelparaphrase des Pseudo-Jonathan: »Die Frauen weigerten sich, ihren Schmuck den Männern zu geben, und sogleich legte alles (Manns)Volk seinen Schmuck ab«. Ein Midrasch berichtet: »Die Frauen sprachen – ihr wollt ein Götzenbild machen, das nicht die Kraft hat, zu erretten? Da gab Gott den Lohn der Frauen in dieser Welt, daß sie die Neumonde mehr feiern als die Männer, und in der zukünftigen Welt werden sie sich erneuern wie die Neumonde, wie die Schrift sagt, ›erneuern wird sich wie ein Adler deine Jugend‹ (Ps 103,5, mit weiblichen Wortformen).« Dies fand ein Schüler Raschis im »Buch des Rabbi Elieser, Kap. 45« und fügte es Raschis kurzem Kommentar über den Grund der Frauenfeier hinzu (Bab. Talmud, Megilla 22 b). Nach der Legende wollte Gott ursprünglich jedem der zwölf Stämme einen Neumondtag als Fest geben, aber wegen der Sünde der Männer erhielten die Frauen alle diese Tage für sich wie auch den himmlischen Lohn. Wie der Halachist D. Halevi (Ukraine, 17. Jahrhundert) in seinem Kommentar erklärt, »erhielten die Frauen den Anteil der Männer am Paradies« (Schulchan Aruch 1, 417). »Die Frau, die monatlich ins Tauchbad geht, erneuert sich nach ihrer Periode wie die Mondin« (Isaak aus Wien, 13. Jahrhundert) blieb eine vertraute Lehre der Frauen: sie mußten nicht aufs Jenseits warten! Aber fromme Greisinnen wurden getröstet: In der messianischen Zeit würden sie alle jung sein – so der Jerusalemer Kabbalist und Bibliograph Ch. J. D. Asulai (abgekürzt: Chida; 18. Jahrhundert).

Als Feministinnen sich auf ihr ureigenes jüdisches Erbe besannen, fingen sie in den siebziger Jahren an, den Tag gemeinsam zu begehen. Arlene Agus (1976) schilderte den Weg dieses Suchens und Findens. Im schwierigen Bemühen um das eigene spirituelle Profil gehörte diese Entdeckung ergänzend zu der weiblichen Observanz der »männlich« betonten religiösen Ausdrucksformen. Zu den klassischen Überlieferungen des Tages kamen moderne Gedichte, Lieder, Tänze, Überlegungen zu den Inhalten des Monats. Klassisch ist etwa das Sammeln von Spenden für Wohlfahrt, der Weinsegen, ein altes schönes Neumondgebet, runde oder sichelförmige Brote für den Brotsegen, der Dank für das Erleben von etwas Neuem, gesprochen über eine neue Frucht der Saison. Agus verweist darauf, daß das hebräische Rasché Chodaschim (Monatsbeginne), das Wort Rechem (Uterus) enthält. »Wir können es als Pause verstehen, um Gott zu danken, weil wir als Frauen erschaffen wurden.«

Unsere Enkelin Mira war vom Frauenfeiertag so angetan, daß sie als Zwölfjährige das darüber Gelernte in ihre Heidelberger Bat-Mizwa-Ansprache aufnahm, um Freundinnen und Müttern diesen Brauch zu empfehlen. Ständig werden weitere Erfahrungen mit solchen Treffen veröffentlicht und weitergegeben. Penina V. Adelman (1986) sammelte Programme für jeden Monat des jüdischen Kalenders in Verbindung mit den verschiedensten Ritualen und mit Einbeziehung der Sternbilder, die in der jüdischen Überlieferung oft bedacht werden. Sie gibt Anweisungen für den Beginn einer solchen Gruppenarbeit. Zu dieser gehört auch Meditation. Jede bringt sich mit ihren Erfahrungen und Wünschen ein. Das Tora-Studium gehört dazu, d. h. feministische Bibelarbeit einschließlich Midrasch und Talmud.

Und die Männer? – Sie befolgen den Mondin-Segen Birkat ha-Lewana, wenn die neue Sichel bereits etwas angefüllt gut sichtbar ist. Das geschieht möglichst im Freien mit Gesang und Tanz, Dank für den Schöpfer, der diese Schönheit ständig erneuert, gegenseitigen Glückwünschen und der Zuversicht, daß in der messianischen Zeit Israel, die Braut, sich mit Gott, dem Gemahl, wieder vereinigen wird. In der Sprache der Mystik bezieht sich das zugleich auf die Einung der Schechina als Weiblichkeit Gottes mit den männlichen Kräften in der endzeitlichen innergöttlichen Harmonie. Dann werden die Mondin und der Sonn (so eine der beiden hebräischen Möglichkeiten) gleicher Größe sein wie bei der Schöpfung. Beim Tanz ist das Beugen der

Knie zu vermeiden, damit es nicht wie Anbetung aussieht (Schulchan Aruch 1,426 und Kommentare).

Dieser Brauch ist ein Beispiel dafür, wie Religionen die vorhandenen Volksbräuche in das eigene Glaubenssystem einbeziehen und die einstigen Naturgottheiten mit einer neuen, eigenen Mythologie versehen.

Dem aufgeklärten Glauben geht das zu weit, und der Männertanz bei Mondenschein auf der Straße könnte, so meinen viele, ein öffentliches Ärgernis bilden. Nicht nur deshalb wurde der Brauch in westlichen jüdischen Richtungen eingeschränkt oder sogar gänzlich abgeschafft. Im Land Israel der Spätantike begingen auch Frauen den Mondin-Segen (Bab. Talmud, Sanhedrin 42 a).

Der Tanz mit der Tora

Am Schluß des Laubhüttenfestes feiern wir *Simchat-Tora*, das Torafreudenfest (auch »Fest der Gesetzesfreude«). Dazu gehören je nach Gemeindestil getragene oder fröhliche Lieder, bedeutsames Wandeln oder Tanz mit Händeklatschen. Kinder sitzen auf väterlichen Schultern, um alles mitzubekommen, und schwenken Fähnchen mit frommen Bildern. Größere Kinder beteiligen sich an den Umzügen. In der Berliner Synagoge meiner Kindheit gehörte dazu der aufgesteckte rote Apfel mit brennender Kerze auf dem Fähnchen. Das sorgte für Vorsicht und die angemessene Getragenheit. (Vgl. die Geschichte von Schalom Ben-Chorin »Der Engel mit der Fahne« im gleichnamigen Buch, Gerlingen 1985). Alle Tora-Rollen der Gemeinde werden aus dem Schrein genommen und nach jedem Umzug weitergegeben. Wo es fröhlich zugeht, zeigen die Geehrten ihre Tanzkünste mit der oft recht großen und schweren Rolle.

Und bis vor einigen Jahrzehnten erfüllten dabei alle anwesenden Frauen ihre gewohnte traditionelle »Rolle«: Sie schauten wohlgesittet zu und erfreuten sich an ihren Kindern, Männern, Brüdern (Vgl. F. Thieberger 1936) – bis die Frauen kritisch infrage zu stellen begannen: Wo ist der Ausdruck *unserer* Torafreude? Manchen reicht noch immer die alte Form. Andere kennen nun seit ihrer Kindheit, daß die Tora nicht sexistisch ist. Einige hatten zuerst Schuldgefühle, weil sie vergaßen, daß sie gerade ihre Tage hatten. Also studierten sie mit ihren LehrerInnen: Die Tora nimmt keine kultische Unreinheit an. Für die nicht-orthodoxe Mehrheit gläubiger Jüdinnen waren solche Vorstellungen unbekannt. Dennoch gab es vielleicht ein Zögern: ist das nicht »männlich«? Entspricht dieser Verstoß der Frauen dem jüdisch verankerten oder säkular geprägten weiblichen Selbstbewußtsein?

Eine Erinnerung sei hier erwähnt, an die sozialdemokratische Frauenrechtlerin Rachel Janna'it, die Frau des Forschers afro-asiatischer jüdischer Gemeinden, Jizchak Ben-Zvi: Sie wohnten in ihrem schlichten Holzhaus neben dem von ihr gegründeten »Haus für berufstätige Frauen«. Hier mietete unsere Gemeinde jahrelang den Saal. Sie hörten unseren Gesang, hörte, daß Frauen Kaddisch sagten. Das wollte sie, die Säkularisierte, auch. Es ging nicht in den umliegenden Synagogen und auch nicht bei den bucharischen Juden, mit denen sie eng befreundet war. Und als er Präsident Israels wurde, war es schon gar nicht möglich. Außer bei uns, und so wurde sie Mitglied in unserer Gemeinde. Sie sagte Kaddisch für ihren gefallenen Sohn, später für ihren Mann. Und nun Jahr für Jahr am Simchat Tora: hochbetagt, selig lächelnd, ließ sie sich den Tallit umlegen, erhielt eine kleine leichte Tora-Rolle, wir sangen etwas langsamer. Und Rachel tanzte. Und so tanzen in Frauen-Jeschiwot und Gebetsgruppen unsere orthodoxen Schwestern.

Die vier Töchter am Pessach-Fest

Der Ablauf und die Gestaltung des jüdischen Osterfestes ist recht komplex und aufwendig: ein Hauptfest, 7–8 Tage dauert es, mit vielem Essen, vielen Vorbereitungen, traditionellerweise verbunden mit Frühjahrsputz, dem Wegräumen aller abgepackten Lebensmittel, dem Wegstellen des üblichen Geschirrs und Einräumen des besonderen Pessachgeschirrs, und vieles weitere, detailliert beschrieben in bekannten Darstellungen des jüdischen Lebens (z. B. I. M. Lau 1988; E. Kitov 1984–90).

Es gibt Familien, in denen die Mutter sich vorher und bei der Feier regelrecht überanstrengt. Das ist ein Grund mehr für ein von der ganzen Familie mitzutragendes gemeinsames Vorbereiten. Die große abendliche Tisch-Liturgie gilt als emotionaler Höhepunkt des Judeseins. Außerhalb Israels wird sie zweimal gefeiert. Bilder der Vergangenheit zeigen, daß es ein erholsames Ereignis auch für die Hausfrau sein konnte, denn sie hatte Bedienstete. Heute ziehen viele observante Familien vor, zum Fest zu verreisen und die Feier in einem Hotel zu begehen, wo ein Kantor die Liturgie leitet, es vielleicht auch einen Männer- und Knabenchor gibt, damit alle gemächlich an ihrem Tisch mit der Familie die symbolischen Speisen essen, singen und die Festmahlzeit verzehren können, um hinterher dann ohne Hetze und Abwasch die zweite Hälfte der Liturgie zu singen. So haben es sich viele Frauen eingerichtet.

Aber außer der traditionellen *Haggada*, der »Erzählung« der Passah-Nacht, gibt es auch innovative Formen verschiedenster Art, darunter von Frauengruppen.

Aviva Cantor Zuckoff (1974) beschreibt diesbezüglich einen Selbstfindungsprozeß: Eine alternative Gruppe in New York verfaßte eine Jewish Liberation Haggada, Aviva war die Hauptautorin, zwei Männer machten mit. Sie alle füllten alte Rituale mit neuem Inhalt. Zu jedem der vier vorgeschriebenen »Weinbecher der Erlösung« kamen gegenwärtige Themen. Zwei Jahre später wurde sie Feministin und unterrichtete jüdisch-feministische Theologie. Es bildete sich eine Gruppe, die in wöchentlichen Sitzungen ihre Kultur und Psychologie als Jüdinnen untersuchte. Nun wollten sie wie eine Familie den *Seder*, die Pessachfeier, begehen. Aviva schrieb ihre Befreiungs-Haggada um, weil sie feministisch gesehen einfach untragbar war: Es kommen darin keine Frauen vor, die Rede ist von den *Vier Söhnen*, stets »er« ohne »sie«. Anstelle der Söhne kamen nun *Vier Töchter*, anstelle der anderen Befreiungsthemen solche, die die Kämpfe von Jüdinnen betreffen. Jedoch meinte Aviva, daß die Feier erst ihren wirklichen Sinn erhält, wenn die verschiedensten Familien sie mit Kindern und Alten begehen können: ihre eigenen Kinder und die damals 92jährige Freundin, der sie die Haggada widmete (Text in Koltun 1976). Später veröffentlichte Aviva im *Lilith Magazine* eine weitere *egalitäre* Haggada. Dort erschien eine Reihe innovativer Materialien, darunter eine kleine Anthologie alternativer Haggada-Texte.

Ein neues Element bei solchen Feiern ist das Erzählen von jüdischen Frauen, die den Teilnehmerinnen zum persönlichen Vorbild wurden. Das ist für die Töchter und Söhne wichtig. – Aus einer der neuesten Veröffentlichungen möchte ich einen entsprechenden Text zitieren. (»Die Vier Töchter« von Rabbinerin Renni S. Altman, 1990):

> »*Die weise Tochter* fragt: Was fordert das Judentum von *mir*? Es muß mehr geben als eine sekundäre Rolle beim Seder! – *Die böse Tochter* fragt: Das gibt keinen Sinn für mich! Ich frage die Männer: Was bedeutet *euch* dieser Seder? – *Die einfältige Tochter* fragt: Ich verstehe überhaupt nichts! Wo bleiben die Frauen in der Haggada? Sie hatten doch bestimmt eine Rolle! Handelt unsere Geschichte nur von Männern? – *Die Tochter, die nicht fragen kann,* sagt: Es ist mir alles so fremd. Ich fühle mich sehr weit von der jüdischen Tradition. Womit kann ich denn anfangen?«

Als Antworten werden reihum die großen mutigen Taten der Frauen in Ägypten berichtet, jeweils endend mit dem Refrain »Wir wurden ihretwegen erlöst« (vgl. ST 9, der Apfelbaum; 51–57).

So geht das Studium der Quellen Hand in Hand mit der zeitgemäßen Umsetzung in gemeinsames Feiern und dem Aufzeigen der Wege im Rhythmus des jüdischen Jahres. Die Verbindung traditioneller Abläufe mit eigener Gestaltung ist ein Weg der spirituellen Kreativität.

Exkurs: Seder-Feier und Haggada

Die Seder-Feier kreist um Fragen und Berichte über die Befreiung Israels aus der physischen und geistigen Unterdrückung in Ägypten (Ex 1-15). Dabei geht es nicht um die Taten Moses, sondern um die Frage der jüdischen Existenz. Eine Fragenreihe, von der/dem Jüngsten gesungen, befaßt sich mit den symbolischen Speisen. Daraufhin werden die historischen Ereignisse genannt; sie gelten als die großen Taten Gottes. Die *Vier Söhne* sind Grundtypen der Einstellung zur Tradition. Dreien wird entsprechend ihres Denkvermögens scharf oder sanft geantwortet; die Antworten liegen als Text fest. Und der nicht zu fragen versteht? »Du öffne ihm!« – Eine pädagogische Anweisung gegen das Abschütteln von Verantwortung. – Im antiken Palästina war die Haggada recht kurz. Sie wurde an den babylonischen Akademien ausgebaut. Im Laufe der Zeit kamen lokale Lieder dazu, so in Deutschland in aramäisch und deutsch, rund ums Mittelmeer in spanisch u. s. f. Wir sollen möglichst viel berichten, lautet die Anweisung der Mischnameister. – Die Haggada ist das meistgedruckte und meist illustrierte jüdische Buch. Daher ist es an der Zeit, viel mehr Frauen und Mädchen darin abzubilden, so auch bei den vier Grundtypen. In der Darmstädter Haggada (um 1450) zeigt eine Bildseite die Sederfeier, klein, und groß darüber die Mädchen mit offenen Büchern und ihre Lehrer (ST Abb. 4, S. 188).

Heutige *Haggadot* bringen häufig Material zum Holocaust, z. B. aus dem Tagebuch der Anne Frank und das Lied vom Zündholz von Hanna Szenesch (ST 142). Die Reformbewegung dachte hier zuerst über Änderungen nach. Es folgten Aktivisten der Befreiungsbewegungen und Umweltschützer. Säkulare Haggadot schuf die Kibbuzbewegung.

Weitere Beispiele zum Festjahr

Was *Spenden* anbetrifft, so ist es Brauch, Sammelbüchsen für wohltätige Zwecke im Hause zu haben. Kindern wird von früh an beigebracht, vor *Sabbat- und Feiertagsbeginn* etwas hineinzutun ebenso wie die Eltern. Neben anderen Adressaten sollten Frauen an besondere Fraueneinrichtungen denken, wie Zufluchtshäuser und Wohnungen für Bedürftige in ihrer Stadt oder in Israel. – *Im jüdischen Gottesdienst wird kein Geld gesammelt.* Christliche Besucher wissen oft nicht, daß es üblich ist, ihren / seinen Beitrag an einem darauffolgenden Wochentag mitzubringen oder zu schicken. Vor dem *Versöhnungstag* geben viele im Gedenken an die antiken Opfer – besonders den Sündenbock – eine entsprechende Summe für die Armen. Verbreitet ist ein Volksbrauch, eine/n Sühnehahn/henne für jedes Familienmitglied zu kaufen, es bei der Zeremonie um den Kopf zu schwingen, mit den entsprechenden Worten und nach dem Schlachten den Armen zu schenken (hebr. *Kapparot*, d. h. »Sühne«, jiddisch Kappores). Das wurde stets von vielen Rabbinern als religiös unästhetisch verurteilt. Statt dessen sollte lieber als symbolische Geste die entsprechende Summe gespendet werden. Am *Purimfest* werden nach biblischer Vorschrift (Est 9,22) gegenseitig Essensgaben zugeschickt: Die Kinder bringen sie wohlverpackt an Bekannte und Verwandte und nehmen dort gleich die ihren entgegen, – und Gaben für die Armen. Am *Tu biSchwat*, dem Neujahrstag der Bäume (15. *Schwat*, vier Wochen vor *Purim*) schenken und pflanzen wir Bäume. Israelische Kindergärtnerinnen bringen dies seit Generationen bei. Schulkinder und Erwachsene haben ihre Pflanzfeiern. Frauen, die partnerschaftlich für die Natur eintreten, können damit Wege nach innen in das Selbst und nach außen in die gemeinsame Umwelt gehen und so feiern. Wir essen neue Früchte, trinken vier Gläser verschiedenfarbigen Weins oder Traubensaft, meditieren, singen und tanzen, weil die Natur unser Mitgeschöpf ist und unsere Geschwister Wasser, Erde, Luft, Feuer, Pflanzen sind. Jüdische Mystiker haben solche Rituale, die wir für uns abwandeln können (vgl. Rabbi Adam Fisher 1989). Das alles kann und soll auch gemeinsam mit Männern durchgeführt werden.

In unserer Generation wurden in den Festkalender neue Tage der Trauer und der Freude eingeführt: *Israels Unabhängigkeitstag* im Mai*, einen Tag davor der *Gefallenengedenktag* und eine Woche davor der *Holocaust-Tag*. Zu den Lesungen und Gesprächen an diesen Tagen gehören Tagebücher, Gedichte und Erinnerungen von FreundInnen an Männer und Frauen, die ihr Leben verloren, weil sie es bewußt einsetzten oder wehrlose Opfer des Hasses waren. Die in Deutschland vor einigen Jahren verbreitete Behauptung, daß »die im Krieg gefallenen Frauen nicht beklagt werden«, ist ebenso unwahr wie andere Mutmaßungen und Gerüchte über Jüdinnen (vgl. ST 21).

Am *Schawuot*, dem Wochenfest**, pflegen wir keine Fleischgerichte zu essen, denn als unsere Mütter am Sinai standen, hatten sie keine Zeit, erst auf das Schlachten zu warten. Milch und Käse der Herden waren auch sonst das übliche Essen. – Wir können hierbei allerdings grundsätzlich darüber nachdenken, ob unsere Nahrung nicht ständig viel einfacher sein sollte. In biblischer Zeit wurde selten Fleisch gegessen, und die Pharisäer lehrten das Volk, die strikten

---

* Die Termine richten sich nach dem jüdischen Kalender: der 15. Mai 1948 war der 4. Ijjar; dies blieb seitdem das Datum, das einmal in 19 Jahren mit dem bürgerlichen Datum zusammenfällt.

** Sieben Wochen nach Pessach, am 50. Tag, griech. pentecoste; davon das christliche Pfingsten.

Nahrungsvorschriften des Tempels in jedem Haus einzuhalten. Das verminderte überdies den Fleischverzehr. Außerdem setzten die Pharisäer damals Danksprüche für Brot, Früchte und Gemüse ein, aber keinen besonderen Segensspruch für Fleisch. Deshalb meinten viele traditionelle Juden, es sei besser, vegetarisch zu essen (z. B. der Mystiker, Dichter und Palästina-Oberrabbiner A. I. Kook und der hebräische Nobelpreisträger S. J. Agnon). In der von mir herausgegebenen Ausgabe des hebräischen Barockdichters Jacob Francès rekonstruierte ich mit Freude seine Idylle vom künftigen friedlichen vegetarischen Leben. (P. Navè 1969, 167–74).

Am 9. *Aw* (im August) ist der Fasttag im Gedenken an die Zerstörung des Ersten und des Zweiten Tempels und der Vertreibung der Juden aus Spanien 1492. Es ist ein Tag gegen die zunehmende Verdrängung und das Vergessen dieses geschichtlichen Wissens. Das ist sehr schwierig. Ich habe stets Probleme bei dem Lesen der biblischen Klagelieder. Sie gehören zum krassesten in unserem Erbe, und doch reichen sie nicht an die Wirklichkeit von Tod und Verderben heran. In der Jerusalemer Altstadt wurde eine Ausgrabungsstätte für Besucher und eine Dia-Vorführung hergerichtet, »Das verbrannte Haus«, aus dem Talmud kennen wir den Namen der Bewohner. Sie waren die Hersteller des Tempel-Weihrauchs. Die Gefäße sind noch dort, auch die Überreste einer Frau, daneben eine römische Speerspitze.

Die Überlieferungen im Talmud berichten von verzweifelten Frauen in der Stadt und von 400 Knaben und Mädchen aus vornehmen Familien, die nach Rom in Bordelle gebracht werden sollten und vom Schiff ins Meer sprangen (ST 138). Unsere Vormütter beteten täglich, daß sie Kraft haben mögen, selbstbewußt das von Verfolgern auferlegte Sterben zu ertragen, Gottes Namen zu »heiligen offenbar vor Leut … Ich fürcht mich, drauf zu versagen, denn vielleicht möcht die Folter zu groß sein auf mir, daß ich's nit könn' ausstehn …« (Frauengebetbuch, Fürth 1823; in: Navè 1975, 19–21). Der 9. Aw ist deshalb ein Tag, der insbesondere uns Frauen in Erinnerung ruft, daß wir als Jüdinnen die Verantwortung für die künftigen Generationen haben. – Der 15. *Aw* war in der Zeit des Zweiten Tempels ein großer Freudentag. Die gleiche Feier fand auch am *Versöhnungstag* statt nach dem hohepriesterlichen Sühneakt. Es waren Tage der Partnerwahl (Mischna Ta'anit 4,8; Bab. Talmud, Ta'anit 31a). Die Mädchen liehen einander weiße Kleider, um die Armen nicht zu beschämen.

Sie trafen sich mit den Junggesellen in den Weinbergen, tanzten und riefen: Junger Mann, erhebe deine Augen und siehe, wen du wählst! Die Schönen riefen: Schaut nur auf's Aussehen! Die Edlen riefen: Schaut nur auf die gute Familie, denn das geht auf die Kinder über! Die Häßlichen riefen: Tragt uns um des Himmels willen davon und schmückt uns mit Edelsteinen! – Die Jünglinge riefen (Spr. 31,31): Teilt ihr aus die Frucht ihrer Hände, in den Stadttoren rühmet ihr Wirken!

Wenn Frauen sich heute im Freundinnenkreis treffen, können weitere Überlieferungen zu der wunderbaren »Chemie« zwischen Menschen berichtet werden und vor allem eigene Erfahrungen und Wünsche. Vielleicht sollten die Männer von ihren schwachen und starken Punkten berichten. Im Fernsehen gibt es in Anlehnung an die alten Bräuche Partnersuchspiele. Wir könnten etwas Ähnliches für Schüchterne veranstalten, sie müssen sich dabei nicht gleich zeigen, sondern können hinter einem Vorhang sprechen und nach Stimme und Bericht raten, wer ihnen gefällt und später einmal miteinander ausgehen. Junge israelische Orthodoxe laden ihre unverheirateten FreundInnen ein, von denen sie ein Zusammenpassen erhoffen. Eine Kollegin seufzte mir vor: »Meine Tochter Ruthi (Name geändert) hat schon elf Verabredungen gehabt, aber keiner gefiel ihr nach einigen Treffen! Er soll striktest modern-orthodox sein, an einer Jeschiwa und Universität studieren, sie macht demnächst ihren Magister, unterrichtet, will später die Dissertation schreiben, er muß ein geduldiger Mensch sein, Humor haben wie sie … Hoffentlich findet sie bald diesen Traummann!« Sie fand ihn mit Humor, Willenskraft und Geduld!

Dazu gehört einer unserer Lieblingsmidraschim: Rabbi Jehuda, der Sohn des Rabbi Simon, deutete den Vers »Gott bringt die Einsamen ins Haus« (Ps 68,7) und begann: Eine römische Dame fragte Rabbi Jossé, Sohn des Halafta (führender galiläischer Mischnameister des 2. Jahrhunderts, der für seine Gespräche berühmt war, besonders mit Römerinnen): In wieviel Tagen schuf Gott die Welt? Er antwortete: In sechs Tagen (zitiert Ex 20,11). Sie fragte: Was tut er seitdem? Er antwortete: Gott sitzt und fügt Paare zusammen, die Tochter des Soundso mit dem Soundso, das Vermögen des Soundso mit dem Soundso. Sie sprach: Das ist seine Arbeit? Das kann ich auch! Ich habe so viele Knechte und Mägde, ich kann sie in kürzester Zeit ver-

mählen! Er sprach: In deinen Augen mag das leicht sein, für Gott ist
es schwer wie das Teilen des Schilfmeeres beim Auszug aus Ägypten!
Rabbi Jossé, Sohn des Halafta, ging weg. Was tat sie? Sie nahm tausend Knechte und tausend Mägde, stellte sie in Reihen auf, und
sprach: Soundso heiratet Dieunddie, Dieunddie heiratet Soundso und
vermählte sie in einer Nacht. Am nächsten Tag kamen sie zu ihr mit
Kopfverletzungen, geschwollenen Augen, gebrochenen Beinen. Sie
sprach zu ihnen: Was ist geschehen? Eine sagte: Ich will den nicht,
einer sagte: die will ich nicht. Sofort ließ sie Rabbi Jossé kommen und
sagte zu ihm: Es gibt keinen Gott wie den euren, eure Tora ist wahr,
schön und trefflich, du hast richtig gesprochen! Er sprach zu ihr:
Habe ich dir nicht gesagt, dir mag es leicht sein, für Gott ist es schwer
wie das Teilen des Schilfmeers? (Rabbi Jehuda deutete den Vers weiter:) Was tut Gott? Er vermählt sie, ob sie wollen oder nicht, wie die
Schrift sagt: »Gott bringt die Einsamen ins Haus, holt die Gefange-
nen *becho-scharot*«. Was heißt das? Wenn sie nicht wollen, *bacho*
(Weinen), wenn sie wollen, *scharot* (Gesang)! (In Übersetzungen:
zur Seligkeit. – Midrasch Bereschit Rabba 68,4). Bewußt bringe ich
dies nicht in Verkürzung als Anekdote, sondern übersetze es in der
vollen aggadischen Form.

In einer Gruppe sagten Frauen zum 15. Aw: Seit der Zerstörung
des Tempels wandelte sich das freudige Fest zu einem Tag des Torastudiums. Wir haben aber beschlossen, das antike Fest wieder zu be-
leben. Als ledige Frauen wollen wir unsere Partner in einem jüdischen
Kontext wählen. Das ist eine heilige und schwierige Aufgabe. Wir
fordern das Recht, unser eigenes Schicksal zu bestimmen. Das kann
für einige die Wahl einer Partnerin gleichen Geschlechts bedeuten
(zitiert bei Adelman 1986, 134).

Über *Neujahr, Versöhnungstag* und *Laubhüttenfest* habe ich bereits geschrieben. Diese Herbstfeiertage sind gerade für feministisches Nachdenken vielfältig geeignet. Dazu sollten wir uns zunächst
den überlieferten Zwängen entziehen wie z. B. der oral-neurotischen
Verdrängung unseres Wachsens (Kochen, Backen und Essen) weit
über das schöne Feiern der Gemeinsamkeit hinaus. In Kibbuzim wird
der Fasttag des *Jom Kippur* Gesprächskreisen z. B. über Tradition
oder neue jüdische Zugänge gewidmet. Ich erinnere mich der ungläu-
bigen Faszination, als ich im Kibbuz Hulata, zu dessen Großeltern wir
zählen, in einer berufstätigen Frauenrunde von der Arbeit der Rabbi-

nerinnen berichtete. Dabei wurden so manche Stereotypen über das aufgebrochen, was im Judentum möglich oder unmöglich ist. Das war einige Jahre, bevor die Jerusalemer »Frauen der Mauer« und der Kampf um die Wahl von Frauen in israelische Religionsgremien diese Themen der Gleichberechtigung allgemein bewußt machte. Zur Selbstfindung gehört die von traditionellen Zwängen des Unmündigseins befreiende Aufklärung, und das bedeutet vor allem das Entlarven von Mythen, die uns Ausreden für Gewohntes liefern.

Schließlich ist noch das winterliche Lichterfest *Chanukka* zu erwähnen. Acht Tage lang entzünden wir die Öllampen oder Kerzen im Chanukkaleuchter. Jüdische Kinder lernen vom Kindergarten an das Basteln dieser Leuchter. Täglich wird ein Licht mehr angezündet. Die Kinder singen und inszenieren Aufführungen über die mutigen Makkabäer. Die Kleinsten sind als Kerzen verkleidet und singen das hebräische Lied *bánu chóschech le-garésch, bejadénu or wa-esch!* – Wir kommen, das Dunkel zu vertreiben, in unserer Hand sind Licht und Feuer!

Wieder können wir über unsere Vormütter nachdenken, die mit dem Fest zu tun haben, den Verfolgungen, dem Mut, der Errettung: Hanna, die Mutter der Sieben, die in den Kirchen die Heiligen Makkabäer heißen (die frühesten christlichen Heiligen überhaupt; ST 135). Ohne diese Mutter gäbe es weder das Judentum noch das Christentum noch den Islam, denn das Argument der heidnischen kulturellen Überlegenheit hätte alles überrollt. Was bedeutet das heute für uns? (In der katholischen Reform der Heiligentage wurde ihr Kult leider abgeschafft.)

Wir können von Debora berichten, der »Frau Fackel« jüdischer Exegese, und ihrer nichtjüdischen Mitkämpferin Jael, die sich nicht vergewaltigen ließ und den kanaanäischen Feldherrn tötete (ST 67). Und auch Judith gehört hierher, deren Novelle die Erfahrung vieler Belagerungen Jerusalems eindrucksvoll verkörpert und zusammenfaßt (ST 87). Wie einst Debora tötete sie einen feindlichen Feldherrn, der sie »haben« wollte, und errettete so ihr Volk. Ihre Geschichte wird besonders von orientalischen Jüdinnen bewahrt, die am 7. Chanukka-Tag Judith feiern. Chanukkaleuchter der Renaissance bilden sie ab, ebenso pittoreske Miniaturen in hebräischen Handschriften. Das Umschlagsmotiv meines Buches »Was wurde aus Saras Töchtern?« stellt Judith dar, wie der italienische Maler Caravaggio sie malte – das

Porträt einer venezianischen Jüdin? Die Geschichte ist zwar eine außerkanonische jüdische Schrift, jedoch nahmen die christlichen Kirchen sie in ihre Bibel auf. Judiths Vertrauen bringt unsere Hoffnung zum Ausdruck, wie es so viele biblische Verse tun: »Denn der Herr ist ein Gott, der den Kriegen ein Ende setzt« (Jdt 16,2). Wir werden gern beim Gedenken an sie singen: »Ein Volk wird nicht mehr gegen ein anderes Volk das Schwert erheben, sie lernen nicht mehr den Krieg« – in hebräisch ist es singbarer: *lo jissa goi el goi cherew, lo jilmedu od milchama* (Jes 2,4). Manche jüdische Gemeinden haben es im Gottesdienst aufgenommen, in einer chassidischen (?) Melodie, Frauen in Israel und Amerika haben neue Judith-Lieder geschrieben und komponiert (Adelman 1986, 332–33, 116–17). So bringen sie eine weithin Vergessene wieder »nach Hause« (Siehe oben, zu Ps 68) und ahmen damit Gott nach, wie uns geboten ist. Zwar war *sie* nicht »einsam«, denn so viele Christen ehrten sie, auch mit wöchentlichen Liedern. Aber wo waren *wir*? Nun könnte sie, so meine ich, eine der geschwisterlichen Brückenfrauen zwischen Jüdinnen und ChristInnen werden und wäre auch ein Thema für gemeinsame Meditationen, Tänze und Geschichten.

Rituale der Lebenszeiten

Die Neugeborene

Viele Eltern müssen sich wieder die Traditionen für die Geburt einer Tochter neu aneignen, sie sind zu sehr auf einen einzigen Vorgang nach der Geburt eines Sohnes fixiert, auf die Beschneidung, und daher kennen sie sich in alten Ritualen hierfür nicht besonders gut aus. Das trifft vor allem für die aschkenasischen Juden zu. Die Sefarden bewahrten ihre Bräuche besser. Sie werden daher von anderen übernommen und in von Einfallsreichtum neu gestaltete Rituale einbezogen.

Als im 17. Jahrhundert Juden erstmals nach England emigrieren und dort wohnen durften, gründeten sie die spanisch-portugiesische Gemeinde in London. Ähnliche Gemeinden gab es u. a. auch in Amsterdam, Hamburg und New York. Ihre Gründer und Mitglieder waren ehemalige Marranen, Zwangskatholiken, die in nicht-katholischen Ländern wieder das Judentum ihrer Vorfahren bekennen und leben durften. Meistens war es die älteste Frau, die Matriarchin der Familie, die die Überlieferung weitergab, was aber für alle lebensgefährlich war (ST 108).

Im Londoner Gebetbuch (S. Gaon 1958, 1, 180) finden wir den üblichen Ritus für die Geburt eines Mädchens. Er ist der gleiche wie bei sefardischen Juden in Nordafrika, der Türkei, Innerasien und Indien. Der Ritus heißt *Sewed ha-Bat*, d. i. das Geschenk der Tochter. Es werden »Mein-Täubchen«-Verse aus dem Hohenlied gesungen, (Hld. 2,14; 6,9 für die erste Tochter), und Gottes Segen wird auf sie herabgerufen. Dabei wird ihr ihr Name gegeben, und sieben Frauen werden als unsere vorbildlichen Vormütter genannt: Sara, Rebekka, Rachel, Lea, die Prophetin Mirjam, Abigail sowie Königin Esther, die Tochter des Abichail. Wünsche für das Wohlergehen, Aufwachsen und Heranreifen der Tochter als Ehefrau und jüdische Mutter schließen sich an. Letzthin wurden die bei jungen Leuten oft vergessenen alten Riten als Büchlein gedruckt (A. Cohen 1990), um das reiche sefardische Brauchtum lebendig zu erhalten.

Bei aschkenasischen Juden erfolgt die Namensgebung ebenfalls in der Gemeinde. Der Vater wird zur Tora aufgerufen und danach wird der Segen für das nichtanwesende Kind gesprochen. In egalitären Gemeinden der verschiedenen Einrichtungen kommen die Eltern mit dem Baby gemeinsam zur Tora-Lesung und zum Segen. Gemeinden, die frei in ihrem Verhalten sind, singen dann die traditionellen Glück-und-Segen-Lieder und klatschen in die Hände. Anschließend gibt es einen Kiddusch zu Ehren des kleinen Mädchens.

Ein anderer Brauch stammt aus dem Elsaß, der Nordschweiz und Süddeutschland, und heißt *Hollekreisch*. Das kommt wahrscheinlich von frz. *Haut-la-crèche* (»Hebt die Wiege hoch«). Andere wollen es von der germanischen Frau Holle ableiten oder vom verdeutschten hebräisch *Kri'as chol*, dem Ausrufen des weltlichen Namens. Ursprünglich galt der Brauch auch für Knaben. In jüngster Zeit wurde er in Gemeinden wie Mannheim und Würzburg wieder für Töchter eingeführt. (Bräuche und Erklärungen behandelt Sonja Weigel 1988.)

Bei der Feier stehen die anwesenden Kinder im Mittelpunkt. Sie helfen, dreimal die Wiege hochzuheben, und rufen dabei laut aus: »Hollekreisch, Hollekreisch, wie soll das Kindlein heißen?« Und darauf: »Das Kindlein soll (Name) heißen!« Unvergeßlich ist mir eine Feier in unserer Mannheimer Gemeinde: Das Strahlen aller, vor allem jedoch der alles dirigierenden älteren Schwester, und das freudige Erstaunen meiner muslimischen Freundin Prof. Riffat Hassan (Lahore und Louisville), für die es ein völlig neues Erlebnis mit einer europäischen jüdischen Gemeinde traditioneller Richtung war. Bei der Namenswahl richten sich viele nach Familientraditionen oder ziehen einen gerade beliebten Namen ihrer Umwelt vor, der in Bedeutung oder Klang an einen jiddischen oder hebräischen, kurdischen oder arabischen Namen von Vormüttern erinnert (ST 22; Strassfeld/ Strassfeld 1976, 18–22: Listen für Knaben und Mädchen). Ein wunderschöner neuer Brauch ist es, die Kleine in einen kostbaren Stoff als Umschlagtuch zu wickeln. Aus diesem wird später ein Tora-Schild gefertigt, das sie bei Beginn ihres Kinderreligionsunterrichts der Gemeinde bringt. Es ist eine kreative Parallele zum süddeutschen »Wimpel«, dem in naivem Volksstil ausgeführten Bindegürtel der Torarolle aus dem Tragetuch eines Knaben bei der Beschneidung (Bilder des neuen Brauchs: Weidman Schneider 1984, 126). Dieses sind öffentliche Feiern, vorangehen können Freundinnenfeiern für Mutter und Kind im intimeren Kreis. In den letzten 20 Jahren wurden viele innovative Rituale von Eltern zur Geburt ihrer Töchter ausgeführt und beschrieben (z. B. engl. und hebr.: Leifer/Leifer 1973). Das Ritual heißt manchmal *Brit Banot*, der »Bund der Töchter«. Ein Sammelband der Reformbewegung dazu ist in Vorbereitung (Lewis M. Barth, Hrsg. 1991. Vgl. Ders., 1990, 14).

Juden wie Christen fragen oft, ob Mädchen denn überhaupt Jüdinnen sind und zur Gemeinde zählen, Knaben würden doch durch die Beschneidung in den Bund aufgenommen. Die Antwort lautet: Anders als im Christentum sind alle Kinder jüdischer Mütter durch ihre Geburt bereits jüdisch. *Dazu bedarf es keines Rituals.* Die Beschneidung am achten Tag ist eine alte jüdische Überlieferung. Daher wurde sie auch von vielen Christen übernommen, z. B. dem englischen Königshaus (»Was gut für Jesus war, ist gut für unsere Söhne!«). In den USA werden seit Generationen *alle* Knaben nach der Geburt aus medizinischen Gründen beschnitten, weil die biblische Vorschrift sich als gesundheitsfördernd erweist; sowohl für Knaben und als auch für Männer. Wollen Eltern es nicht, müssen sie es anmelden.

Die weitaus meisten beschnittenen Männer sind Muslime, für die es ebenfalls eine Glaubensvorschrift ist. Die Operation findet jedoch bei den Heranwachsenden statt, wie es auch bei bestimmten Naturvölkern als Pubertätsritual üblich ist. Im Gegensatz zur frühkindlichen Beschneidung ist dies schmerzhafter und wird daher als Mutprobe angesehen.

Es gibt bei Juden wie Nichtjuden seit einiger Zeit Diskussionen zur Abschaffung der Beschneidung. In Teilen des Reformjudentums wurde sie nicht durchgeführt. Biblisch sind körperliche Verstümmelungen untersagt. Die Beschneidung des Mannes wird jedoch als Würdezeichen und ethisch fördernd gedeutet. Hingegen wäre die leider noch immer weitverbreitete weibliche »Beschneidung« eine gotteslästerliche Entehrung. Wir sollen, wo immer möglich, endlich unseren Mund aufmachen und leidenden muslimischen und animistischen Schwestern beistehen, wo immer dies möglich ist! (Vgl. ST 57–60; zu den grauenhaften Details vgl. Janssen-Jurreit 1976, 541 ff.: Kriegsführung gegen die Klitoris: die sexuelle Domestizierung der Frau in der Dritten Welt.) – Die männliche Beschneidung ist ein »Bund des Blutes«. Manche bringen ähnliches in den Bund des Mädchens ein. Ein Vorschlag bezieht sich auf die Öffnung des Jungfernhäutchens, um später der Erwachsenen die Schmerzen zu ersparen und das ganze teils sehr verlogene Thema der Jungfräulichkeit auszuräumen (M. Gendler 1975).

Ein weiteres Gebot betrifft die *Auslösung* jedes Knaben, der »den Uterus öffnete«, hebr. *peter rechem* (Ex 13,2), am 30. Tag nach der Geburt. Eigentlich gehörte das Kind als Tempeldiener dem Heiligtum, er wurde jedoch gegen eine Schenkung an den Priester ausgelöst, daher die Bezeichnung hebr. *Pidjon haBen.* Das ist in traditionellen Gemeinden bis heute eine Aufgabe des Kohen, der das Geld meist als Spende weitergibt. In Israel wurde dafür wie für viele Lebensabschnitte eine Gedenkmedaille eingeführt. Manche Eltern möchten dies auch für ihre erste Tochter, und zwar für jedes erste Kind, auch wenn es nicht der technischen Definition des »Öffnens« entspricht (d. h. bei Kaiserschnitten, vorangegangenen Aborten). Dies wird jetzt auch von der Reformbewegung vorgeschlagen, deren Mitglieder ein neues Bedürfnis nach Ritualen verspüren (R. Sherwin 1989). Verwandt damit ist eine israelische Spontanentwicklung durch junge Eltern: *Brita*, der Bund für die Tochter am 30. Tag, als Feier ohne religiöses Zeremoniell.

Wann ist ein Mädchen religionsmündig, d. h. bereit und imstande, selbständig die Gebote der Tora zu erfüllen und für ihr Tun und Lassen verantwortlich gegenüber Gott und Menschen zu sein? Das wurde ursprünglich im Zusammenhang mit den körperlichen Reifevorgängen gesehen, diese setzen bekanntlich etwa ein Jahr früher ein als bei Knaben. Um eine mittlere Linie festzulegen, bestimmten die Meister: Ein Mädchen ist mit zwölf Jahren und einem Tag *Bat-Mizwa*, (»Tochter des Gebots«), ein Knabe ist mit dreizehn Jahren und einem Tag *Bar-Mizwa* (»Sohn des Gebots«). Damit begann das konkrete Übernehmen von Aufgaben in Familie und Gemeinschaft. Mit der Einführung öffentlicher Schulen unter staatlicher Aufsicht bildete die *jüdische Konfirmation* den Abschluß des Religionsunterrichts der SchülerInnen. Dies begann 1810 (Beispiele in Navè Levinson 1984, 101). In den USA war die erste Konfirmation 1843: auf den Jungfern-Inseln (Antillen), die damals eine dänische Kolonie waren, weil dies in Dänemark seit 1814 Gesetz war. Wegen des vorangehenden Unterrichts in einem offiziellen jüdischen Katechismus sah der Berichterstatter darin eine Garantie gegen die Verführung zur Taufe (Zeitungsbericht 1843; G. Plaut 1965, 314).

Der Terminus Konfirmation wird oft zu Unrecht mit dem christlichen Sakrament gleichgesetzt. Es handelt sich hier natürlich um das Bekenntnis zum Judentum. Dieses wurde der größeren Feierlichkeit wegen in liberalen Gemeinden klassenweise am Wochenfest im Gottesdienst begangen. Das blieb häufig der Brauch. Bald begann man auch die zeitlich frühere Bar-Mizwa-Feier der Knaben neu als Gemeindevorgang mit großer Feier zu gestalten, vor allem in traditionalistischen Richtungen. Eine Mädchenfeier führte um 1850 der orthodoxe Rabbiner Jakob Ettlinger in Altona ein (*EJ* 1989, 105). Die Gleichstellung mit Knaben in Vorbereitung und synagogalen Aufgaben erfolgte bei Rekonstruktionisten seit 1922 als bewußte Betonung traditioneller Formen, nunmehr jedoch in egalitärer Weise. Von dort breitete sie sich in die meisten jüdischen Richtungen aus. Dabei wird der Charakter einer eigentlich radikalen Neuerung gern heruntergespielt, so daß die gemäßigte Orthodoxie ihre Töchter nicht zu benachteiligen braucht. Die Durchführung ist entweder im gleichen Alter wie die Knaben, dreizehnjährig, um nicht zu diskriminieren, oder mit den traditionellen zwölf Jahren.

Es gibt verschiedene Formen wie Lichterzünden und -segnen im Freitagabendgottesdienst, danach feierliches Gemeindemahl mit Ansprache der Bat-Mizwa zur Schriftlesung oder eine solche Auslegung im Morgengottesdienst. In egalitären Gemeinden kommt dazu wie für die Knaben die gesungene Lesung aus der Tora und/oder Prophetenabschnitt, ganz, teilweise, oder nur die gesungenen Segenssprüche. Manche Mädchen führen ebenso wie manche Knaben die Liturgie allein oder teilweise durch. Wegen der traditionellen Selbstbeschränkungen aller orthodoxen Gruppen schufen Frauen die Möglichkeit der vollständigen Durchführung in ihren eigenen Gebetsgruppen. Das kann zur wie immer gearteten öffentlichen Synagogenfeier hinzukommen. In jedem Fall steht die Bat-Mizwa im Mittelpunkt, erprobt auch hier ihr Selbstbewußtsein, erhält Anerkennung (außer den obligaten Geschenken) und wirkt als Vorbild für jüngere Mädchen. Interessant ist, daß die Orthodoxie diese Entwicklungen weitgehend mitmacht. Im israelischen Rabbinat wurde es Brauch, gruppenweise Bar- und Bat-Mizwa-Feiern für Kriegswaisen oder Neueinwanderer durchzuführen. Dabei wird die Zugehörigkeit zur Glaubens- und Schicksalsgemeinschaft unmittelbar erlebt, wie es keinerlei schöne Reden allein fertigbrächten.

In den letzten Jahren kommen Überlegungen hinzu, die an die antiken Vorbilder anknüpfen, nämlich der Bezug zur körperlichen Reife. Mütter wollen in einer Frauengruppe der Tochter die Freude vermitteln, daß sie nun auf dem Wege ist, eine Frau zu werden. Es wird kurz nach der ersten Periode gefeiert und vor oder nach der öffentlichen Bat-Mizwa-Feier. Damit kann ein Teil des traditionell geprägten Unbehagens am Frau-Sein möglicherweise abgebaut werden. Das einfühlsame Teilen persönlicher Erinnerungen, die Betonung der positiven Elemente, das Bewußtsein des Wechsels von Werden und Vergehen in uns könnte für viele Mädchen große Bedeutung gewinnen (Beispiel: P. V. Adelman 1986, 73–83). Dabei kann ein hebräischer Name gegeben werden, dazugehöriger Midrasch wird berichtet, ein Tallit wird geschenkt und von nun an getragen (dort). In der Reformbewegung wird ähnliches vorgeschlagen (H. L. Gordon 1989). Das bringt mich zu der Frage, ob nicht entsprechendes mit gleicher realistischer Einfühlsamkeit und Zugetanheit auch den Söhnen im Hinblick auf die Vaterfigur zukommen müßte. Möglicherweise bestehen da noch viel mehr Hemmungen. Aber die Tradition betont immer wieder die physischen Schwierigkeiten des Mannes, »seinen Trieb zu beherrschen«, halachische Werke wie die Frauenanleitungen von Ch. Halevi (1977, 147–149) sprechen über männliche sexuelle Gepflogenheiten. Es ist doch gewiß wichtig, daß zur biologischen und ethischen Aufklärung der Knaben in Schule oder Haus auch ein ähnliches Ritual tritt, wie Frauen es für sich und ihre Töchter entwickelt haben. Die Frauengruppen sind eine Minderheit, aber sie haben Ausstrahlung. Eine solche Männer-Minderheit scheint mir ebenso wichtig zu ganzheitlichen Menschwerdung. Die Vorsitzende des Verbandes rekonstruktionistischer Rabbiner, Sandy Eisenberg Sasso (ordiniert 1974), entwickelte neuerdings in ihrer Gemeinde ein Programm in dieser Richtung (S. Eisenberg Sasso 1989).

Zur Bar- und Bat-Mizwa-Feier ist noch zu bemerken, daß sie häufig auch für die Eltern ein emotional sehr wichtiger Ausdruck ihrer jüdichen kulturellen Identität ist. Bei der ständig wachsenden Anzahl von Mischehen mit nicht-übergetretenen Andersgläubigen entstehen Fragen zur liebevollen Einbeziehung nichtjüdischer Angehöriger in den Ritus, ohne sie religiös zu vereinnahmen oder auszugrenzen.

Der Weggang vom Elternhaus

Wenn junge Menschen das Elternhaus für das Studium oder den Militärdienst (vor allem in Israel) verlassen, ist dies vielen ein Anlaß, eigene Formen des Nachdenkens und Loslassens zu finden. In egalitären Gemeinden werden wir den/die Betreffende/n zur Toralesung aufrufen. Anderswo trifft das nicht für die Mädchen zu. Es kann jedoch überall nach dem Toralesen ein Segen für den Sohn oder die Tochter ausgesprochen werden. Mit dem stärkeren Bewußtmachen der Bedeutung von neuen Lebensabschnitten wird auch hierfür in Gruppen ein entsprechender ritueller Ausdruck getroffen. In amerikanischen Familien, die sich intensiv mit ihrem Judentum beschäftigen, kann das ein Studienjahr in Israel sein. Bei den meisten handelt es sich um das Studium in einer anderen Stadt.

Nur wenige jüdische Studierende an allgemeinen Hochschulen finden von sich aus zu einer Gemeinde am neuen Wohnort. Das ist eine

Hauptsorge aller religiösen Richtungen. Um so wichtiger ist es, sich bereits vorher mit dem Sohn oder der Tochter gemeinsam darüber Gedanken zu machen. Diese können durch ein entsprechendes Ritual des Dankes und der Zuversicht ergänzt werden.

Das betrifft auch Orthodoxe, von denen die meisten zur religionssoziologischen Gruppierung der »nicht-praktizierenden Orthodoxen« gehören.

Die Braut

In traditionellen jüdischen Gemeinschaften gab es schon immer Frauengruppen. Die besonders Bewanderten leiteten andere Gruppenmitglieder in der Durchführung von Ritualen an. Dazu gehören auch die Feiern zu Ehren der Braut. Frauen aus Asien, Afrika und den Mittelmeerländern pflegen häufig dort ihr Erbe, wo immer sie leben. Bei ihnen ist es üblich, daß Frauen bestimmte Teile von Familienfeiern allein durchführen, ohne die Männer der Familie. Das betrifft Rituale, Geschichten und Lieder. Ähnlich ging es in Osteuropa zu und wird heute ebenfalls in anderen Ländern weitergeführt.

Orthodoxe Hochzeiten werden nach dem Biokalender der Braut bestimmt, die vor der Trauung die *Mikwe*, das Tauchbad, erstmals besucht. In Israel gilt die Rechnung zumindest pro forma für alle Jüdinnen. Die Frau des Rabbiners und die Mikwe-Frau helfen beim Ausrechnen des richtigen Zeitpunkts. Ausnahmen sind jedoch weit verbreitet. In orientalischen Traditionen ist mit dem Tauchbad eine Frauenfeier verbunden. Dazu kommt das Henna-Ritual, das Färben der Hände mit der Glücksfarbe. Henna-Meisterinnen kleideten die Braut in prächtige vererbte Gewänder und färbten unter dem Singen besonderer Lieder ihre Hände, um Unheil zu verscheuchen. Frauen berichten, daß sie dann selbst die Farbe ihren Angehörigen auftrugen. Dazu gehören Lieder, z. B. in einem eigenen jemenitisch-jüdischen Frauendialekt. Junge Bräute kommen gelegentlich auf diese Bräuche zurück.

Vor der Trauung thront die Braut auf einem Sessel, als Königin, und nimmt die Glückwünsche entgegen. Orientalische Hochzeiten dauern sieben Tage. Nach der Hochzeitsnacht schläft die Braut mit Frauen im Zimmer und der Bräutigam mit Männern. Sie ist ihm untersagt, bis sie wieder im Tauchbad war. Das gibt ihr nach der neuen und oft schmerzhaften Erfahrung Zeit zum Genesen. Ebenso ist es bei allen Orthodoxen, auch bei eintägiger Feier und Alleinsein im neuen Zuhause.

Zur Trauung selbst ist zu sagen, daß es einen Brauch gibt, bei dem die beiden Mütter oder andere Frauen die Braut um den Bräutigam herumführen. Das ist oft mit Kichern oder Lachen verbunden. Sogar emanzipierte Bräute möchten das oft. Bei egalitären Trauungen gibt es manchmal ein gegenseitiges Umeinanderführen sowie das Verlesen einer neuen Form der Ketubba. Alte deutsche Synagogen hatten in der Außenwand einen Traustein, an dem der Bräutigam ein Glas zerschlug. Die Trauung fand im Freien statt, wie es auch heute oft geschieht. Meistens wird das (eingepackte) Glas nach der Trauung vom Bräutigam zertreten. »Scherben bringen Glück!« – Sie sollen aber hier vor allem an die Zerstörung Jerusalems, 70 n., erinnern. Der Traubaldachin, die *Chuppa*, ist meist aus Samt und wird von unverheirateten Brüdern oder Freunden an Stangen getragen. Nach sefardischem Brauch hüllt der Bräutigam sich und die Braut in seinen Tallit ein. Bei nicht-orthodoxen Hochzeiten werden Teile des Brauchtums bewahrt: Das Paar wird auf Stühlen hoch herumgetragen, der ostjüdische *Scherle*-Tanz wird aufgeführt – wahrscheinlich ein deutscher Tanz, den Handwerker einst nach Rußland brachten. Der Name stammt sowohl von den scherenartigen Tanzfiguren wie von der Schere, die das Haar der frommen Bräute kurzschnitt (Material vom Leiter des Kibbuz-Archivs, in Beth-Haschitta).

Frauengruppen, die nach neuer Spiritualität suchen, entwickeln ihre eigenen Formen. Sie sammeln oder schreiben für ein Treffen vor der Hochzeit Meditationen. Statt materieller Gaben bringen sie ein einziges gemeinsames Geschenk, bringen ihre Instrumente mit und spielen, führen als eine Art heiliges Drama die Bedeutungen des Wassers im Tauchbad vor, spielen den Traubaldachin und singen Verse aus dem Hohenlied. Danach essen sie gemeinsam ein einfaches Mahl mit symbolischen Speisen (Beispiel bei P. V. Alderman 1986, 98–103, 131–133)*. Ein Thema dabei ist, daß überzeugte Singles nach all ihren Versuchen eines Tages gewillt sind, eine jüdische Ehe einzugehen.

---

* Dieses Buch verwendet die Berichte von Gruppen in Israel und Amerika.

In Gebetbüchern jüdischer Frauen finden wir auch Bitten um eine gute Schwangerschaft. Zunächst gibt es Bittgebete nach dem Tauchbad, wenn die Frau wie eine neue Braut monatlich ihrem Mann begegnet: Dann möge er gute und reine Gedanken haben, damit sie entsprechende Kinder bekommen. Die Schwangere bittet: »... du hast mein Gebet erhört und ich bin tragend geworden, so bitt ich dich, tu mir weiter Gnad' und laß mich nicht schwer tragen, denn du bist dem Mensch sein Beschützer. – Lieber Vater, laß mich mein Kind haben ohn' Schmerz, laß mein Kind von mir gehn ohn' Schaden.« Und eine andere Meditation: »Allmächtiger Gott, du hast mir Kraft gegeben, mein Kind zu tränken und zu nähren in meinem Leib. So bitt' ich dich, Gott, sollst mich nit lassen gelüsten keinerlei Sach', die verboten oder die ungesund ist mir oder meinem Kind. Und wenn die Zeit der Geburt kommt, so gib mir die Gnad', daß das Kind zur Welt kommt frisch und gesund, mit allen Gliedern« (Frauengebete, Frankfurt a. d. Oder 1804. Meine leicht modernisierte Übertragung aus dem Jüdisch-Deutschen in hebräischen Lettern. Navè 1975, 41–2). Solche Bücher gibt es in allen jüdischen Umgangssprachen, oft im Kleinformat. Wegen der Zerstörungen sind sie seltene Kostbarkeiten geworden. – Im 19. Jhd. erschien entsprechendes in der Bildungssprache der deutschen Klassik: Hier durften keine Körpervorgänge genannt werden. Die meisten sind von einfühlsamen Männern verfaßt.

Deshalb veröffentlichte Fanny Neuda geb. Schmiedl (1819–94) im Jahre 1855 ihre Gebete für Frauen und hoffte, »daß sie als das Ergebnis eines *weiblichen* Herzens um so eher im Herzen der Frauen ihr Echo finden dürften. Ein Mann, wenn er noch so gelehrt und groß sein mag, kann sich doch nicht in alle Lagen und Verhältnisse der Frauen versetzen ... während die Frau nur in ihr eigenes Herz zu blicken braucht, um in den Herzen ihrer Schwestern zu lesen ...« (Einleitung). Das Gebetbuch enthält u. a. Gebete für Schwangere, für die Entbindung, bei der Beschneidung eines Sohnes und für die Namensgebung der Tochter.

Wie sie schreibt, ist das Buch ein Denkmal für ihren gelehrten Mann, Rabbiner Abraham Neuda, der 1854 mit 43 Jahren starb. Sie verweist mutig auf diejenigen, die sein Leben verkürzt hatten. Es handelte sich um den Widerstand Ultra-Orthodoxer gegen seine moderne Haltung.

Das populäre Werk wurde auch ins Englische übersetzt. Für die Frauen unter der beginnenden NS-Verfolgung erschien 1935 eine ergänzte 29. Auflage, Hrsg. Martha Wertheimer (M. Lamed 1971). – Eine ähnliche Fortsetzung der Traditionen gibt es in der englischsprachigen Reformbewegung. Das Hausgebetbuch von 1977 erwähnt auch das Adoptivkind im Ritual (CCAR, Gates 1977, 109–11. Es kann auch in der Synagoge stattfinden.)

Ist während der Schwangerschaft der Sexualverkehr rabbinisch gestattet oder untersagt? Zunächst soll der Mann sich stets nach Verfassung und Wünschen seiner Frau richten. Des weiteren befolgen wohl die meisten observanten Paare diese Maxime: In den drei ersten Monaten ist es schwer für die Frau und den Fötus, in den drei mittleren ist es schwer für die Frau und gut für den Fötus, in den drei letzten ist es für beide gut, denn es macht das Kind klar und geschmeidig (Bab. Talmud, Nidda 31a). – Die Schwangere wurde stets besonders gehütet, vor allem vor bösen Einflüssen, die sich kurz vor und nach der Geburt ihrer und des Kindes bemächtigen könnten. Dämonenangst war und ist in allen voraufklärerischen jüdischen Gruppen Teil des Lebens. Daher rühren die frommen Vorkehrungen wie Psalmenbeten, das Bringen einer Tora-Rolle in das Zimmer der Wöchnerin und die »Wachnacht« vor der Beschneidung. In das traditionelle Bild gehören Amulette mit Adam und Eva, gegen Lilith und die ihren, die dem Volksglauben nach das Kindbettfieber verursachen. Daher leitet sich der Name »Kindbettzettel« ab für das Amulett, jiddisch *kimpet-zetl* (was von amerikanischen Kolleginnen irrtümlich auf die Wiege bezogen wird).

Heutige Frauengruppen haben Rituale zur schwesterlichen Stärkung der Schwangeren entwickelt. Dabei wird manchmal die bei Orientalinnen übliche schützende Hand, die *Hamsa* aus Metall oder als Graphik, hergestellt und geschenkt. Andere Formen des Amuletts sind Psalmen in Mikrographie, d. h. deren Buchstaben bilden ein Symbol wie etwa den Leuchter oder die *Schiwiti*-Tafel mit Varianten des Psalmverses 16,8 (beginnt mit dem Wort »Schiwiti«, d. h. »Ich stelle«; Abbildungen dieser Gegenstände in jüdischen Lexika und Kunstbüchern). Insgesamt führt die Wiederentdeckung der Volksreligion als Teil der psychischen Stärkung des Selbst in einer Gemeinschaft auch hier zu verbalen und nicht-verbalen Formen der Frömmigkeit, die gewiß für einen Teil der Akademikerinnen (das sind fast sämtliche Betroffene!) befreiend wirken.

In manchen Gemeinden gibt es öffentliche Dankgebete beider Eltern nach der Erholung der Frau. Dabei werden je nach Brauch beide zur Tora aufgerufen, möglichst mit dem Baby. Die Mutter spricht öffentlich das Dankgebet der Rettung. Schließlich ist ein weiteres Ritual zu nennen, das in der Suche nach Heiligung des ganzen Lebens beschrieben wurde: die Entscheidung zum Kind. Das Weglassen der bislang benutzten Verhütungsmittel bedeutet für einige der Ansporn, gemeinsam die Segenssprüche der Trauung zu sprechen sowie Verse aus dem Hohenlied und den Weinsegen.

Das Entwöhnen

Ein junges Ehepaar schilderte 1976, wie sie den Zeitpunkt vorbereiteten, an dem ihr damals noch brustgestilltes Kind bereit sein würde, die Flasche zu nehmen (in Sh. u. M. Strassfeld 1976, 43–45). Sie meinten, daß dafür ein neues jüdisches Ritual geschaffen werden sollte, das auch den Vater einschließt. Ihr Anhaltspunkt war – abgesehen vom eigenen Gefühl – das Fest, das Abraham machte, als Isaak entwöhnt wurde (Gen 21,8). Die Mutter wollte ihren Dank aussprechen, daß Gott sie als Frau erschuf und ihr die Kraft der Milch gab. Der Vater wollte dafür danken, daß er das Kind mitpflegen konnte. Zusammen wollten beide öffentlich ihre Verantwortung als jüdische Eltern anerkennen. Sie schufen einen englischen und hebräischen Text mit Bitten für die Zukunft. Aus osteuropäischem Brauch übernahmen sie als Vorschlag, bei dieser Gelegenheit eine Spende zu geben. Von dort stammt auch der Brauch, daß eine Freundin oder Nachbarin dem Kind sein erstes Stück Brot gibt, bevor die Gäste den Brotsegen gemeinsam sprechen. Als Zeit für die Feier schlagen sie den Sabbat nach der Entwöhnung vor. Die Mutter sollte zur Tora aufgerufen, danach das Kind zum Segen gebracht werden. Das Festmahl würde Verantwortung des Vaters sein und im Anschluß an den Gottesdienst oder als das Sabbatausgangsmahl stattfinden. Als Textlesung wird Ps 104 in Auswahl vorgeschlagen.

Viele Mütter verkürzen das Stillen oder lassen es gänzlich. Das ist weder für die Mutter noch für das Kind gut. Es sollte wirklich nur verzichtet werden, wenn es aus Gesundheitsgründen nötig ist. Eine solche Feier in der Gemeinschaft ist zugleich eine Stärkung der inneren Kräfte gegen die laute, intensive städtische Umwelt der meisten.

Die Kinderlose

Eine Frauengruppe beschrieb, wie sie mit der Not von Freundinnen umging, die sich vergeblich ein Kind wünschten. Das scheint mir eine seelisch wichtige Ergänzung zu den heute möglichen Behandlungen zu sein, besonders wegen der so oft dabei wiederholten Enttäuschungen nach den Unannehmlichkeiten und Schmerzen der Einpflanzung durch die Bauchdecke.

Ein solches Ritual ist auch nach dem Verlust einer bereits bestehenden Schwangerschaft gedacht. Eine der Frauen beschrieb, wie sie selbst mit dem Verlust umging. Es gibt keine traditionelle Form dafür. Sie las vor allem die Geschichte der kinderlosen Hanna (1 Sam 1) und ihrer Heilung sowie die Berichte von anderen kinderlosen Frauen in der Bibel und die rabbinischen Midraschim dazu. Aus diesen schuf sie ihre eigene Fassung. Diese sprach sie täglich als Kaddisch für ihr verlorenes Kind. Sie schrieb eine Ballade mit dem Refrain *Rachem Alénu* (»Erbarme dich über uns«) aus dem Gebet, alles andere war in englisch zu einer verbreiteten Volksmelodie. Sie sang es in der Gruppe, die anderen sangen diesen Refrain. Die Freundinnen hatten weitere Gedichte und Erinnerungen mitgebracht. Sie wandten sich der Geschichte von Rachel zu, unserer Mutter, die über die Kinder weint, weil sie nicht mehr da sind (Jer 31, 15). Eine Freundin berichtete vom Lied ihrer toten Mutter, das die Großmutter ihr seit frühester Kindheit beim Lichterzünden am Freitag sang. Eine andere brachte eine Gabe von Rachels Grab bei Bethlehem: Es ist Brauch, daß kinderlose Frauen das Gebäude mit einem roten Docht umschreiten, dieser wird für Sabbatkerzen benutzt. Eine Frau lehrte die anderen eine überlieferte Form der Frauenklagerufe. Die es nicht wollen, sitzen außerhalb des Kreises. Die Tränen lösen sich bei allen. Jede findet ihren eigenen Rhythmus in der wortlosen einfachen Melodie. Es folgt Stille, danach Lieder der Zuversicht (P. V. Adelman 1986, 84–90). Es ist wichtig, daß wir wieder die Gemeinsamkeiten von Frauengruppen einüben, wie unsere Vormütter sie in Asien, Afrika und Europa einst für selbstverständlich erachteten.

Die Geschiedene

Nach einer Scheidung sind Frauen dankbar, wenn Freundinnen ihnen helfen, einen neuen Weg zu finden. Es kann neue innere Selbständigkeit bedeuten. Wann sie soweit ist, kann nur die Betreffende selbst wissen. Vielleicht besteht die Ehe nur noch auf dem Papier, die praktische Trennung ist jedoch endgültig. Die emotionalen Schwierigkeiten sind nicht dadurch geringer, daß die Zahl der Scheidungen noch nie so hoch gewesen ist. P. V. Adelman (1986, 129) bringt Gedanken für ein neues Ritual: Wie am Vorabend des Pessach könnten Überreste des »Sauergewordenen« verbrannt werden – ein Gegenstand, der diese Ehe kennzeichnete; oder wie am Neujahr kann dieser aus den Taschen geleert und ins Meer oder in den Fluß geworfen werden. – Die Geschiedene soll sich Zeit für die Trauerarbeit um das Vergangene lassen, um danach neue Hoffnung zu erfahren. In der Frauengruppe können Ausdrucksmittel für die anstehenden seelischen und praktischen Fragen gefunden werden. Was sind die Erfahrungen der anderen? Ist eine neue Bindung wünschenswert? Ist das Alleinsein ein Weg zu mehr Selbstverwirklichung?

Die Wechseljahre feiern

Was lehrt unsere Tradition? Bist du nun alt, verbraucht, unnütz, weil du nicht mehr gebärfähig bist? Männer haben zwar auch eine biologische Uhr, aber meist tickt sie nicht so mahnend. Schau auf diesen 75jährigen mit seiner jungen Frau und den Schulkindern! – Wir wollen nicht neidisch sein, sondern Gott ein weiteres Mal und immer wieder danken, weil wir als Frauen erschaffen sind – und uns weiterschaffen sollen, wie es von Anbeginn gemeint ist. Du hast noch viel vor dir!

Frauen überlegen gemeinsam, wie ihre neuen aktiven Jahre aussehen werden. Sie schauen sich um und finden ihre Vorbilder in uns Älteren. Sie sehen aktive Jüdinnen, die lernen und lehren, sehen Singles und Kinderlose, die sich in vielen Formen einsetzen, schöpfen

Mut von den vielen, die ihre behinderten Eltern länger betreuen, als diese sie in der Kindheit. Die Menopause ist kein Ende des Frauseins, kein Aufhören der Sexualität. Das ist sogar unser verbürgtes jüdisches Recht! Orthodoxe Frauen, die seit der Eheschließung monatlich ins Tauchbad gingen, müssen sich an den Wegfall dieses wichtigen Lebensrhythmus gewöhnen.

Frauenkreise helfen einander, auch mit neuen Ritualen, Ausdruck für diese Zeit zu finden. Sie verwenden vielleicht eine Variante ihres Rituals für die Heranwachsende: Menarche, der Beginn der Menstruation, und Menopause können zusammengesehen werden. Oder sie arbeiten eine Variante des wöchentlichen Unterscheidungssegens, *Hawdala*, aus. (Beispiele: Weidman Schneider 142–3). – Vorgeschlagene Meditationen sind. 1. Spinnweben wegwischen, Energie erneuern. Eine steht in der Mitte, schließt die Augen, zwei »bürsten« von den Füßen aufwärts die Luft um sie nach oben und flüstern dabei.

2. Die Gebärmutter begraben: mit geschlossenen Augen sitzen, tief atmen, Bildvorstellung: Ich trage in einem schönen Gefäß meine Gebärmutter. Ich gehe langsam und ruhig zu einem jüdischen Friedhof. Ich grabe ein Loch und tue das Gefäß hinein. Nach dem Aufschütten lege ich einen schönen hellen Stein darauf. Vorher danke ich meiner Gebärmutter für alles, was sie mir gab. Sie ist nun auf immer gut aufgehoben. Ich bin weiterhin schaffensfreudig (Adelman 67–72).

Ein neues Ritual: Bar- und Bat-Mizwa von Erwachsenen

Seit etwa 20 Jahren richten Gemeinden Kurse für ältere Mitglieder ein, die mit der religiösen jüdischen Tradition vertraut werden möchten. Einzeln oder in Gruppen erfahren sie so ihre neue religiöse Mündigkeit. Ihre jüdische Identität wird dadurch ganzheitlicher und sinnvoller. Auch Berufstätige nehmen sich manchmal Zeit für die ein- bis zweijährigen Kurse. Es kann auch oft ein Anlaß für ein neues gemeinsames Lebensverständnis der Ehepartner sein; Männer sehen erstmals bewußt, daß ihre Frauen von vielen liturgischen Handlungen ausgeschlossen waren, ohne daß es den Männern auffiel (S. Weidman Schneider 1984, 142). In unseren Jerusalemer Synagogen haben wir oft amerikanische erwachsene Gäste, die aus diesem Anlaß nach Israel kommen – ebenso wie ihre Enkelkinder!

Ich weiß nicht, ob eines Tages Frauen den frommen Brauch der »Zweiten Bar-Mizwa-Feier« übernehmen werden. Besonders in chassidischen Kreisen lädt ein 83jähriger seine Mitlerner und Mitbeter ein, um Gott dafür zu danken, daß er nach den »normalen« 70 Jahren weitere 13 Jahre erleben durfte (nach Ps 90, 10). Mein Großvater erzählte mir mit großem Vergnügen nach diesem strikt intern begangenen Ereignis die Lebenssumme seiner Freunde. Die meisten waren noch nicht einmal 80... »junge Leut«, wie er sagte. Immerhin kamen etwa 750 Jahre zusammen.

Die Trauernde

In traditionellen jüdischen Gemeinden gibt es die *Chewra Kadischa*, die »Heilige Brüder- und Schwesternschaft«. Die Mitglieder kümmern sich um die Todkranken und ihre Familien, waschen die Toten, kleiden sie in die für alle gleichen weißen Gewänder und bringen andere zur Beerdigung mit. Viele hatten die Überlieferungen vergessen. Heute werden sie wieder verstärkt aufgenommen. – Zur Trauerzeit gehört das Studieren klassischer Texte. Wenn es sich aus der Situation heraus sinnvoll erweist, wollen Frauen es auch tun. Eine Trauernde erzählt von dem/der Toten. Die anderen im Kreis berichten von ähnlichen Erinnerungen. Auch in der Öffentlichkeit kann diese Form eigener Trauerarbeit und -zeremonien allmählich durch Frauen geschehen. Endlich gibt es auch Nachrufe, die von Frauen gehalten werden (Weidman Schneider 143–148). – Westliche Frauengruppen üben sich in der Tradition der Klagerufe, gab es sie doch schon zu biblischen Zeiten (Jer 9,16–17). In orientalischen Gemeinden sind die Klagefrauen Teil des Trauerzugs. Ein »Kreis des Heilens« wurde eingeübt: Alle stehen, jede denkt an ihre Toten, sagt ihre Namen, erzählt Träume. Nun werden tröstende Lieder gesungen und Kaddisch gesagt. Anschließend wird nach chassidischem Brauch Kuchen gegessen und süßer Wein getrunken (Adelman 36–41). »Erinnern bringt Erlösung«, ist ein berühmtes chassidisches Wort.

Einen Überblick für neue LeserInnen
Lilith, 16,4 (Fall 1991): New Rituals for Jewish Women.

11. Begegnung und Neubeginn

Begegnung

Martin Buber beschrieb 1932 in seinem Buch »Zwiesprache« die Möglichkeiten, Zeichen und Grenzen des zwischenmenschlichen Dialogs. Seine Worte waren für uns richtungweisend. »Jeder von uns steckt in einem Panzer, dessen Aufgabe es ist, die Zeichen abzuwehren. Zeichen geschehen uns unablässig, leben heißt angeredet werden, wir brauchten uns nur zu stellen, nur zu vernehmen. Aber das Wagnis ist uns zu gefährlich ... und wir vervollkommnen von Geschlecht zu Geschlecht den Schutzapparat ... Jeder von uns steckt in einem Panzer, den wir bald vor Gewöhnung nicht mehr spüren. Nur Augenblicke gibt es, die ihn durchdringen und die Seele zur Empfänglichkeit aufrühren« (Ausgabe 1978, 27). Nach 1945 vernahmen viele Menschen das Angerührtsein von den Zeichen der anderen, und daraus entstanden die Versuche eines Dialogs zwischen Christen und Juden mit einer umfangreichen Fachliteratur, vielen Tagungen und Lernprozessen, die zu kirchenoffiziellen Erneuerungen des Verhältnisses zum Judentum führten sowie zu Änderungen im Unterricht. Niemals wurden davon alle Christen erfaßt. Noch ist dies hier wie in anderen Ländern ein Werk der Wenigen, eine Pionierarbeit. Studierende sind sich oft bewußt, wie brüchig und dünn dieses Wagnis noch ist, wie tief wir und unsere Mitmenschen noch in unseren Panzern stecken.

Und dennoch gibt es wirkliche, gegenseitig befruchtende und verändernde Begegnung. Dialog ist oft ein zu großartiges Wort. Wir lernen die Vokabeln der anderen buchstabieren. Wir stellen fest, daß die gleichen Worte nicht dasselbe bedeuten. So gelangen wir im Wagnis der Begegnung vom Mißtrauen zur Verunsicherung, und auf weiteren Wegen dann zur Vertrautheit und vielleicht auch zum Vertrauen. Alle diese Schritte geschehen unablässig nebeneinander immer neu: wo Juden und Christen das Wagnis eingehen; wo Frauen nach ihrer Unterdrückung und Befreiung fragen; wo wir als Jüdinnen und Christinnen nacheinander fragen.

»Vergegnung«

Oft mißlingt uns dieser Versuch. Manche verzichten dann enttäuscht auf weitere Annäherungen. Buber spricht in einem autobiographischen Fragment von »Vergegnung« (M. Buber 1960, S. 5–6). Oft fühlen wir Juden uns so. Ich erinnere mich bis heute schmerzhaft an die Abweisung meiner Bitte, als ich bei einem frühen Treffen feministischer Theologinnen in Süddeutschland mitmachen wollte. Die Veranstalterin schrieb mir, zunächst einmal müßten sie unter sich bleiben. Mir schwante, daß dabei die aus den USA bereits bekannten Frontstellungen gegen das Judentum zu Worte kämen, ohne daß eine jüdische Stimme sich dazu melden durfte. Ebenso wurden meine Heidelberger Vorlesungen über jüdische Frauenthemen und feministische Theologie erfolgreich aus dem Bewußtsein ausgeblendet, wenn auch die TeilnehmerInnen daraus hoffentlich Einsichten für ihre theologische Lebensarbeit gewinnen konnten.

In Deutschland spielten sich ähnliche Prozesse ab wie in der amerikanischen Frauenbefreiungsbewegung. Dort ließ es sich nicht umgehen, daß Jüdinnen von Anfang an teilnahmen, um erschüttert zu sehen, daß »Schwestern« durch und durch von antijüdischen theologischen Vorstellungen geprägt waren und diese nun mit ihrer eigenen Akzentsetzung weiterführten. Sie blieben unberührt von der jahrzehntelangen Aufarbeitung antijüdischer Stereotypen, also den epochalen Verlautbarungen des 2. Vatikanischen Konzils (1965) zu diesen verderblichen Lehren der eigenen Vergangenheit und entsprechenden Erkenntnissen in reformatorischen Kirchen. Gerade dort, wo die christliche Kirche sich von ihrer »patriarchalischen« Verhaltensweise gegenüber den Juden, der Enterbungstheorie und der Verteufelung kritisch abwandte, wo der Panzer aufbrach, Verunsicherung den Weg für Begegnung freimachte, verhielten viele »matriarchalische« Frauen sich weiterhin zugepanzert. Die Juden blieben Sündenböcke: Sie waren an der Kirchengeschichte schuld, an der Lage der Schwarzen, am weißen Rassismus … Einen Überblick darüber gibt Letty Cottin Pogrebin (1982). Sie sah sich außerstande, Vorschläge zum Abbau des Antisemitismus in der Frauenbewegung zu machen. Eines der Argumente, auf das sie zu entgegnen hatte, war das Verlangen nach »Ausgewogenheit« durch einen PLO-Artikel in einer Zeitschrift. Sie antwortete darauf: Das Gegenteil von Antisemitismus ist die Ablehnung des Judenhasses und nicht etwa eine Pro-PLO-Haltung. Dies ist nur *ein* Beispiel aus einem umfangreichen und schmerzhaften Konflikt. Es gibt zum Glück Christinnen, die sich geschwisterlich verhalten (siehe unten). Auch in Deutschland überschneiden sich nicht unbedingt die Interessen der Religionsdialog-Minderheit mit der kämpferischen Aggressivität vieler Feministinnen (siehe unten). Die Mehrheit der Theologinnen sorgte bedauerlicherweise mit für die Verbreitung antijüdischer Vorurteile. Das geschieht teilweise nach den gröbsten, von Männern und Frauen durchgeführten alten Mustern, im derben Schwarz-Weiß-Stil des Oberammergauer Passionsspiels (das seit Jahrzehnten recht erfolglos umgeändert werden soll ...).

Daher beziehen sich unsere jüdischen Fragen an christliche Mitmenschen als religionsüberschreitende Geschwister sowohl auf die Vergangenheit als auch auf die Gegenwart. Und eines bitten wir zu bedenken: Für uns ist die Wirkungsgeschichte von Texten wesentlich. Das trifft ebenso für die judenfeindlichen Wurzeln im Neuen Testament zu wie für den Einfluß antijüdischer Meinungen in Büchern, die heute von FeministInnen geschrieben werden (s. u.). Die sie lesen und sich zu eigen machen, haben mehrheitlich keine Ahnung von Bibel und Theologie. Sie sind die LaiInnen, denen die ExpertInnen Verantwortung schulden. Und noch eines gilt es zu bedenken: Wer ein Schulbuch hat, das antijüdische Tendenzen enthält, kann sich davon nur schwer freimachen. Und wer ein feministisches Buch mit antijudaistischen Auffassungen hat, kauft sich keine verbesserte Neuauflage. Verbesserungen sind gewiß ein Weg der Einsicht und sachlichen Korrektur. Das ist löblich. Aber was geschieht mit den bereits Indoktrinierten?

Vorwürfe christlicher FeministInnen

»Die Juden sind schuld am Vatergott«

Dieser Vorwurf richtet sich gegen die Aussagen der Hebräischen Bibel. Hier haben nach einer verbreiteten theologischen Auffassung jene Unterdrückungsmechanismen stattgefunden, die heftig abzulehnen sind. Die Kirchengeschichte mitsamt ihren männlichen Hierarchien wird letztlich als etwas Jüdisches und damit Verwerfliches bekämpft. Anstatt jedoch die Ursachen in der eigenen Tradition zu suchen, sind die Juden der Sündenbock. Diese Geschichte knüpft nahtlos an alte Muster an, die unberührt von neuen Einsichten weiterwuchern und sich u. a. in feministischen Entwürfen von Gerda Weiler, Christa Mulack u. a. finden. Ausnahmen bilden TheologInnen, die mit jüdischen Traditionsgehalten vertraut sind und sich gegen diese neo-antisemitischen Lehren stellen, wie dies z. B. Bernadette J. Brooten, Luise Schottroff, Martin Stöhr, Erich Zenger und ihre KollegInnen tun. Früher gehörte dazu auch Rosemary Radford Ruether mit ihrem Buch über den christlichen Antijudaismus, »Nächstenliebe und Brudermord« (1974).

Die bittere Ironie hierbei ist allerdings folgende: Wir haben mehrere Jahrzehnte lang Christen endlich daran gewöhnen können, daß Jesus weder der einzige noch der erste Jude war, der Gott »Vater« nannte. Gerade dies aber scheint jetzt vielen ein Dorn im Auge zu sein. Polemisch formuliert: Manche ziehen *Jesa* vor, *die* zu ihrer Mutter betet (mündliche Berichte um 1985; »die Gekreuzigte«, vor dem Kölner Dom; Titelbild, Pissarek 1991; »Mutter-unser«, in alternativen Liturgien). Dann sind *wir* allerdings »schuld« – ich gestehe freimütig, daß ich auf christlichen Vorschlag ein Buch dazu verfaßte »Du unser Vater – jüdische Gebete für Christen« (1975).

Was aber kann mann/frau mit Aussagen des Neuen Testaments machen, die eng verwandt mit dem Jüdischem sind – kein Wunder, sind sie doch von Juden über Juden für eine bestimmte jüdische Richtung verfaßt worden? Eine frühe Antwort darauf gab der Kirchenvater Markion (85–160): Er redigierte alles Jüdische als »Fälschungen« aus den ihm vorliegenden neutestamentlichen Schriften heraus und erklärte, daß der Gott der Juden der böse Schöpfer sei, Jesus hingegen der Sohn des guten Gottes, und daher das Christentum völlig vom Judentum abgetrennt werden sollte. Markion beraubte die Kirche ihrer selbstgewählten Legitimität als Teil des jüdischen Gottesbundes. Daher wurde er als Ketzer bekämpft, aber seine Lehre erschien in immer neuen Ablegern.

Auch heute ist in vielen theologischen Werken zu lesen, daß es Reste der frühen judenchristlichen Gemeinde im Neuen Testament gibt, und ein Grundsatz lautet: Was noch jüdisch ist, stammt nicht von Jesus. In eine solche Reihe stellte sich die Theologin und jungianische Tiefenpsychologin Hanna Wolff mit Sätzen wie diesen: »Es ist für Christen absolut unmöglich, das Alte Testament weiterhin als Heilsschrift und Grundlage ihres Glaubens anzuerkennen«, sie sollten es endlich den Juden zurückgeben (Neuer Wein, alte Schläuche. 1981, 189). Mit ihren Jesus-Büchern wurde sie eine Ziehmutter vieler FeministInnen. Besonders einflußreich wurde ihr Adept Franz Alt, Medienexperte und Hobbytheologe. Dadurch erhielten ihre Ansichten eine Streubreite in Millionenauflage. Mit diesen und verwandten Erscheinungen befaßten sich mehrfach N. P. Levinson (1984 u. ö.) und der Sozialwissenschaftler Micha Brumlik (1985 a). Letzterer verweist u. a. auf die Aufnahme einer solchen Haltung durch Luise Rinser in ihrem Roman über Maria Magdalena, »Mirjam« (1985). Sie legt in den Mund ihrer Heldin alle jene Klischees vom jüdischen Rachegott, dem juristischen Vertragspartner und Urvater, dem Urheber des bösen Patriarchalismus. »Anders konnten wir ihn uns nicht vorstellen« (Rinser, ebd., S. 76). Die Juden sind Händler in einer stinkenden Stadt, sie lieben das Geld wie eine Frau (S. 118). Jesus wird in rasendem Haß gegen diese Leute geschildert (S. 107, Angaben bei Brumlik). Wer keine »gelehrten« Bücher liest, kann hier ahnungslos das gleiche aufnehmen.

Für Franz Alt ist eine atomfreie Welt nur möglich bei Abschaffung des alttestamentlichen Gottes, weil dieser richtet. Daher müßte der Tiefenpsychologe C. G. Jung möglichst viele Menschen beeinflussen und ändern. Dieses ist ein Credo vieler FeministInnen, von daher die Faszinatin durch F. Alt, der sich seinerseits hauptsächlich auf Hannah Wolff stützt. Deren Ansichten wurden von vielen Seiten als unsachlich und schädlich bezeichnet. Mittlerweile hat Alt sie jedoch weit an Auflagenzahl und Einfluß überflügelt. Dabei wird kaum je beachtet, daß C. G. Jung trotz seiner bedeutenden psychologischen Erkenntnisse ethisch aufs schwerste in der Nazi-Zeit versagte. Ein ähnliches Versagen zeigt sich im Umgang seiner AnhängerInnen in der Mißachtung der Umkehr in der Kirche bezüglich jener Judenklischees, die zur Inquisition und nach Auschwitz geführt haben und die heute wieder im osteuropäischen Christentum zu Haß und Verfolgung der Juden führen.

Zu dieser »Schuld am Vatergott« gehört als neueres Etikett das ständige Reden vom »alttestamentarischen Rachedenken« der Israelis. Das folgt vermutlich dem Prinzip, daß Juden als einziges Volk auch in ihrem Staat rechtlos und vogelfrei leben müßten. Israel wird durch ein Vergrößerungsglas betrachtet, und jene Staaten, die es hinwegwünschen, werden verharmlost. Das geschieht auch durch FeministInnen wie Rosemary R. Ruether, die seit Jahren in Vorlesungen und Schriften eine Wortführerin jener Ansichten ist, die sie früher bekämpfte. Katharina von Kellenbach (1986), Verfasserin einer Dissertation über »Anti-Judaism in feminist Christian-rooted writings«, kennzeichnete sie als eine jene AutorInnen, die »das alte Paradigma vom unerlösten Judentum beibehalten und dadurch die volle Humanität jüdischer Frauen weder akzeptieren noch garantieren«. – In den über 200 Anmerkungen zur deutschen Ausgabe von R. R. Ruethers »Sexismus und die Rede von Gott« (1988) kommt ihr früheres Buch nicht vor. So erfahren ihre neuen AnhängerInnen nichts davon, daß sie einst den Antijudaismus als »die linke Hand der Christologie« anprangerte. Infolge ihrer kritischen Ablehnung des Jungianismus erreicht sie nunmehr jene, die sich lieber von einer so »gründlich gebildeten« Frau belehren lassen.

Juden können sich nicht in ihrer breit ausgewalzten Darstellung eines angeblich biblischen Dualismus erkennen, in welchem auf verderbliche Weise Geist und Transzendenz gleich Mann und höherwertig seien, hingegen Frau, Körper und Ungeistigkeit das Abzuwertende darstellen. Das ist religionsgeschichtlich völlig unhaltbar. Auf das konkrete jüdische Modell wird kaum hingewiesen, das keinen Zölibat kennt und in welchem es keinen Priester in Stellvertretung Gottes gibt. Und einen schlechten Beigeschmack hinterläßt Ruethers Freisprechung böser oder sadistischer Frauen, weil sie ja nur in einem von Männern verantworteten Machtsystem agieren. Daß dabei in der deutschen Ausgabe Luther aus dem Englischen zurückübersetzt wurde (!!), zeugt nicht gerade für wissenschaftliche Verantwortlichkeit des Übersetzerinnenkollektivs. Vor allem ist bedrückend, daß hier, ebenso wie bei Franz Alt, die jahrzehntelange dialogische Arbeit von Juden und Christen in Deutschland sehr leichtsinnig ignoriert und damit gefährdet wird (Leonore Siegele-Wenschkewitz 1988).

Gelehrsamkeit allein führt weder bei Männern noch bei Frauen automatisch zu besseren ethischen Haltungen. Wer die Juden mit »ihrer« Bibel und »ihrem« Vatergott ablehnt – siehe Markion – sehnt sich häufig nach den Muttergöttinnen. Ich möchte das keineswegs pauschal so verstanden wissen, als ob alle Frauen und Männer, die von der zärtlichen, liebenden, niemals Angst machenden Göttin sprechen, damit automatisch für sakrale Fruchtbarkeitsriten eintreten. Dennoch machte mich sehr nachdenklich, als Elga (früher Helga) Sorge – einst eine Mitstreiterin an der Didaktik des Dialogs – nun beschrieb, wie sie ihre Studentinnen bei Mondenschein auf taufeuchter Wiese Reigen tanzen ließ, damit sie die Kräfte der Mutter Erde in sich aufnehmen könnten. Ich verstand nicht, wie dies Lehrerinnen einer biblischen Religion werden sollten. Anscheinend verstand es auch die Kirche nicht.

Noch massiver zeigte sich diese Richtung in Christa Mulacks Buch »Die Weiblichkeit Gottes« (1983). Die patriarchalischen und damit automatisch bösen, jüdischen Bibelverfasser konnten nur eine animalische Sexualität begreifen und mißverstanden daher die Göttinnenkulte (S. 93), die Verdrängung des Weiblichen als göttliche Forderung schuf ausschließlich Neurotiker (S. 163). Brumlik (1985a) verweist auf Christa Mulacks ständige Verbindung von »jüdisch« mit negativen Vorstellungen. Besonders massiv finden sich diese Göttinnensehnsüchte in der abschließenden »Meditation« ihres Buches: Die stolzen, hochmütigen, männlichen Juden konnten nicht die Jesusbotschaft annehmen, die für das Weibliche steht. Sie haben die göttliche Liebe ausgerottet, die sich in den Göttinnen und ihren Söhnen und / oder Liebhabern zeigte und nun in Maria und Jesus seine Auferstehung feierte, u. a. Anat und Baal, Ishtar und Tammus, Aphrodite und Adonis, Freia und Freir, Frigga und Baldur (S. 271). Daher ist »der Kreuzgang Jesu durch die Straßen von Jerusalem nur ein Abbild des weiblichen Kreuzgangs durch die Geschichte des Patriarchats«, denn Jesus ist mit der Weiblichkeit identisch, da weiblich hebr. *Nekewa* heißt, vom Verb *nakaw* (durchlöchern), und das geschah bei der Kreuzigung, wie der Jung-Schüler J. B. Lang in einem Aufsatz beschrieb (Zitate in Brumlik 1985a). – Siehe Marie-Theres Wacker (1988).

Für viele ist Jesus deshalb der »erste neue Mann« (Hannah Wolff; Franz Alt usw.), weil er im Gegensatz zu den Juden die Frauen aner- kennt, auch wenn sie Witwen, Fremde oder Prostituierte sind. Es gibt kaum eine deutsche oder holländische feministische Theologin, die das nicht nachbetet. Über Vorträge und Bücher sickert das wieder in die unterschwelligen Vorstellungen von den »bösen Juden«. Und sicher ist jener katholische Kollege nicht der einzige, der mir vor Jah- ren ein Buch brachte, das ihn als Kind beeinflußte: »Trau keinem Fuchs auf grüner Heid, trau keinem Jud bei seinem Eid«, das in Schreibschrift und mit vielen Judenkarikaturen – auch über die Un- terdrückung von jüdischen Frauen – im Stürmer-Verlag, Nürnberg, erschien. Der Kollege wollte mir damit erklären, welch weiten Weg der Umkehr er zu gehen hatte – nicht nur im Umlernen theologischer Gelehrsamkeiten. Daß Juden die Frauen ausnützen und unterdrük- ken, ist eine altbekannte Verleumdung aus dem klassischen Arsenal der Judenhasser. Um so betrüblicher ist es, daß Frauen, die einen lie- benden, verstehenden, geschwisterlichen und partnerschaftlichen Zugang bewußt vertreten, so oft ihren unbewußten Haß weitergeben. Um so mehr sind jene anzuerkennen, die unsere Vokabeln ler- nen und auch öffentlich die Änderung ihrer Meinungen verbreiten. Nur: Wer »schon ein Buch hat«, kauft sich keine Neuausgabe, die das Gegenteil behauptet. Wir sollten die *Ethik des Wortes* nach Wittgen- steins Philosophie ernster nehmen!

Oft wissen wir nicht, wie groß die Fehlinformationen sind. So er- lebte ich bei einem Frauenworkshop die Empörung über die von der Bibel gepredigte Unterdrückung. Als besonders krasses Beispiel wurde widerspruchslos genannt, daß von Frauen in der patriarchali- schen Gesellschaft verlangt wird, ihr Elternhaus zu verlassen, um dem Ehemann zu folgen. Das würde ja bereits von Eva so gesagt. Großes Erstaunen bei dem vorgeschlagenen Blick in die Bibel: Ach, das soll der Mann tun, nicht die Frau? Weshalb werden wir falsch informiert? Und in der Tat: Wie viele unserer Kolleginnen verbreiten mündlich und schriftlich, daß die Bibel ein frauenfeindliches Buch sei? Und wie viele Predigten von PastorInnen paradieren ihre »Kenntnisse« des nachbiblischen Judentums mit der Frauenverach- tung, die es angeblich lehrt? Da können noch so oft die Quellen zitiert werden, man / frau bleibt bei liebgewordenen Klischees. Eine Begründung dafür ist, daß erst Jesus die Frauen befreit habe, weil er anders als andere jüdische Meister mit ihnen zusammenkam. Das aber ist schlicht falsch. Und soll in der Nachfolge Jesu die Unwahrheit herrschen oder aber die historische Sicht dieses exemplarischen Juden, der die Seinen in den Gottesbund mit Israel hineinbringt?

Richtig wäre zu sagen, daß eventuelle üble Nachrede wegen des Alleinseins mit Frauen dadurch vermieden wird, daß gastlich die Tür offensteht; daß es Jüdinnen und Juden innerhalb ihrer Gesellschaft waren, die dem Juden Jesus folgten; daß Frauen unter den Hörern der Rabbinen waren. Und jetzt bitte ich herzlich, daraufhin die feministischen Bücher und Vorlesungen zu untersuchen. Denn wer sich auf Kosten der Juden christlich profiliert, tut Altbekanntes, Abzulehnendes. Einige Frauen schrieben zu ihrer Entschuldigung (*Ev. Theologie*, Frühjahr 1988), daß sie das so von den Männern gelernt hätten, und das trotz aller vorhandenen Fachliteratur! Aber das Wahrnehmen von Texten ist natürlich selektiv. Es ist jener Vorgang, der es F. Alt nicht ermöglichte zu sehen, daß das Gebot der Nächstenliebe (und übrigens auch der Fremdenliebe) aus dem ach! so bösen Alten Testament stammt (Lev 19, 17 und 34). Er schrieb es Martin Buber zu … (Frieden ist möglich, 1984, S. 87; bei Brumlik 1985 a). Ein Musterbeispiel sind die, wie ich meine, haßerfüllten Aussagen von Gerda Weiler über das sog. patriarchalische biblische Israel. Als dies bloßgestellt wurde, etwa ihre Worte von einer antiken Vormachtstellung, einem Ausmordungsprogramm usf., widerrief sie manches. Aber das macht die verkauften Exemplare und die gehörten Vorlesungen nicht ungeschehen. Psychologen sollten noch mehr als Philosophen wissen, wie verheerend Worte sein können. Eindrückliches zu dieser Fehlentwicklung schrieb Jutta Flatters (1988) in ihrer Kritik an Chr. Mulack.

»Die Juden sind schuld an der Unterdrückung von Kindern und Randgruppen«

Ich bräuchte ein ganzes Buch, um das großartige Wirken für die Schwachen in der jüdischen Gesellschaft darzustellen. Hier muß es genügen, zu sagen: Jesus war nicht der erste und nicht der einzige männliche Jude, der sich liebevoll und fürsorglich verhielt. Biblische und rabbinische Lebensordnungen enthalten dafür das Grundmaterial, Berichte und Institutionen zeigen den sozialethischen Sitz im Leben. Die Scheinhure Tamar und die Hure Rahab waren derart geehrte Stammmüter des Hauses David, daß sie im jüdischen Stammbaum Jesu zu finden sind (Mat 1; ST 63 ff.). Die Geschichte von Jesus und der Sünderin ist eine Variante der rabbinischen Predigt von der sich zu Gott bekehrenden, international berühmten Kurtisane Rahab. Alles weitere dazu läßt sich im übrigen in den unzähligen Schriften sachlicher Theologen finden.

Was tun?

Genau wie im interreligiösen Dialog sollen wir nicht in Abwesenheit übereinander sprechen, sondern »Im Angesicht des/der Anderen« E. Levinas). Dazu gehört gemeinsame Bibelarbeit, Arbeit an weiteren jüdischen Texten und die Hellhörigkeit gegenüber jeder Abwertung oder Ungleichbehandlung von Jüdischem. Eine wertvolle Hilfestellung erbringt der katholische Alttestamentler und Dialogiker E. Zenger (1991). Wir sagen seit Jahrzehnten, daß das Christentum es nicht nötig hat, das Judentum als dunklen Hintergrund zur eigenen Glorie zu mißbrauchen. Das gilt vielleicht noch verstärkt für eine partnerschaftliche, d. h. interreligiöse Feministische Theologie. Das ist teilweise schon in Deutschland bekannt, u. a. durch Vorträge von Dr. Marianne Wallach-Faller (Zürich; liberal), Mirjam Brassloff (Zürich; orthodox) und Susannah Heschel (USA).

Ein feministisch-theologischer Beitrag von M. Wallach-Faller befindet sich in unserer Festschrift, Julius H. Schoeps (Hrsg.): Aus zweier Zeugen Mund (Gerlingen 1992).

Neubeginn

Eine jüdische Grundfrage ist und bleibt: Was kann ich dafür tun, daß es auch künftig ein sinnerfülltes jüdisches Leben gibt? Und als Mitglied der jeweiligen Gesellschaft tritt dazu die weitere Frage: Was kann ich dafür tun, daß *tikkun olam* stattfindet, das »Heilwerden der

Welt«? Für uns sollte das eine geschwisterliche Frage sein: *zwischen Mitjuden und den anderen Mitmenschen*. Vermutlich wird von christlicher Seite aus ähnlich gefragt. Das haben wir im Dialog zu ergründen.

Unsere theologischen Fragen beziehen sich weder nur auf die eigene Gruppe noch ausschließlich auf eine bestimmte religiöse Sicht. Es sei uns genug, daß dies unsere Motivation bildet. Dann wird es uns nach Abbau der Fehlinformationen gelingen, Energien für ethische Ziele freizusetzen, anstatt sie in gegenseitigem Mißtrauen zu erschöpfen. Es wäre schön, wenn die Arbeitswelten zu einer bisher nur ersehnten Partnerschaft und Geschwisterlichkeit finden würden. Vielleicht ist dazu notwendig, *Balint*-Gruppen in den Betrieben einzurichten*. Das sind Treffen aller »Stände« einer Berufsgesellschaft, die unter Beratung mit Seelsorgern und Psychologen offen ihre Probleme besprechen, um ihre Feindseligkeiten, Hemmungen und Ängste zu erkennen und abzubauen. Bisher sind diese Gruppen wohl ausschließlich in Kliniken vertreten. Ich meine, sie könnten ein Modell für andere sein.

Gemeinsame Aufgaben in der Gesellschaft

Gegen Diskriminierung Andersgläubiger

Aus den gemeinsamen Wurzeln als Jüdinnen und Christinnen könnten wir verstehen lernen, was es bedeutet, als Mitglied einer religiösen Minderheit behandelt zu werden. In der heutigen postchristlichen Gesellschaft und Kultur sitzen wir wohl alle im gleichen Boot. Manche werden dies im politischen Bereich tun, andere im Erziehungswesen, als Autorinnen, in der Sozialarbeit. Einige leben ein kontemplatives Leben und wirken dennoch in die weitere Gesellschaft hinein. All dies wird bereits unter verschiedenen Vorzeichen getan. Aber ist es nicht oft paternalistisch bevormundend? Werden »die anderen« als unsere Nächsten behandelt oder als die Fremden, die »Nicht-Wir«

---

* Beruhend auf der Methode des aus Ungarn stammenden jüdischen Psychoanalytikers Michael Balint.

sind? Nehmen wir sie in ihrer eigenen Menschenwürde wahr und strahlt das in unserer Begegnung aus? Können wir noch besser »weibliche« Sensibilitäten entwickeln und die »männlichen« Verwaltungsfertigkeiten und Spielregelhörigkeiten eher abbauen? Beides betrifft sowohl Frauen wie Männer.

Anerkennung ethnischer und kultureller Unterschiede

Seit der Schwarzenbewegung »black ist beautiful« und der Wiederentdeckung ethnischer Wurzeln ist die frühere Schmelztiegel-Ideologie vielerorts einem Pluralismus gewichen. Daran gibt es gemeinsam viel zu arbeiten, nachzudenken und vor allem von den Betreffenden zu erfahren, was für ihr Selbstverständnis wichtig ist. Ein Gemeinsames für uns sind dabei Leitworte unserer Traditionen, etwa daß der galiläische Rabbi Jesus aus Nazareth sagte: »Was ihr dem geringsten meiner Geschwister getan, das habt ihr mir getan« (Mat 25, 40), und vor ihm Rabbi Hillel: »Wenn ich nur für mich bin, was bin ich dann?« (Sprüche der Väter 1,14).

Das hilft uns vielleicht auch, anstelle eines wehleidigen Selbstmitleids die biblische tätige Nächstenliebe zu setzen. Das bedeutet auch: Was können die anderen, die Minderheiten, mir beibringen, wie verstehe ich ihre Kultur, ohne in respektlose Gleichmacherei zu verfallen? Als gläubige Menschen sagen wir vielleicht mit einem traditionellen jüdischen Segen: »Gesegnet ist Gott, in dessen Welt es solches gibt!« Oder in der Variante: »Gesegnet ist die Schechina, die solches in ihrer Welt hat!« Wie schön, daß nicht zwei Menschen einander gleich sind, und wie wunderbar, daß unser Wesensgrund dennoch so verwandt ist!

Gegen Gewalt in Ehe und Familie

Das ist eine große gemeinsame Aufgabe. Wir können sie kaum einzeln angehen. Immer mehr tritt zutage, welche schlimmen Schicksale in sämtlichen Gesellschaftsschichten und Religionen seit eh und je verdeckt wurden. Endlich darf offen gesprochen werden, gibt es Therapien für Opfer und Täter. Vielleicht fällt es Frauen leichter als Männern, auf solches Leid einzugehen. Vielleicht lernen Männer und Frauen, ihre Befangenheiten abzutun, ihr Leugnen des Leidens. Möglicherweise ist dies ein dringendes Thema in jeder tiefergehenden theologischen Zwiesprache der einst sich gegenseitig Verkennenden. Wenn wir die *imitatio dei* ernstnehmen, haben wir uns hier einzusetzen. In großen Denkentwürfen sprechen einige gern von bloßen Mikroproblemen. Das aber ist eine typisch »männliche« Art des Abwertens, die wir nicht genug anprangern können.

Für humanere Lebensformen

Unsere jüdische Theologie betont ein Menschenbild, das Freiheit als Gottesebenbildlichkeit zum Ausgangspunkt hat. Wo können wir dazu beitragen, daß wirtschaftlich tragfähige Modelle entwickelt werden, um Menschen in Kleingemeinden außerhalb der Ballungsgebiete eine würdige Existenz zu schaffen? Würdig, weil sie ihre Eigenart entfalten können, ohne die sie verkümmern. Wenn wir von Gottes Weiblichkeit und Mütterlichkeit sprechen, dann sollte das kein schöngeistiges Meditieren über Bilder bleiben. Die »Sprache des Scharfsinns in den Lehrhäusern« und »die Sprache der Frauen in den Wohnungen« zeigen uns den Weg zur Tat (M. Buber). Und das gilt gewiß gleichermaßen für den christlichen wie für den jüdischen Weg, heute und morgen.

12. Anhang

Die jüdischen Frauenverbände

Durch die jüdische Geschichte zieht sich die Bereitschaft zur Sozialarbeit wie ein roter Faden. In der Vormoderne und in vielen Kreisen bis heute ist die Motivation das Tun von *Mizwot*, den göttlichen Geboten der Mitmenschlichkeit. Daher war es stets eine begehrte Ehre, einer entsprechenden Gemeindevereinigung anzugehören. Mehr als die anderen Tätigkeiten war das Tun für die Toten angesehen. Die Mitgliedschaft in der *Chewra Kaddischa*, der Heiligen Vereinigung, gilt auch heute in orthodoxen und konservativen Gemeinden als Auszeichnung, und letzthin haben auch Reformgemeinden wieder diesen Brauch eingeführt. Das Waschen und Einkleiden der Toten wird von Männern für Männer vollzogen und von Frauen für Frauen. Die Totenkleider sind für alle gleich aus schlichtem weißen Stoff ohne Knöpfe oder Taschen. Ein Foto einer solchen Vereinigung aus einer konservativen Synagoge in Dallas, Texas, von 1936 zeigt zehn Frauen und neun Männer (EJ 8,443). Mit dem Aufkommen moderner Frauenverbände im 19. Jhd. gründeten auch Jüdinnen ihre Organisationen. Dies geschah manchmal als Ergänzung zu den Vereinen der Männer, die meist unter sich sein wollten und es auch heute teilweise noch so halten. – Mittlerweile verfügen die Frauenvereine über beträchtliche Vermögenswerte. In zeitlicher Abfolge der Gründungen sind zu nennen:

1. Der früheste bekannte moderne Verein wurde 1846 in New York mit *United Order of True Sisters* gegründet. Sein heutiges Programm gegenseitiger Hilfe umfaßt u. a. Krebsvorsorge und Behandlung. – Die Gründung erfolgte nach dem nur-männlichen *B'nai B'rith Orden* 1843, dessen deutsch-jüdische Initiatoren in New York humanitäre und kulturelle Aufgaben erfüllten. Dies geschieht bis heute weltweit.

2. In den USA besteht seit 1893 der umfassende Frauenrat *National Council of Jewish Women*. Er legt das Hauptgewicht auf das Fördern unterprivilegierter Jugendlicher und gründete ein Forschungszentrum an der Hebräischen Universität in Jerusalem.

3. 1897 entstand die Vereinigung der *B'nai B'rith Women*. Sie hat heute überall in der freien Welt Arbeitsgruppen, *Chapters*, die für jüdische Belange arbeiten. Seit einigen Jahren besteht ein Statut zur gleichberechtigten Integration von Männern und Frauen der B'nai B'rith in der gleichen Loge mit gleichen Rechten und Pflichten. Dadurch ist dies die größte jüdische Organisation in der Welt überhaupt. Es gibt auch eine Jugendorganisation. Für die kontinental-europäischen Gruppen erscheint in München

das *B'nai-B'rith Journal* in Deutsch und Französisch. (In deutschsprachigen Ländern hieß der Verband vor dem 2. Weltkrieg UOBB – Unabhängiger Orden Bne Briss).

4. Seit 1904 wurden *Jüdische Frauenverbände* in England, Deutschland und Holland gegründet, denen andere folgten. Diese sind seit 1922 im *International Council of Jewish Women* zusammengeschlossen. Die Dokumentation für Deutschland bis zum Verbot 1938 bringt M. Kaplan (1981); nach 1945 entstand der Frauenbund aufs neue und gibt gelegentliche Mitteilungsblätter heraus.

5. 1912 entstand *Hadassah, the Women's Zionist Organization of America* als Gründung einer kleinen Gruppe um Henrietta Szold. In den USA fördert *Hadassah* die jüdische Erziehung und unterhält in Israel ein umfangreiches Programm des Gesundheitswesens sowie die Einrichtung der *Jugend-Alija* zur schulischen und beruflichen Ausbildung von Einwandererkindern. Letztere wurde in den dreißiger Jahren gleichzeitig von zwei Frauen gegründet: Henrietta Szold in Amerika und Recha Freyer in Berlin. – Weltweit bekannt ist *Hadassah* durch die von ihr geförderte *Hadassah-Klinik* der Hebräischen Universität, die lange Zeit die fortschrittlichste im Nahen Osten blieb (bis zur neuesten Gründung, dem *Shaare Zedek Spital* in Jerusalem) und seit Generationen auch von muslimischen Bürgern anderer Länder gern benutzt wird. – In New York erscheint das *Hadassah Magazine*. Die Arbeit geschieht von Kleinstgruppen, in denen Frauen sich treffen, und bis zu einer professionellen Fachorganisation der Leitung, die zugleich in allen zionistischen Gremien vertreten ist und ihre Stimme entsprechend geltend macht. – 1987 war *Hadassah* mitverantwortlich für die Errichtung eines Staudamms zur Grundwasserverbesserung in der Negev-Wüste.

In allen genannten Verbänden spielte der Kampf um Gleichberechtigung der Frauen eine wichtige Rolle, und zwar in Gemeindeangelegenheiten und der Vertretung in allgemeinen jüdischen und nichtjüdischen Gruppierungen. Das gleiche gilt auch von den Frauen, die als Pionierinnen das Land Israel mit aufbauten. Sie bestanden auf gleichen Pflichten und Rechten wie ihre männlichen Partner sowie in der Vertretung innerhalb der zionistischen Arbeiterbewegung.

6. 1912 begannen die Organisationsversuche der palästinensischen *Mo'etzet ha-Poalot*, »Arbeiterinnenausschuß«. Nach dem ersten Weltkrieg wurde diese Frauenbewegung 1921 erneuert und nunmehr offiziell gegründet. Da Frauen volle Partnerschaft in den israelischen Gewerkschaften haben, wirkt die Bewegung hauptsächlich für unterprivilegierte Hausfrauen afro-asiatischer Herkunft und sorgt für Kindertagesstätten. Als ausländische Schwesterorganisation entstanden 1925 die *Pionier Women*, die in zwölf Ländern vertreten sind. – Wichtige Erinnerungen an die israelische

Frühzeit enthält der Band *The Plough Woman*, Hrsg. R. Katznelson-Rubashow (-Shazar; 1932). Die Beiträge stammen von 23 Frauen, darunter zwei spätere Präsidentinnengattinnen Israels, die Herausgeberin und Rachel Janna'it-Ben-Zwi, der späteren Ministerpräsidentin Golda Mëir, der Mutter des späteren Generals Mosche Dajan, mehreren Dichterinnen sowie anderen leitenden Frauen der israelischen Sozialdemokratie. – Infolge der amerikanischen Ethik des Voluntarismus als gesellschaftlichem Faktor sowie der Gleichberechtigung der Frauen und der Größe der jüdischen Bevölkerung erreichten dort neben der *Hadassah* auch weitere Bewegungen großen Einfluß. Dazu gehören in erster Linie die Frauenverbände der religiösen Richtungen oder Denominationen.

7. Seit 1913 besteht die *National Federation of Temple Sisterhoods* als Dachorganisation von nunmehr über 600 Frauenvereinen von Reformgemeinden. Sie fördert den religiösen Dialog mit Andersgläubigen, vergibt Stipendien an Rabbinatsstudenten und -studentinnen und erstellt durch freiwillige Arbeit jüdische Bibliotheken für Blinde und Sehbehinderte in Form von Braillebüchern und Kassetten.

8. Seit 1917 besteht die orthodoxe *Beth-Jakob-Bewegung* zur schulischen und beruflichen Ausbildung von Mädchen.

9. 1918 entstand die *National Women's League* der Konservativen Bewegung. (*National* bedeutet »bundesweit«.) Sie sorgt für die Finanzierung der Ausbildungsstätte dieser Richtung, das Jewish Theological Seminary of America, in New York, und schuf dort als Neuerung vor einigen Jahren auch ein Wohnheim für Studentinnen, während es zuvor nur ein solches für Männer gab.

10. Die alt-orthodoxe *Agudath Israel* hat seit 1921 eine Abteilung für religiöse Mädchenstudien, die *Girls' Division*, und seit 1940 die *Women's Division*.

11. Seit 1925 bestehen organisierte Frauengruppen in der modern-orthodoxen zionistischen *Misrachi-Bewegung* zur Förderung sozialer Hilfswerke und Erziehung im Sinn der Tradition.

12. Speziell für die Ausbildungsförderung modern-orthodoxer Pädagogen und Rabbiner wurde 1928 die *Women's Organization* der jetzigen Yeshiva University in New York geschaffen. Zahlreiche wichtige Programme konnten dort wie in den Hochschulen der anderen Richtungen eingerichtet werden. Darüber hinaus ist dies die einzige jüdische Universität, die neben der theologischen Ausbildung ein breites Spektrum von Studienfächern besitzt. Diese sind auch für Frauen offen.

13. Die alt-orthodoxen Richtungen, besonders die amerikanischen chassidischen Gruppen, führen meist ohne klar definierte, statusmäßig eingerichtete Verbände die vormoderne europäische Form der Frauenhilfswerke fort. Zu nennen ist jedoch die seit 1940, während des 2. Weltkriegs, in

New York gegründete *Lubavitcher Bewegung* von Geretteten aus Rußland. Auf Geheiß ihres geistigen Oberhaupts, Rabbi M. M. Schneersohn, gehen Männer und Frauen weltweit in Orte, wo sie als Vorbilder und Lehrer benötigt werden. In der UdSSR verbliebene Anhänger unterrichteten jüdische Religion mit Folgen, die sie mehrfach nach Sibirien geführt haben.

Religiös neutrale Frauenbewegungen sind:

14. Die 1920 in London gegründete *Women's International Zionist Organization (WIZO)*. Seit 1940 ist ihr Hauptsitz in Israel, wo allmählich eine Zusammenarbeit mit *Hadassah* stattfand. In Ergänzung zu anderen Gruppen schafft und unterhält sie Einrichtungen für Mütter und Kinder in Israel. In der Bundesrepublik Deutschland besteht seit Jahrzehnten eine aktive WIZO-Arbeit in mehreren Großstädten, häufig mit der Solidarität christlicher Frauen und der Schirmherrschaft von Politikergattinnen.

15. Seit 1925 besteht die *National Leadership Conference of American Jewish Women's Organization*, die mit anderen kommunalen und jüdischen Gruppierungen zusammenarbeitet.

16. Seit 1928 errichtet und finanziert die *Women's League for Israel* Frauenwohnheime für alleinstehende Einwanderinnen und Berufsschulen.

17. Die 1948 gegründete *Brandeis University* in Boston ist die erste allgemein zugängliche (»non-sectarian«) von Juden gegründete Hochschule außerhalb Israels. Sie hat von Anfang an ein *National Women's Committee*, das sich Studiengänge und Bibliotheken zur Finanzierungsaufgabe macht.

18. Weitere Frauenverbände mit ähnlichen Zielsetzungen bestehen in Europa, Südamerika, Südafrika und Australien. Darüber hinaus arbeiten Frauen selbstverständlich in vielen anderen jüdischen Organisationen ehren- oder hauptamtlich mit. Wie in früheren Zeiten stützt sich die jüdische Gemeinschaft auch heute auf das Talent der Frauen betreffs Organisation und Verwaltung von Geldern und Ideenreichtum von Projekten zur Förderung der Gemeinschaft. Kurzinformationen und Anschriften bringt das *American Jewish Yearbook*. Ein Frauennetzwerk-Adreßbuch – *The Jewish Woman's Networking Directory* – findet sich in Weidmann Schneider (1984), 515–594. Adressen für Deutschland und die Nachbarländer sind am besten in Großgemeinden zu erfragen.

19. Seit 1987 besteht bei dem *International Council of Christians and Jews (ICCI)* ein Komitee für Fragen von Frauen und Religion. Sitz der Organisation ist im ehemaligen Wohnhaus des Denkers und Bibelübersetzers Martin Buber in Heppenheim.

Kontaktadressen

Allgemeine Jüdische Wochenzeitung,
Rüngsdorfer Straße 6, 5300 Bonn 2

Jüdischer Kalender, erscheint im Herbst, JNF,
Feldbergstraße 5, 6000 Frankfurt/M.

WIZO Frauenvereinigung
Zietenstraße 63, 4000 Düsseldorf 30

Ökumenischer Frauenkreis
Hedwig-Dransfeld-Haus, 5413 Bendorf/Rhein

Ortsgesellschaften für Christlich-Jüdische Zusammenarbeit

Jüdisch-christliche Frauengruppe
Boldernhaus, Voltastraße 24, Zürich

Jüdisch-christliche Frauengruppe, Liberaal Joodse Gemeente
J. Soetendorpstraat 16, Amsterdam

Women's Network, Leo Baeck College
80 East End Road, London N3 2SY

Lilith magazine
250 West 57 Street, New York, NY 10107

Women's Rabbinic Network
c/o Rabbi Karen Fox
Temple Isaiah
10345 W. Pico Boulevard, Los Angeles, CA 90064

School of Sacred Music
Hebrew Union College/Jewish Institute of Religion
1 West 4 Street, New York, NY 10012

Bibliographie

Die folgende Bibliographie dient auch anstelle von Anmerkungen. Sie enthält die im Text gebrachten Hinweise sowie einige weitere Titel. Ergänzendes befindet sich in ST 173-84.

Abrahams, Israel 1896: Jewish Life in the Middle Ages. Cambridge. 3. Auflage, New York 1969.

Abramov, S. Zalman 1976: Perpetual Dilemma. Jewish Religion in the Jewish State. Jerusalem.

Adelman, Penina Villenchik 1986: Miriam's Well. Rituals for Jewish Women Around the Year. Fresh Meadows, N. Y. – Material vieler Gruppen.

Adler, Hermann (Hrsg.) 1904/09: Prayers of the Synagoge. 6 Bde., London. Ausgaben auch in New York.

Adler, Rachel 1973: The Jew who Wasn't There. Halakha and the Jewish Woman. *Response* 7, 22. In: S. Heschel, 1983.

Adler, Rachel 1973: Tumah and Tahara – Mikveh. In: Siegel u. a., 167–71.

Agus, Arlene 1976: This Month is for You. Observing Rosh Hodesh as a Woman's Holiday. In: E. Koltun 1976.

Agus, Irving A. 1947: Rabbi Me'ir of Rothenburg. His Life and Works as Sources... New York. 2. Auflage 1970.

AJW, Allgemeine jüdische Wochenzeitung. Bonn.

Altman, Renni S. (Rabbi) 1990: The Four Daughters. *Reconstructionist* 54, March/April. Wyncote, Pennsylvania.

Aptowitzer, Avigdor 1929: Die Spuren des Matriarchats. HUCA (= Hebrew Union College Annual) Bd. 4–5. Cincinnati.

Aschkenasi, Schlomo 1953: Die Frau im Spiegel des Judentums. 2 Bde. Tel Aviv. 2. Auflage 1976 (hebräisch).

Avel, Jean 1980 ff.: The Clan of the Cave Bear. New York. – Bis 1990 3 Bde., weitere in Vorbereitung. Siehe M. Hornblower. – Jetzt auch deutsch.

Avitov, Jaron 1987: Solch ein Orgasmus: über die Autorin Haya Ester. *Kol ha-Ir* 19. 6. 87. Jerusalem (hebräisch).

Babylonischer Talmud, Übersetzungen: deutsch: Lazarus Goldschmidt, 9 Bde., Berlin 1897–1935; 12 Bde., dort 1929/36. Nachdruck Königstein 1980; Reinhold Mayer: Eine Auswahl. München 1963; 1973; englisch: Isidore Epstein (Hrsg.), viele Übersetzer. London 1935/48, 35 Bde.; Registerband 1952; dort 1961, 18 Bde.

Badt-Strauss, Bertha 1937: Jüdinnen. Berlin.

Balka, Christie/Andy Rose (Hrsg.) 1989: Twice Blessed. On Being Lesbian, Gay and Jewish. Boston.

Barish, Louis & Rebecca 1979: Varieties of Jewish Belief. New York.

Barth, Lewis M. (Hrsg.) 1990: Berith Milah in the Reform Context. N.Y.

Barth, Lewis (Hrsg.) 1991: Berith Banot. New York.

Battle, George G. 1948: Woman, Legal Position of. EB 23, 704–08.

Baum, Charlotte / Paula Hyman / Sonya Michel 1975: The Jewish Woman in America. New York.

Ben-Sasson, Haim Hillel (Hrsg.) 1978/80: Geschichte des jüdischen Volkes. 3 Bde. München. – Hebräische Ausgabe: Jerusalem 1969/70.

Berkovits, Eliezer 1990: The Jewish Woman in Time and Torah. Hoboken.

Berman, Saul 1973: The Status of Women in Halakhic Judaism. Tradition 14. Gekürzt in: E. Koltun, 1976.

Biale, Rachel 1984: Women and Jewish Law. An Exploration of Women's Issues in Halakhic Sources. New York.

Billauer, Barbara 1984: Women as Rabbis. A Response. Young Israel Viewpoint. December 84. New York. – Modern-orthodox.

bin Gorion, Micha Josef 1935: Die Sagen der Juden. Berlin.

Bloch, Josef Samuel 1922: Israel und die Völker nach jüdischer Lehre. Mit Berücksichtigung sämtlicher antisemitischer Fälschungen in Talmud … usf. Berlin–Wien. – Mit den Aussagen der Theologen Th. Nöldeke und A. Wünsche im Prozeß gegen den antisemitischen Prof. A. Rohling, Wien 1885.

Blogg, S.E. (Hrsg.) 1892: Gebetbuch für Frauen. Hannover.

Boesch, Ina 1989: Barbara Honigmann. AJW 25. – 31. 8. 89.

Borowitz, Eugene B. 1969: Choosing a Sex Ethic. A Jewish Enquiry. N.Y.

Borowitz, Eugene B. (Hrsg.) 1970ff.: Sh'ma, a journal of Jewish responsibility. Port Washington, NY.

Bosniak, Jacob 1958: An Anthology of Prayer. Pulpit and Public Prayers for All Occasions. New York.

Brayer, Menachem M. 1986: The Jewish Woman in Rabbinic Literature. A Psychosocial Perspective. Hoboken, New Jersey. – Orthodox.

Brumlik, Micha 1985a: Die Angst vor dem Vater. Judenfeindliche Tendenzen im Umkreis neuer Sozialbewegungen. – Vervielfältigtes Manuskript.

Brumlik, Micha 1985b: Alt, Rinser, Jung u. a. Pflasterstrand, April 85. Frankfurt/M.

Brumlik, Micha 1989: Das mühsame christlich-jüdische Gespräch torpediert. Offener Protestbrief. AJW 20. 10. 89. – Antwort F. Alt, AJW 1. 12. 89.

Brumlik, Micha 1991: Der Anti-Alt. Wider die furchtbare Friedfertigkeit. Frankfurt/M.

Buber, Martin / Franz Rosenzweig 1930–1962: Die Schrift. Aus dem Hebräischen. Berlin–Heidelberg. (Siehe auch ST 174). Verbesserte Neuauflage Heidelberg 1976.

Buber, Martin 1960: Begegnung. Autobiographische Fragmente. Stuttgart. 3. Auflage. Heidelberg 1978.

Cantor, Aviva 1976: The Lilith Question. *Lilith magazine* 1,1. New York. In: S. Heschel 1983.

Cantor, Aviva 1982: The Jewish Woman 1900–1980. A Bibliography. N. Y.

Carlebach, Julius 1981: Family Structure and the Position of Jewish Women. In: W. E. Mosse/A. Paucker/R. Rürup: Revolution and Evolution 1848 in German-Jewish History. Tübingen.

Catalog = Siegel u. a. 1973 ff.

CCAR Yearbook 1990: Central Conference of American Rabbis. New York. – Reform.

Celan, Paul 1952: Todesfuge. In: Der Sand aus den Urnen. Wien. – Ausgewählte Gedichte. Frankfurt/M. 1970. S. 22–24.

Christ, Carol 1976: Women's Liberation – the Liberation of God. In: E. Koltun 1976.

Cohen, Aharon 1990: Sewed ha-Bat. Jerusalem. 40 S. (Namensgebung der Tochter. Sefardische Traditionen; hebräisch).

Cohen, Hermann 1919: Religion der Vernunft aus den Quellen des Judentums. Frankfurt a. M. Hrsg.: Franz Rosenzweig. 2. Auflage. Berlin 1927. Nachdrucke: Darmstadt 1966, Wiesbaden 1978.

Cordovero, Moses 1970: siehe ST 175.

Corney, Hyam 1986: Women battle for synagogue rights. *Jewish Chronicle*, 7. 2. 86. London.

Cottin Pogrebin, Letti 1982: Anti-Semitism in the Women's Movement. *Ms*, June 82. New York.

Dan, Yosef 1971: Ben Sira, Alphabet of. EJ 4, 548–50.

Davidman, Lynn 1991: Tradition in a Rootless World. Women turn to Orthodox Judaism. Univ. of California Press.

Dresner, Samuel/Seymour Siegel 1966: The Dietary Laws. Their Meaning for Our Time. New York. – Konservativ. 2. Auflage 1982.

Dubnow, Simon 1928/30: Weltgeschichte des jüdischen Volkes. 10 Bde. Berlin. Russisch: 1903/25. Betont die autonome Entwicklung und Verwaltung jüdischer Gruppen. Dubnow, geb. 1860, wurde 1941 in Riga von NS-Schergen ermordet.

Dubnow, Simon 1931: Geschichte des Chassidismus. 2 Bde. Berlin. Aus dem Hebräischen: A. Steinberg. Nachdruck: Jerusalem 1969.

EB – Encyclopaedia Britannica. Chicago–London–Toronto 1948.

Editors 1971: Purity and Impurity, Ritual. EJ 13, 1405–14. Veil. EJ 16, 84.

Ehrlich, Ernst Ludwig 1973: Religiöse Strömungen im Judentum heute. In: Ders. u. a. (Hrsg.): Band gleichen Titels. Zürich.

Eisenberg Sasso, Sandy (Rabbi) 1989: Growing Up: Expanding Our Bar and Bat Mitzvah Horizons. *Reconstructionist* 54, April–May. Wyncote, PA.

Eisenstein, Juda David (Hrsg.) 1917: A Digest of Jewish Laws and Customs. New York. 2. Auflage Tel Aviv 1968 (hebräisch).

EJ 1928: Encyclopaedia Judaica. 10 Bde. A–L. Berlin 1928/34 (deutsch).

EJ 1971: Encyclopaedia Judaica. 16 Bde. Jerusalem (englisch). Dazu Year-books.

EJ 1989: The Encyclopaedia of Judaism. Hrsg. Geoffrey Wigoder. 1 Bd. Jerusalem. Englisch. Völlig umgearbeitete Neuauflage von *Ders.*: The Encyclopaedia of the Jewish Religion. Jerusalem 1966.

Elbogen, Ismar 1931: Der jüdische Gottesdienst in seiner geschichtlichen Entwicklung. Berlin. Nachdruck: Hildesheim 1962.

Eliach, Yaffa 1982: Hasidic Tales of the Holocaust. New York. Deutsch: Geschichten vom Überleben. Freiburg 1985.

Elon, Menachem (Hrsg.) 1974: The Principles of Jewish Law. Jerusalem. Systematisch geordnete Beiträge aus *EJ* 1971.

Elon, Menachem 1974: Levirate Marriage and Halizah. In: *Ders.* 1974.

Epstein, Isidore 1934: The Jewish Woman in the Responsa (900–1500). In: L. Jung 1934.

ERT – Pnina Navè Levinson: Einführung in die rabbinische Theologie. Darmstadt 1982, 2. Auflage 1987.

Falk, Ze'ew 1973: Die Stellung der Frau in der Halacha. Probleme jüdischer Existenz. *Freiburger Rundbrief* (1976), 206–11.

Feinstein, Mosche 1982: Igrot Mosche. Bd. 4. New York (hebräisch).

Feldman, David 1968: Marital Relations, Birth Control and Abortion in Jewish Law. New York.

Fisher, Adam 1989: Seder Tu bi Shevat. CCAR. New York.

Flatters, Jutta 1988: Von der Aufwertung der ›Weiblichen‹ ... In: Siegele-Wenschkewitz 1988. – Kritik an Christa Mulack.

Frankel, Zacharias 1865: Entwurf einer Geschichte der nachtalmudischen Responsen. Breslau.

Freehof, Solomon B. 1944: Reform Jewish Practice and its Rabbinic Background. Bd. 1, New York. 3. Auflage 1960. Bd. 2, dort 1952.

Freehof, Solomon B. 1955: The Responsa Literature. Philadelphia.

Freehof, Solomon B. 1963: A Treasury of Responsa. Philadelphia.

Freehof, Solomon B. 1960/90: Reform Responsa. 8 Bde. New York.

Friedländer, Michael 1922: Die jüdische Religion. Frankfurt/M. Nachdruck: Basel 1971. Englisch: London 1900. 8. Auflage 1953.

Friedman, Theodore 1971: Ketubbah, Conservative. *EJ* 10, 929.

Frymer, Tikva S. 1971: Ashera. *EJ* 3, 703–05.

Gaon, Solomon (Hrsg.) 1958: Book of Prayer of the Spanish and Portuguese Jews' Congregation, London. Oxford.

Gates of the House 1977: The New Union Home Prayer Book. CCAR. N.Y.

Gates of Foregiveness. CCAR. N.Y.

Gebetbücher siehe: H. Adler; S. E. Blogg; S. Gaon; Gates; S. R. Hirsch; A. I. Kook; F. Neuda; New Union Prayer Book; Sidur; M. Wenig.

Gendler, Mary 1975: Sarah's Seed. New Ritual for Women. *Response,* Winter 1975. New York.

Ginzberg, Louis 1938: Registerband zu: The Legends of the Jews. 7 Bde. 1909/28 (5. Auflage 1968). Philadelphia.

Glückel von Hameln, Ausgaben: siehe ST 177.

Goldberg, Chanoch 1988: Eine Pflicht der Frauen, das Dankgebet. In: Jahrbuch des Oberrabbinats, S. 231–39. Jerusalem, Neujahr 5750 (hebräisch).

Gordis, Robert 1979: Understanding Conservative Judaism. New York.

Gordon, Harvey L. 1989: The Curse – and a Blessing. *Journal of Reform Judaism* 36, 3.

Graetz, Heinrich 1856/76: Geschichte der Juden. Breslau. ST 137.

Greenberg, Blu 1981: On Women and Judaism. A View from Tradition. Philadelphia.

Greenberg, Simon (Hrsg.) 1988: The Ordination of Women as Rabbis. Studies and Responsa. Hoboken, New Jersey. – Enthält die *Position Papers* des Lehrkörpers der Konservativen, 1979, bis auf zwei Rückzieher.

Gross, Rita M. 1981: Steps towards Feminine Imagery of Deity in Jewish Theology. *Judaism* 30, 2. In: S. Heschel 1983.

Habermann, Abraham M. 1933: Jüdische Frauen ... siehe ST 178.

Habermann, Abraham M. 1972: A History of Hebrew Liturgical and Secular Poetry. 2 Bde. Tel Aviv (hebräisch).

Halacha and the Jewish Woman 1986: Program & Abstracts. 1. Jerusalem International Conference on Women and Judaism. December 1986.

Halevi, Chajim David 1977: M'kor Chajim li-B'not Jisrael (= Gebote, die Frauen ausüben sollen oder können). Tel Aviv (hebräisch).

Halevi, Chajim David 1986: Handbuch der Halacha. Bd. 5. Jerusalem (hebr.).

Hamburger, Wolfgang 1975: in: Frau im Judentum. *Emuna* 10, Beiheft 1. Frankfurt/M.

Heinrichs, Hans Jürgen 1975: Materialien zu Bachofens »Das Mutterrecht«. Frankfurt/M.

Henry, Sondra/Emily Teitz 1983: Written Out of History. Our Jewish Foremothers. Verbesserte Neuausgabe: zuerst 1977. New York.

Heschel, Susannah (Hrsg.) 1983: On Being a Jewish Feminist. A Reader. New York.

Heschel, Susannah 1988: Jüdisch-feministische Theologie und Antijudaismus in christlich-feministischer Theologie. In: Siegele-Wenschkewitz 1988.

Hirsch, Samson Raphael 1867/78: Der Pentateuch, übersetzt und erklärt. 5 Bde. Frankfurt/M. Nachdruck Basel 1984. (Moderner Midrasch.)

Hirsch, Samson Raphael 1894: Israels Gebete, übersetzt und erläutert. Nachdruck 1987.

Hommel, Gisela 1976: Der siebenarmige Leuchter. Erster Blick aufs Judentum. München. 2. Auflage Wuppertal 1980.

Hornblower, Margaret 1990: Queen of the Ice Age Romance. *Time*, Oct. 22.

Howe, Irving 1976: World of Our Fathers. The Journey of East European Jews to America ... New York. 710 S., 70 Fotos.

Heyman, Paula E. 1975: The Jewish Family: Looking for a Usable Past. *Congress Monthly* 42, 8. New York. In: S. Heschel 1983.

Jacob, Walter (Hrsg.) 1983: American Reform Responsa. Jewish Questions, Rabbinic Answers 1880–1983. New York.

Jacob, Walter 1987: Contemporary American Reform Responsa. New York.

Jakobovits, Immanuel 1971: Homosexuality. *EJ* 8, 961.

Janssen-Jurreit, Marie-Louise 1979: Sexismus. Über die Abtreibung der Frauenfrage. Frankfurt/M. 1. Auflage München 1976.

Johnson, Ann 1987: Miryam of Judah. Witness of Truth and Tradition. Notre Dame University, Indiana. – Gebete, Meditationen.

Jüdisches Lexikon 1928/32, 5 Bde. Berlin. Nachdruck: Hildesheim 1980.

Jung, Leo (Hrsg.) 1934: The Jewish Woman. Background – Foreground – Prospects. New York. Orthodox.

Jung, Rivka Levi 1934: Taharah – A Way to Married Happiness. In: L. Jung.

Jungreis, Esther 1982: The Jewish Soul on Fire. New York.

Kaplan, Marion 1981: Die jüdische Frauenbewegung in Deutschland. Organisation und Ziele des Jüdischen Frauenbundes 1904/38. Hamburg. Aus dem Amerikanischen.

Kaplan, Mordecai M. 1934: Judaism as a Civilization. New York.

Kaplan, Mordecai M. 1958: Judaism Without Naturalism. New York.

Kayserling, Moritz 1879: Die jüdischen Frauen in Geschichte, Literatur und Kunst. Leipzig.

Kellenbach, Katharina von 1986: Jewish-Christian Dialogue on Feminism and Religion. *Christian-Jewish Relations*, June 86. London.

Kellenbach, Katharina von 1986: Antisemitismus in biblischer Matriarchatsforschung? *Berliner Theologische Zeitschrift* 3, 1. Besprechung von Gerda Weiler, Ich verwerfe im Lande die Kriege, 1984.

Khomeini, Ayatollah 1980: Meine Worte. Weisheiten, Warnungen, Weisungen. München. Französisch: Paris 1979.

Kitov, Eliahu 1984/90: Das jüdische Jahr. Zürich. Aus dem Hebräischen.

Knobel, Fluek, Toby 1990: Mein polnisches Dorf 1930/49. München. – Gemälde und Erinnerungen.

Koltun, Elizabeth (Hrsg.) 1976: The Jewish Woman. New Perspectives. N. Y.

Kook, Abraham Isaak J. 1963: Gebetbuch Olat Raja. 2 Bde. Jerusalem. Mit kabbalistischem Kommentar (hebräisch).

Kretzmar, Marcia 1987: The ladies are for learning. *Jerusalem Post International ed.*, 17.1.87. Siehe auch: *Halacha* ...

Lacks, Roslyn 1980: Women and Judaism. Myth, History and Struggle. N. Y.

Lamed, Meir 1971: Neuda, Abraham; Fanny. *EJ* 12, 1907.

Lamm, Hans (Hrsg.) 1980: Jeanette Wolff. Mit Bibel und Bebel. Ein Gedenkbuch. Neue Gesellschaft, Bonn.

Lamm, Norman 1974: Judaism and the Modern Attitude to Homosexuality. In: *EJ Yearbook*, 194–205. Mit Anzeige einer Gay Synagogue.

Lamm, Norman 1977: A Hedge of Roses. Jewish Insights into Married Life. New York. 7. verbesserte Auflage.

Lau, Israel Meir 1988: Wie Juden leben. Gütersloh.

Lazarus, Nahida Ruth (Remy) 1890: Das jüdische Weib. Leipzig. 4. Auflage 1922. Übersetzungen: englisch, ungarisch, hebräisch.

Leifer, Daniel / Myra Leifer 1973: On the Birth of a Daughter. *Response* 18. In: E. Koltun 1976.

Levinson, N. Peter / Pnina Navè Levinson 1977: Zum gemischten Chor. *AJW* 24.4.77.

Levinson, N. Peter 1984: Franz Alt und der Frieden. NDR; *AJW*. In: *Ders.*, Ein Rabbiner in Deutschland. Aufzeichnungen zu Religion und Politik. Gerlingen 1987.

Levinson, N. Peter 1990: Synkretismus im Judentum und in der Hebräischen Bibel. In: W. Greive / R. Niemann (Hrsg.): Neu glauben? Religionsvielfalt... Gütersloh.

Lexikon des Judentums 1967: Hrsg. John F. Oppenheimer. 1 Bd. Gütersloh.

Lexikon des Judentums 1991: Hrsg. Julius H. Schoeps. 1 Bd. Gütersloh.

Lilith, The Jewish Women's Magazine 1976ff.: Hrsg. Susan Weidman Schneider. New York

Lipstadt, Deborah E. 1983: And Deborah Made Ten. In: S. Heschel 1983.

Liptzin, Sol 1976: Lilith's Comeback. The Jewish Spectator 41, 3. New York.

Lowenthal, Ernst G. 1965: Bewahrung im Untergang. Ein Gedenkbuch. Stuttgart.

Maccoby, Hyam 1982: The Sacred Executioner. Human Sacrifice and the Legacy of Guilt. London.

Magonet, Jonathan 1989: From King to Sovereign. The New Words of Prayer. *Manna* 23. London.

Maimon, Ada 1962: Women Build a Land. New York.

Marcus, Jacob Rader 1981: The American Jewish Woman. A Documentary History. New York.

Marquardt, Friedrich-Wilhelm 1989: Aber Zion nenne ich Mutter. Evang. Israel-Predigten mit jüdischen Antworten. Hrsg.: J. Hoppe. München.

Meyer, Michael A. 1988: Response to Modernity. A History of the Reform Movement in Judaism. Oxford–New York.

Meyers, Carol 1990: Ancient Israelite Women in Context. Oxford.

Moltmann-Wendel, Elisabeth 1985: Das Land wo Milch und Honig fließt. Perspektiven einer feministischen Theologie. Gütersloh.

Moltmann-Wendel, Elisabeth 1989: Wenn Gott und Körper sich begegnen. Feministische Perspektiven zur Leiblichkeit. Gütersloh.

Morgenstern, Julian 1929: Beena Marriage (= Matriarchate) in Ancient Israel and its Historical Implications. *Zeitschr. für AT-Wissenschaft* 47, 91 ff.

Müller, Joel 1891: Einleitung in die Responsen der babylonischen Gaonen. Berlin.

Navè, Pnina (Hrsg.) 1969: The Poems of Jacob Francès, 1615/67. Jerusalem (hebräisch).

Navè, Pnina 1975: Du unser Vater. Jüdische Gebete für Christen. Freiburg. 4. Auflage 1984.

Navè Levinson, Pnina 1976: Auge um Auge, Zahn um Zahn. In: G. Hommel 1976, 100–107. In: Dies.: 1991 b.

Navè Levinson, Pnina 1982: Einführung in die rabbinische Theologie. Darmstadt. 2. Auflage 1987.

Navè Levinson, Pnina 1984a: Sexualität in der jüdischen Religion. In: M. Klöckner/U. Tworuschka (Hrsg.): Ethik der Religionen. Bd. 1: Sexualität. München–Göttingen.

Navè Levinson, Pnina 1984b: Aus dem religiösen Leben. Orthodoxie und Liberalismus. In: Jael B. Paulus (Hrsg.): Juden in Baden 1809–1984. Karlsruhe.

Navè Levinson, Pnina 1985: Ist die Halacha unveränderbar? Zu E. Rackmans Gedanken. *AJW* 16. 8. 85.

Navè Levinson, Pnina 1986a: Die Ordination von Frauen als Rabbiner. *Zeitschrift für Religions- und Geistesgeschichte* 38/4, 289–310. Köln.

Navè Levinson, Pnina 1986b: Religiöse Richtungen und Entwicklungen in den Gemeinden. In: Micha Brumlik u. a. (Hrsg.): Jüdisches Leben in Deutschland seit 1945. Frankfurt/M.

Navè Levinson, Pnina 1986c: Sprachpsychologisches im Judentum. In: H. Petri (Hrsg.): Sprache … im Wandel. Praktische Psychologie. Bd. 10. Bochum. – In: D. Freimark/H. Richtering (Hrsg.): Gedenkschrift … B. Brilling. Hamburg.

Navè Levinson, Pnina 1990: Nach Gefahr Gott danken. AJW 4. 1. 90.

Navè Levinson, Pnina 1991a: Der Feststrauß und die Frauen. In: H. Pissarek-Hudelist, L. Schottroff (Hrsg.): Mit allen Sinnen glauben … Gütersloh.

Navè Levinson, Pnina 1991b: Einblicke in das Judentum. Paderborn.

Neuda, Fanny 1855: Stunden der Andacht. Ein Gebets- und Erbauungsbuch für Israels Frauen und Jungfrauen. 24. Auflage Prag–Breslau 1916.

New Union Prayer Book, The 1975: New York. – Mehrere Bände. Reform.

Ozick, Cynthia 1978: Notes Toward ... the Matter. *Face to Face Bulletin*, Spring 78: Women and the Religious Community. B'nai B'rith. New York. In: S. Heschel 1983.

Patai, Raphael 1967: The Hebrew Goddess. Philadelphia. 3. erweiterte Ausgabe Detroit 1989.

Petuchowski, Jacob J. 1968: Prayerbook Reform in Europe. New York.

Pirani, Alix 1989: The Healing Goddess. *Manna* 25. London.

Plaskow, Judith / Karen Bloomquist / Margaret Early / Elisabeth Farians 1974: The Coming of Lilith. In: R. Ruether 1974 b.

Plaskow, Judith 1990: Standing Again at Sinai. Judaism from a Feminist Perspective. San Francisco.

Plaut, W. Gunther 1963: The Rise of Reform Judaism. A Sourcebook of Its European Origins. New York.

Plaut, W. Gunther 1965: The Growth of Reform Judaism. American and European Sources Until 1948. New York.

Rabinovich, Avraham 1986: A Way with Words. *Jerusalem Post, International Ed.*, 21. 6. 86.

Rabinowicz, Harry M. 1970: The World of Hasidism. London.

Rabinowitz, Louis Isaac 1971: Tefillin. *EJ* 15, 898–904.

Rackman, Emanuel 1973: One Man's Judaism. Tel Aviv. – Verfaßt 1963.

Rackman, Emanuel 1985: Zur Halacha, *Sh'ma*. Siehe Navè Levinson 1985.

Reguer, Sara 1983: Kaddish from the »Wrong« Side of the Mehitzah. In: S. Heschel 1983.

Reik, Theodor 1923: Die wiederauferstandenen Götter. In: *Ders.*: Der eigene und der fremde Gott. Wien.

Reik, Theodor 1930: Gebetschal und Gebetriemen. *Imago* 1930. Wien.

Reik, Theodor 1964: Prayer Shawl and Phylacteries. In: *Ders.*: Pagan Rites in Judaism. New York.

Remy, Nahida: siehe Lazarus.

Richarz, Monika (Hrsg.) 1976, 1979: Jüdisches Leben in Deutschland. Selbstzeugnisse zur Sozialgeschichte. I: 1780–1871; II: im Kaiserreich.

Riemer, Jack (Hrsg.) 1974: Jewish Reflections on Death. New York. Vorwort: Elisabeth Kuebler-Ross.

Riskin, Shlomo 1989: Women and Jewish Divorce. ... The Right to Initiate Divorce in Jewish Law. Hoboken, New Jersey.

Roellenbleck, Ewald 1948: Magna Mater im Alten Testament. Eine psychoanalytische Untersuchung. Darmstadt.

Rosenfeld, Morris 1897: Lieder des Ghetto. Jiddisch 1897; englisch 1898; deutsch auch 1904 mit Graphik von E. M. Lilien.

Rosenzweig, Franz 1921: Der Stern der Erlösung. Frankfurt / M. – Mit Registern und Anmerkungen: 1930. Neuausgabe: Den Haag 1977.

Rosner, Fred 1972: Modern Medicine and Jewish Law. New York.

Roth, Joel 1984: Ordination of Women. An Halakhic Analysis. *Judaism* 33, 129: Women as Rabbis. N.Y. In: S. Greenberg 1988. Debora: 165, 187.

Rubenstein, Richard L. 1966: The New Morality and College Religious Counseling. In: Earl Grollmann (Hrsg.): Rabbinic Counseling. New York.

Ruether, Rosemary 1974a (1978): Nächstenliebe und Brudermord. Die theologischen Wurzeln des Antisemitismus. Deutsch: Ulrike Berger. München 1978. Englisch: New York 1974. Vorwort: Gregory Baum (kath.), Nachwort: Peter von der Osten-Sacken (ev.).

Ruether, Rosemary Radford (Hrsg.) 1974b: Religion and Sexism. Images of Women in the Jewish and Christian Traditions. New York.

Ruether, Rosemary R. 1985: Sexismus und die Rede von Gott. Schritte zu einer anderen Theologie. Gütersloh. Engl.: Sexism and God-Talk. N.Y. 1983.

Salkowitz, Selig u.a. (Hrsg.) 1989: Homosexuality, the Rabbinate, and Liberal Judaism. Papers ... Ad Hoc Committee, CCAR. New York.

Schauss, Hayyim 1938: The Jewish Festivals. New York. Aus d. Jidd.

Schechter, Solomon 1896: Woman in Temple and Synagogue. In: *Ders.*: Studies in Judaism. Bd. 1. Philadelphia.

Scheftelowitz, Emanuel E. 1970: Das religiöse Eherecht im Staat. Köln.

Schereschewsky, Ben-Zion 1974: In: M. Elon 1974: Adoption, 440–41; Betrothal, 353–55; Concubine, 374–76; Family Law and Inheritance, 353–464; Parent and Child, 424–26; Rape, 490–91.

Schmelzer, Menachem 1988: Decorated Hebrew MSS of the 18th Century in ... the JTS. In: Robert Dan (Hrsg.): Occident and Orient. Alexander-Scheiber-Gedenkschrift. Leiden–Budapest.

Schneider 1984: siehe Weidmann Schneider.

Schoeps, Julius H. (Hrsg.) 1992: Aus zweier Zeugen Mund. Festschrift für N.P. Levinson und P. Navè Levinson. Gerlingen.

Scholem, Gershom 1932: Christliche Kabbala. *EJ* 9, 726–29.

Scholem, Gershom 1957: Die jüdische Mystik in ihren Hauptströmungen. Zürich. 2. Auflage. Frankfurt/M. 1967. Englisch: New York 1941.

Scholem, Gershom 1960: Zur Kabbala und ihrer Symbolik. Zürich.

Scholem, Gershom 1962: Von der mystischen Gestalt der Gottheit. Zürich. 2. Auflage. Frankfurt/M. 1977.

Scholem, Gershom 1962: Schi'ur Koma: die mystische Gestalt der Gottheit. In: *Ders.* 1962.

Scholem, Gershom 1962: Schechina, das passiv-weibliche Element in der Gottheit. In: *Ders.* 1962.

Scholem, Gershom 1971: Lilith. *EJ* 11, 245–49.

Scholem, Gershom 1973: Judaica 3. Studien zur jüdischen Mystik. Fft./M.

Schuster, Josef 1980: Zur Sterblichkeit jüdischer und nichtjüdischer Säuglinge. Diss. Würzburg.

Seligmann, Caesar 1922: Geschichte der jüdischen Reformbewegung von Mendelssohn bis zur Gegenwart. Frankfurt/M.

Sermoneta, Joseph Baruch 1971: Sullam, Sara Coppio. *EJ* 15, 505.

Shahar, Shulamit 1981: Die Frau im Mittelalter. Aus dem Hebräischen: Ruth Achlama. Frankfurt/M.

Sherwin, Richard 1989: Pidyon ha-Ben. *Journal of Reform Judaism* 36, 3. New York.

Shilo, Shmuel 1974: Succession. In: Elon, Sp. 446–53.

Sh'ma 1970 ff.: siehe Borowitz.

Sh'ma Anthology 1986: New York. Siehe S. 147.

Sidur Sefat Emet 1956: Hebräisches Gebetbuch mit Übersetzung von S. Bamberger (o. J.). Nachdruck 1956 u. ö.

Siegel, Richard/Michael Strassfeld/Sharon Strassfeld (Hrsg.) 1973: The Jewish Catalog. A do-it-yourself kit. Philadelphia.

Siegel, Seymour 1979: Conservative Judaism and Jewish Law. New York.

Siegele-Wenschkewitz, Leonore (Hrsg.) 1988: Verdrängte Vergangenheit, die uns bedrängt. Feministische Theologie in der Verantwortung. München.

Siegele-Wenschkewitz, Leonore 1988: Feministische Theologie ohne Antijudaismus. In: *Dies.* 1988.

Simon, Ernst 1965: Brücken. Gesammelte Aufsätze. Heidelberg.

Soloveitchik, Joseph B. 1965: The Lonely Man of Faith. *Tradition* (1961 ff.; orthodox).

Sperling, Abraham Isaak 1891: Bedeutung der Bräuche. Lemberg. 7. ergänzte Auflage, Jerusalem 1957 (hebräisch).

St – Saras Töchter. Siehe Navè Levinson 1989.

Stern, Arthur 1968: In bewegter Zeit. Erinnerungen und Gedanken eines jüdischen Nervenarztes. Jerusalem.

Strassfeld, Sharon/Michael Strassfeld (Hrsg.) 1976: The second Jewish catalog. Sources and resources. Philadelphia. Siehe Siegel, R.

Strassfeld, Sharon/Michael Strassfeld (Hrsg.) 1980: The third Jewish catalog. creating community. Philadelphia. Mit Register der 3 Bände.

Straus, Rahel 1961: Wir lebten in Deutschland. Erinnerungen. Stuttgart.

Tcherikover, Victor 1959: Hellenistic Civilization and the Jews. Philadelphia.

Thieberger, Friedrich/Else Rabin (Hrsg.) 1936: Jüdisches Fest, jüdischer Brauch. Mit Bildern und Noten. Berlin. Nachdrucke. 1967; 1976.

Ticktin, Esther 1973: A Modest Beginning. *Response* 18. New York. In: E. Koltun 1976.

Torton Beck, Evelyn 1982: Nice Jewish Girls. A Lesbian Anthology. Watertown, Massachusetts.

Trachtenberg, Joshua 1939: Jewish Magic and Superstition. A Study in Folk Religion. 2. Auflage 1961. New York–Philadelphia.

Trachtenberg, Joshua 1943: The Devil and the Jews. Philadelphia.

Tuke, Margaret Janson 1948: siehe Woolley, M. E.

Turniansky, Chawa 1971: Ze'ennah u-Re'enah. EJ 16, 967–68.

Umansky, Ellen 1989: Lily Montagu. Sh'ma.

Vizetelly, Frank H. 1906: Gratz (family). JE 6, 81–83.

Wacker, Marie-Theres 1988: Matriarchale Bibelkritik – ein antijudaistisches Konzept? In: Siegele-Wenschkewitz 1988.

Wallach-Faller, Marianne 1985: Die Stellung der Frau im jüdischen Religionsgesetz (Halacha). Judaica 41, 3. Basel. Siehe oben, S. 217.

Wallach-Faller, Marianne 1992: Die jüdische feministische Theologie auf der Suche nach einem weiblichen Gottesbild: weibliche Aspekte im Buche Bahir. In: Schoeps 1992.

Wegner, Judith Romney 1990: The Status of Women in the Mishnah. Oxf.

Weidman Schneider, Susan 1984: Jewish and Female. Choices and Changes in Our Lives Today. New York. – Handbuch der Redakteurin von Lilith; Netzwerk-Anschriften: S. 516–94.

Weigel, Sonja 1988: Die Feier des Hollekreisch. Prüfungsarbeit, Univ. Würzburg. Vervielfältigt.

Weiss, Avraham 1990: Women at Prayer. A Halakhic Analysis of Women's Prayer Groups. Hoboken, New Jersey. (Orthodoxe Anleitungen).

Weissmann, Deborah 1976: Bais Yaakow – A Historical Model for Jewish Feminists. In: E. Koltun 1976.

Wengeroff, Pauline 1908/10: Memoiren einer Großmutter. Bilder aus der Kulturgeschichte der Juden Rußlands im 19. Jhd. 2 Bde. Berlin. 3. – 1922.

Wenig, Maggie / Naomi Janowitz 1980: Siddur Nashim. Women's Prayerbook. New York. Privatdruck.

Wenkart, Henny (Hrsg.) 1990: Sarah's Daughters Sing. A Sampler of Poems by Jewish Women. Poetry Project of the Jewish Women's Resource Center, National Council of Jewish Women, New York. Hoboken, New Jersey.

Werblowsky, R. J. Zvi 1962: Joseph Karo, Lawyer and Mystic. Oxford. 2. 2. Auflage. New York 1980.

Werblowsky, R. J. Zvi 1971: Caro, Joseph. EJ 5, 199.

Wiener, Adolf 1895: Die jüdischen Speisegesetze nach ihren verschiedenen Gesichtspunkten. Breslau. (Radikale Kritik.)

Wiener, Max 1933: Jüdische Religion im Zeitalter der Emanzipation. Berlin.

Wischnitzer-Bernstein, Rahel 1932: Ketubba, Schmuck der. In: Ketubba. EJ 9, 1186–91. (Mit Abbildungen).

Wolff, Irene 1934: The Jewish Woman in the Home. In: L. Jung 1934.

Woolley, Mary E. / Margaret Janson Tuke 1984: Women, Education of. EB 23, 702–04.

Zahler, Zwi 1974: Die Reinheit der jüdischen Ehe. Chabad, Zürich–Hamburg.

Zenger, Erich 1991: Das Erste Testament. Die jüdische Bibel und die Christen. Düsseldorf.

Pnina Navè Levinson

Was wurde aus Saras Töchtern?

Frauen im Judentum. 2. Auflage.
192 Seiten. GTB 495

Die Erforschung der jüdischen
Frauengeschichte ist ein bisher
vernachlässigtes Gebiet. Mit fun-
dierter Sachkenntnis untersucht die
bekannte jüdische Theologin
Bedeutung, Stellung und Rolle der
Frau im Judentum. Sie beschreibt
neben dem Ideal der starken würde-
vollen Frau sowohl tragische
Schicksale als auch Antitypen dieses Frauenbildes und befaßt sich
kritisch mit dem alten Vorwurf, die
Bibel sei frauenfeindlich.

Wörterbuch der Feministischen Theologie (WFT)

Herausgegeben von Elisabeth Gössmann, Elisabeth Moltmann-Wendel, Herlinde Pissarek-Hudelist, Ina Praetorius, Luise Schottroff und Helen Schüngel-Straumann. 476 Seiten. Geb. [3-579-00285-6]

Ein Wörterbuch, das den Prozeß der Feministischen Theologie festhält für TheologInnen, LaiInnen, Frauen und Männer, für LeserInnen, die bereit sind, neue theologische Wege zu gehen.

In den knapp 100 Stichwörtern behandeln 77 Autorinnen zentrale Themen und Probleme feministisch-theologischer Diskussion. Erwachsen sind sie aus der weltweiten feministischen Diskussion und widerspiegeln auf diese Weise den Prozeß und den augenblicklichen Stand in einer Breite, wie es bislang noch nicht geschehen ist. Ein umfangreiches Sachregister stellt die Verbindungen her, wenn dogmatisch gängige und sachlich wichtige Stichworte vermißt werden. Eine Arbeitsgrundlage für nichttheologische und theologische Studien genauso wie für kirchliche Arbeit und Gemeindearbeit.

Gütersloher Verlagshaus
Gerd Mohn